Martin Bommas

Das Alte Ägypten

Geschichte kompakt

Herausgegeben von
Kai Brodersen, Martin Kintzinger,
Uwe Puschner, Volker Reinhardt

Herausgeber für den Bereich *Antike*:
Kai Brodersen

Beratung für den Bereich *Antike*:
Ernst Baltrusch, Peter Funke,
Charlotte Schubert, Aloys Winterling

Martin Bommas

Das Alte Ägypten

Die Deutsche Nationalbibliothek verzeichnet diese Publikation
in der Deutschen Nationalbibliografie;
detaillierte bibliografische Daten sind im Internet über
http://dnb.d-nb.de abrufbar.

Die Herausgabe des Werkes wurde durch
die Vereinsmitglieder der WBG ermöglicht.
Gedruckt auf säurefreiem und alterungsbeständigem Papier
Einbandgestaltung: schreiberVIS, Seeheim
Satz: Lichtsatz Michael Glaese GmbH, Hemsbach
Printed in Germany

Besuchen Sie uns im Internet: www.wbg-wissenverbindet.de

ISBN 978-3-534-23552-0

Elektronisch sind folgende Ausgaben erhältlich:
eBook (PDF): 978-3-534-72843-5
eBook (epub): 978-3-534-72844-2

Inhaltsverzeichnis

Geschichte kompakt

In der Geschichte, wie auch sonst,
dürfen Ursachen nicht postuliert werden,
man muss sie suchen. (Marc Bloch)

Das Interesse an Geschichte wächst in der Gesellschaft unserer Zeit. Historische Themen in Literatur, Ausstellungen und Filmen finden breiten Zuspruch. Immer mehr junge Menschen entschließen sich zu einem Studium der Geschichte, und auch für Erfahrene bietet die Begegnung mit der Geschichte stets vielfältige, neue Anreize. Die Fülle dessen, was wir über die Vergangenheit wissen, wächst allerdings ebenfalls: Neue Entdeckungen kommen hinzu, veränderte Fragestellungen führen zu neuen Interpretationen bereits bekannter Sachverhalte. Geschichte wird heute nicht mehr nur als Ereignisfolge verstanden, Herrschaft und Politik stehen nicht mehr allein im Mittelpunkt, und die Konzentration auf eine Nationalgeschichte ist zugunsten offenerer, vergleichender Perspektiven überwunden.

Interessierte, Lehrende und Lernende fragen deshalb nach verlässlicher Information, die komplexe und komplizierte Inhalte konzentriert, übersichtlich konzipiert und gut lesbar darstellt. Die Bände der Reihe „Geschichte kompakt" bieten solche Information. Sie stellen Ereignisse und Zusammenhänge der historischen Epochen der Antike, des Mittelalters, der Neuzeit und der Globalgeschichte verständlich und auf dem Kenntnisstand der heutigen Forschung vor. Hauptthemen des universitären Studiums wie der schulischen Oberstufen und zentrale Themenfelder der Wissenschaft zur deutschen, europäischen und globalen Geschichte werden in Einzelbänden erschlossen. Beigefügte Erläuterungen, Register sowie Literatur- und Quellenangaben zum Weiterlesen ergänzen den Text. Die Lektüre eines Bandes erlaubt, sich mit dem behandelten Gegenstand umfassend vertraut zu machen. „Geschichte kompakt" ist daher ebenso für eine erste Begegnung mit dem Thema wie für eine Prüfungsvorbereitung geeignet, als Arbeitsgrundlage für Lehrende und Studierende ebenso wie als anregende Lektüre für historisch Interessierte.

Die Autorinnen und Autoren sind in Forschung und Lehre erfahrene Wissenschaftlerinnen und Wissenschaftler. Jeder Band ist, trotz der allen gemeinsamen Absicht, ein abgeschlossenes, eigenständiges Werk. Die Reihe „Geschichte kompakt" soll durch ihre Einzelbände insgesamt den heutigen Wissensstand zur deutschen und europäischen Geschichte repräsentieren. Sie ist in der thematischen Akzentuierung wie in der Anzahl der Bände nicht festgelegt und wird künftig um weitere Themen der aktuellen historischen Arbeit erweitert werden.

Kai Brodersen
Martin Kintzinger
Uwe Puschner
Volker Reinhardt

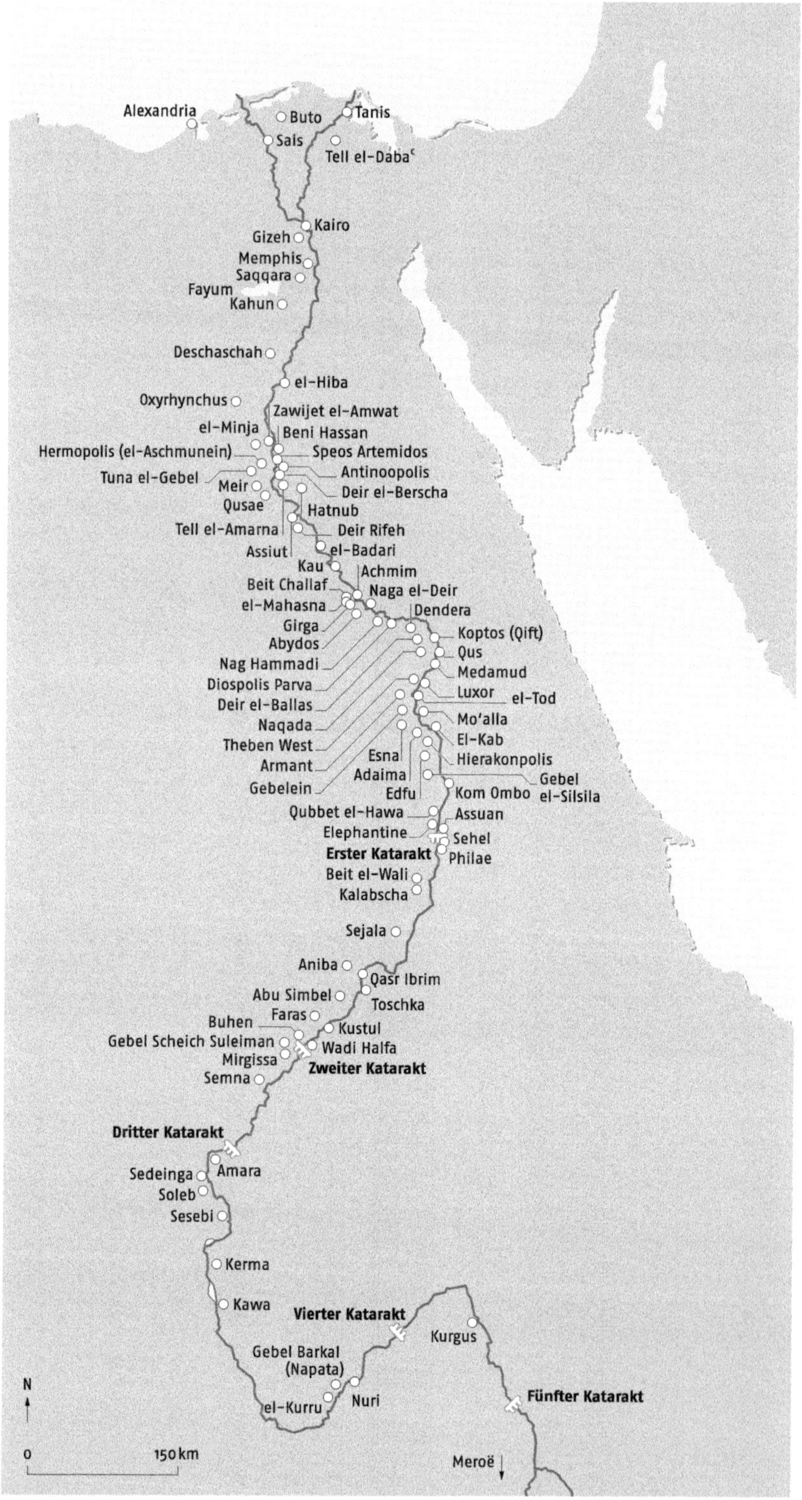

Karte Ägyptens

Vorwort

Geschichtsbilder sind Resulte eingehender Selektionsprozesse von Ereignissen der Vergangenheit. Damit sind sie einem ständigen Wandel unterworfen, ganz gleich, ob sie einem Gegenwartsbewusstein entstammen oder ob es sich um Rekonstruktionen seit Jahrtausenden vergangener Geschichte handelt.

Auf die Auswahl von geschichtsträchtigen Ereignissen der Antike haben wir heute selbstverständlich keinen Einfluss mehr. Was Primärquellen angeht, sind Forscher darauf angewiesen, bewusst gemachte Zeugnisse auszuwerten und unbewusst hinterlassene Daten, wie durch Ausgrabungen gewonnene archäologische Funde, zum Sprechen zu bringen. Die Ägyptologie stellt hier keine Ausnahme dar, auch sie ist auf die Bewertung vorhandener und noch zu gewinnender Quellen angewiesen. Dabei hat die Auswertung gezielt für einen späteren Gebrauch gefertigter altägyptischer Quellen wie Monumente, die die Geschichte derer beleuchten, die sie in Auftrag gaben, den Blick auf die offene Geschichte verstellt. Diese lässt sich nicht immer mit Namen und Regierungsjahren von Pharaonen verbinden. Es liegt in der Natur der Sache, dass nichtoffizialisierte Zeugnisse einen bisweilen unverstellten Blick auf das Alte Ägypten ermöglichen, weil sie sich weniger formalen Zwängen ausgesetzt sahen. Setzt man die Literarizität im Alten Ägypten mit 5 % an – ein sehr optimistischer Wert –, so erhält man den ungefähren Bevölkerungsanteil der kulturschaffenden Elite an der ägyptischen Gesellschaft. Zu Recht wurde seit dem 20. Jahrhundert innerhalb der sich geschichtswissenschaftlich betätigenden deutschsprachigen Ägyptologie der Begriff der Hochkultur bemüht, um die herausragenden Errungenschaften des frühen Alten Ägypten zu benennen. In der Soziologie verwendet, bezeichnet dieser Begriff jedoch die von Eliten als meinungsbildend genutzten Kulturleistungen und bildet damit einen Gegenpol zur Alltagskultur. Dies hatte zur Folge, dass diejenigen Wissenschaftler, die sich um die Identifizierung des Aspektes der Hochkultur bemühen, am kulturschaffenden Prozess offenbar unbeteiligte Schichten ausblenden, obwohl gerade diese die Empfänger waren. Dies hat gerade für das Alte Ägypten seit den 1980er Jahren zu einem unbequem hohen Abstraktionsgrad geführt. Die unteren Schichten namhaft zu machen ist erst gelungen, als während der 1960er Jahre in der englischsprachigen Soziologie und parallel zur Gründung dessen, was heute als *Cultural Studies* bezeichnet wird, *low culture* als Untersuchungsgegenstand akzeptiert wurde. Die gegen Ende der 1960er Jahre vermehrt einsetzenden Siedlungsgrabungen in Ägypten sind das wohl deutlichste Kennzeichen dieser Entwicklung. Heute geht es vermehrt darum, die verschiedenen Kommunikationsebenen zwischen den sozialen Schichten Ägyptens zu identifizieren und zu dekodieren. Besondere Aufmerksamkeit verdient dabei für das Alte Ägypten der Akt der Aufführung, der insbesondere dann wichtig wird, wenn die unteren Schichten abgeholt werden sollen: Kulturell siginifikante Interpretationen werden plausibel, universell und sogar vernünftig, wenn sie nur häufig wiederholt werden.

Der vorliegende Band möchte hier neue Wege gehen. Er hat es sich zur Aufgabe gesetzt, neben der pharaonischen Geschichte von den Anfängen bis zur Eroberung des Landes durch Alexander den Großen 333/32 v. Chr., insbesondere kulturgeschichtliche Zusammenhänge zu beleuchten. Dabei soll der Blick auf, oder besser: für die die schweigenden Mehrheiten der Bevölkerung des Alten Ägypten geöffnet werden, wie er sich in Prozessakten, privaten Briefen, aber auch in Hausgrundrissen und pathologischen Befunden erschließt. So fragt dieser Band nicht nur nach gesicherten historischen Daten, sondern auch nach den Strategien kulturellen Erinnerns und Vergessens, nach dem Publikum von Rezitationstexten, nach Ausdrucksformen individueller Religiosität, sozialer Ausdifferenzierung usw. Im Vordergrund steht dabei die Frage, wie Bedeutung generiert und verbreitet wird und welche sozialen Praktiken, Glaubensvorstellungen, Institutionen und politische Strukturen den Fortbestand des pharaonischen Ägypten über 3000 Jahre hinweg garantierten oder in Zweifel zogen.

Birmingham, im Juli 2011 — Martin Bommas

I. Die Vorgeschichte Ägyptens (ca. 10000–3300)

1. Neolithikum im Niltal

Kulturgeschichte Ägyptens

Die Geschichte Ägyptens beginnt lange vor dem Erscheinen der ersten Schriftzeugnisse. Sie ist in erster Linie die Konsequenz aus der zunächst saisonalen, später dauerhaften Besiedelung des Niltals, die bis auf den heutigen Tag fortdauert. Mit dem Eindringen von Bevölkerungsgruppen im Niltal beginnt die Kulturgeschichte des Alten Ägypten.

Bedeutung von Klimaeinflüssen

Die früheste Besiedelung des Niltales kann dank intensiver archäologischer Forschung und einer zunehmend erfolgreichen Deutung materieller Daten als Ausdruck geistiger Entwicklung heute weitestgehend als eigenständig und ohne direkten Bezug auf spätere Phänomene verstanden werden. Wesentlich für diese Erfolge ist die Erkenntnis, dass Verhaltensmuster früher, und insbesondere schriftloser Kulturen von Umweltfaktoren bestimmt werden. Dies bedeutet aber keineswegs, dass die ägyptische Vorgeschichte losgelöst von den sogenannten historischen Epochen des Alten Ägypten gesehen werden darf, da deren Ausbildung ohne das reiche prähistorische Erbe nicht vollständig gedeutet werden kann. Die Vorgeschichte Ägyptens ist keineswegs eine Besiedelungsgeschichte des Niltals, das vielbemühte Zitat Herodots, demzufolge Ägypten „das Geschenk des Nils" sei, trifft für die hier behandelte Epoche noch nicht zu. Dies ist dem Umstand zu verdanken, dass erstens das Klima während der Vorgeschichte Ägyptens nicht trocken war, sondern eine Besiedelung der Wüste noch zuließ. Zweitens ist der durchschnittliche Nilhöchststand weitaus niedriger als während späterer Epochen, in manchen Jahren besteht das Niltal sogar aus wenig dauerhaften und vereinzelten Wadis (Täler), die sich durch Schlammablagerungen voneinander abgrenzen.

Das Paläolithikum

Zu den ältesten Hinweisen auf menschliche Lebensformen am Ende des Paläolithikums ca. 11000 (soweit nicht anders angegeben, verstehen sich alle Jahreszahlen als v. Chr.) zählen Silexfunde, zumeist Hammersteine, die auf eine industrielle Herstellung hindeuten, auch wenn in der Nähe von Qau el-Kebir unterirdische Flintminen bereits um ca. 33000 nachweisbar sind. Im Niltal selbst sind diese Werkzeuge jedoch nur in El-Kâb bezeugt, wo um 8000 nomadisierende Jäger leben, die im Winter fischten und Wildtiere jagten und die Wüste im Spätsommer nutzten. Zwischen 11000 und 5000 sind im Niltal kaum andere menschliche Tätigkeiten bezeugt und mangels Keramik oder Ackerbau noch als paläolithisch zu bezeichnen. In der Westwüste sind hingegen ab ca. 9300 rege Siedlungstätigkeiten feststellbar, für die das feuchte Holozän verantwortlich zu machen ist. Dem Elkâbien im Niltal entspricht hier das frühe Neolithikum (ca. 8500–6100), das in der Westwüste entsteht und durch Tierhaltung geprägt ist. Weit im Süden, in Orten wie Nabta Playa, kann eine Besiedelung durch Jäger und Sammler festgestellt werden, die saisonal den Siedlungsort wechseln, ab ca. 7500 tauchen erstmals Brunnen in Bir Kiseiba auf. Gleichzeitig und ebenfalls unter dem Einfluss des noch günstigen Klimas blüht bereits im frühen Neolithikum im Fayum der offenbar von der Levante beeinflusste Getreideanbau sowie die Zucht von Schafen,

Ziegen, Rindern und Schweinen. Keines dieser Tiere ist in Ägypten endogen vorhanden. Doch zusammen mit Emmer und Gerste werden sie aus Südwestasien über die Levante und die Sinaihalbinsel eingeführt, sodass für die Zeit um ca. 5000 nicht nur von Handelskontakten außerhalb des Niltals auszugehen ist, sondern auch von einer Verbreitung der Agrarwirtschaft, die von nun an schnell Fahrt aufnimmt. Tierhaltung lässt sich gleichzeitig auch in der Urschicht von Merimde Beni- Salame an der Westgrenze des Deltas nachweisen, wo die Jagd als Folge davon eine nur untergeordnete Rolle spielt. Über ihren Nährwert hinaus lässt sich die Bedeutung von Rindern bereits ab 5400 in Bestattungen nachweisen. Zeitgleich mit der jüngsten Merimde-Beni-Salame-Schicht um ca. 4600–4350 entstehen östlich des Niltales Siedlungen mit Friedhöfen in verlassenen Siedlungsbezirken, von denen die El-Omari-Kultur (benannt nach ihrem Entdecker) eine der aufschlussreichsten ist. Hier lässt sich nun kaum mehr Wüstenjagd nachweisen, die Bewohner dieser Orte konzentrieren sich auf Viehzucht und Ackerbau. Die Besiedelung der Westwüste erreicht im Mittleren bis Späten Neolithikum ihren Höhepunkt: Häuser größerer Siedlungen weisen erstmals Lehmverputze auf und außerhalb der Siedlungsverbände gründen Hirten offenbar Außenposten, um ihr Vieh zu weiden. Auch wenn sich diese Kulturen auf den ersten Blick ähneln und die Siedler in der Westwüste erst langsam auf ihre eigenen Herden vertrauen, betreiben sie gleichzeitig, wenn auch in reduzierter Form, Wüstenjagd mit effektiven Fernwaffen, die aus steinernen Pfeilspitzen hergestellt werden.

2. Die frühe Besiedelung des Niltales

Besiedelung des Niltals

Bedingt durch einen Klimawandel zwischen ca. 4900 und 4400 wird menschliches Leben in der Wüste nun jedoch und bis in heutige Zeit erschwert und in der Folge davon das Niltal vermehrt zum bevorzugten Siedlungsgebiet von Menschen, die zuvor nomadisierend saisonale Siedlungen in den Wadimündungen unterhielten. Hervorgerufen durch die Veränderung des Klimas und das Aufkommen von Sahel-Bedingungen trocknen fortan die regenlosen Wadilandschaften aus, beziehungsweise ergießen sich Sandlawinen in das Niltal. Dadurch versanden nicht nur die Wadis, sondern wird auch eine dauerhafte Besiedelung unmöglich. Die ehemaligen Wadibewohner siedeln nun dauerhaft in den nilnahen Bereichen der Wadimündungen und leiten damit einen Besiedelungsprozess ein, der erst während des Alten Reiches zum Abschluss kommt. Die Anfänge dieser Entwicklung lassen sich jedoch bereits für frühere Epochen fassen, auch wenn diese nur sporadisch sind. Bereits um ca. 7000 ist, wie dies der Ort El-Kâb zeigt, das Niltal Ziel zeitweiser Besiedelung. Außerhalb El-Kâbs, dessen Kenntnis wir glücklichen Fundumständen verdanken, ist eine menschliche Besiedelung zwischen 7000 und 5400 im unmittelbaren Bereich des Niltals nicht nachweisbar. Erst ab ca. 5400 kann eine Besiedelung des Niltals mit der Fayum-A-Kultur festgestellt werden, die sich jedoch bereits 100 Jahre später wieder auflöst. Wesentlich ist, dass die lithische Produktion dieser Gegend mit der der Westwüste in weiten Teilen Übereinstimmung zeigt.

Subsistenzwirtschaft

Bestimmend für die Einschätzung der Umweltfaktoren ist deren Einwirken auf die wirtschaftlichen Verhältnisse des Niltales, die im Wesentlichen von der jährlichen Nilüberschwemmung sowie von der dadurch hervorgerufenen Ablagerung mineralreicher Nilsedimente günstig beeinflusst werden. Dieses Zusammenwirken sichert bereits im frühen Neolithikum eine auf Ackerbau und Viehzucht beruhende Subsistenzwirtschaft, die mit Fischfang und der Jagd von Wüstentieren einhergeht. Diese Lebensweise, die hauptsächlich während des Nilhochstandes und der damit verbundenen Notwendigkeit, Wasser effektiv ab- beziehungsweise umzuleiten erhebliches organisatorisches Talent erfordert, genügt offenbar, um einer rasch wachsenden Bevölkerung nachhaltig einen ausreichenden Wohlstand zu sichern. Mit zunehmendem Bevölkerungswachstum bildet sich spätestens im Chalkolithikum eine Wohlstandsgesellschaft heraus, die zum einen die Ausbildung von Handwerkern erkennen lässt, zum anderen erwirtschaftete Überschüsse an die sich langsam ausbildenden Eliten abführen kann.

3. Beginn der Industrialisierung

Rohstoffgewinnung und Export

Das wohl sichtbarste Zeichen der Entwicklung eines spezialisierten Handwerks ist die Herstellung von Keramik. Ab dem frühen Chalkolithikum lässt sich eine zunehmende Standardisierung der Lebensgewohnheiten beobachten. Insbesondere in Oberägypten waren Töpfer in der Lage, in bevölkerungsstarken Regionen diesem Bedarf mit der Schaffung einer hoch spezialisierten Keramikindustrie zu begegnen, die nicht nur lokal, sondern auch regional verbreitet wurde. Diese Entwicklung lässt jedoch auch wichtige Rückschlüsse auf den für die Produktion notwendigen Rohstoffnachschub zu, der als Teil der frühesten Industrialisierung anzusehen ist. In der Westwüste ist Keramik das einzige sicher nachweisbare neolithische Element während des früheren und mittleren Neolithikums. Die Gefäße sind allesamt dekorierte Schalen, die keinerlei Brandspuren aufwiesen. Sie sind mit Punkten und Schnurbändern verziert, was möglicherweise auf eine Verwendung als dauerhafte Aufbewahrungsgegenstände anstelle von Korbwaren hindeutet. Etwa gleichzeitig mit der Dürre – aber davon offenbar unabhängig – kommt in Orten wie Bir-Kiseiba in Unternubien eine neue Form der Keramik auf, die sich insbesondere durch geglättete und polierte Oberflächen kennzeichnet, sowie durch reduzierten Brand geschwärzte Gefäßränder ab dem späten Neolithikum. Hierbei handelt es sich jedoch möglicherweise um eine vom Niltal unabhängige technologische Entwicklung, wo etwa gleichzeitig in Badari bei Assiut ebenfalls *black-topped-ware* auftaucht. Im späten Neolithikum werden diese Gefäße nun auch zum Kochen verwendet wie dies Brandspuren zeigen.

Frühe Massenindustrie

Ein weiteres wichtiges Beispiel für die frühe Industrialisierung ist die Silexindustrie, die sich zwar regional entwickelt, aber im Hinblick auf Materialbeschaffung und Warenabsatz zunehmend auf gut entwickelte Netzwerke und Handelswege angewiesen ist. Obwohl ihrem Kern nach eine Massenindustrie, gelang es den Handwerkern mit der Herstellung von Luxusgütern wie Fischschwanzmessern und rhomboiden Flintmessern äußerst hohe Qualitätsstandards zu erzielen und damit die an ausgefallenen Gütern interessierte Elite zu erreichen. Möglicherweise ist zu diesem frühen Zeitpunkt auch die Metallurgie als ein Gewerbe mit ganzjährig angestellten Spezialisten anzusprechen, die ihr Wissen über komplizierte Arbeitsvorgänge gezielt an nachfolgende Generationen weitergaben, wie dies beispielsweise im chalkolithischen Maadi zu beobachten ist.

4. Gräberfelder des neolithischen Ägypten

Erste groß angelegte Friedhöfe

Der Nachweis einer zunehmenden Elitebildung lässt sich jedoch insbesondere an den ab dem späten Neolithikum ausgreifenden Friedhöfen ablesen. Aufgrund des in dieser Zeit hohen Nilstandes sind zwischen ca. 11000 und 8000 im Niltal keine Bestattungen nachzuweisen. Ein Glücksfall ist in diesem Zusammenhang der Friedhof von Gebel Ramlah in der Südwestwüste zu werten, der um ca. 4500–4000 datiert und in Verbindung mit einer zugehörigen Siedlung betrachtet werden kann. Das Vorkommen von tulpenförmigen Bechern, ansonsten Kennzeichen des mittelägyptischen Ortes Deir Tasa, der über weitreichende Verbindungen mit Siedlungen in der Ost- und Westwüste verfügt, erlaubt eine gesicherte chronologische Einordnung dieser neolithischen Bestattungen und eine Einbindung in die Badari-Kultur. Bei Gebel Ramlah handelt es sich um einen über einen langen Zeitraum hinweg genutzten Friedhof mit Familien- und Einzelgräbern, in denen die Toten in angewinkelter Lage auf der rechten Seite und mit Blick nach Süden bestattet wurden. Die Tatsache jedoch, dass die tulpenförmigen Becher auch in Wadi Atulla in der Ostwüste gefunden wurden, sind bei aller Vorsicht als frühe Hinweise auf eine sich langsam formierende, einheitliche Bestattungskultur zu werten.

Badari-Kultur

Die Badari-Kultur (ca. 4500–4000), so benannt nach der gleichnamigen Region in der Nähe des heutigen Sohag und älteste prädynastische Kultur Oberägyptens, folgt der Merimde-Beni-Salame-Kultur. Sie ist nicht nur verbunden mit dem frühesten Nachweis von Ackerbau in Oberägypten, sondern auch gekennzeichnet durch eine ausreichende Anzahl kleinerer Friedhöfe in den Orten Matmar, Mostagedda, Qau el-Kebir und Hammamiya, die zusammengenommen ca. 600 Gräber umfassen. Während man früher annahm, die möglicherweise um ca. 4500 entstandene Badari-Kultur sei auf die genannten Orte beschränkt, sind in den vergangenen Jahren der Badari-Kultur zuzurechnende Funde auch weiter im Süden nachgewiesen worden, so in Mahgar Dendera, Armant, El-Kâb und Hierakonpolis. Hierzu gehören auch Tierbestattungen, wie die eines in Textilien eingewickelten Elefanten in Hierakonpolis, die jedoch mit den Bestattungen von Menschen in keinem unmittelbaren Zusammenhang zu stehen scheinen, sich aber bis in die Naqada-Zeit hinein fortsetzen. Einige wenige Funde lassen Kontakte der Badari-Kultur mit dem Ausland vermuten, so etwa durch das Vorkommen von Muscheln des Roten Meeres und Kupfer. Dabei wird angenommen, dass diese Verbindungen zu diesem frühen Zeitpunkt noch nicht über das nördliche Niltal verliefen, sondern über Handelswege in der Ostwüste. Die Badari-Kultur lässt sich in Gräberfeldern, Siedlungen, aber auch in der Bildenden Kunst nachweisen. Dabei fällt auf, dass die Siedlungsmuster noch flexibel sind, wohl weil dem Faktor des (saisonalen) Wohnens weniger Interesse entgegengebracht wird, als überlebensnotwendigen Aktivitäten wie der Pflege und Aufzucht von Viehherden. Während bereits in der Merimde-Beni-Salame-Kultur in Gräbern tönerne Tierfiguren auftauchen, sind aus der Badari-Kultur erstmals menschliche Figuren bezeugt. Dazu kommt eine Vielfalt an Schmuck sowie Tierfiguren, die ausgehöhlt als Behälter dienen können.

5. Die Naqada-Kultur

Entstehung von Stadtkulturen

Der Wechsel von der Badari- zur Naqada-Kultur um ca. 4000–3900 ist durch keinen erkennbaren Bruch gekennzeichnet, sondern von einem fließenden Übergang, schon allein wegen der geografischen Trennung der beiden Kulturen. Die Naqada-Kultur besteht aus drei Phasen (Naqada I–III, die durch eine Feineinteilung noch weiter differenziert werden), die ebenfalls durch ihre funeräre Kultur zu fassen ist. In ihrer dritten Phase ist die Naqada-Kultur bereits landesweit sowie in Nubien verbreitet und reicht bis in das Alte Reich hinein. Die erste Phase – Naqada I oder Amratien (benannt nach den Orten Naqada und El-Amra, ca. 4000–3600) setzt die expansive Wirkung der Badari-Kultur fort (oder war gar ein Teil von ihr) und ist über weite Teile Oberägyptens nachweisbar. Das Fehlen zeitgleicher permanenter Siedlungen in Mittel- und Unterägypten ist wie in Hierakonpolis möglicherweise auf schlechte Erhaltungsbedingungen zurückzuführen. Erkennungsmerkmal der frühen Naqada-Kultur ist die Entwicklung einer Steingefäßindustrie sowie die umfangreiche, erst jetzt aufkommende Dekoration mit weißen Linien auf keramischen Gefäßen. Häufige Motive sind geometrische Muster, später aber auch Flora und Fauna, mit denen möglicherweise der Grundstein gelegt wird für die dekorative Kunst nachfolgender, auch pharaonischer Epochen: Neben Wasserbewohnern wie Fischen und Nilpferden werden auch Rinder und Flamingos etc. abgebildet, vereinzelt auch schematisiert dargestellte Menschen als Jäger oder Krieger. In dieser Zeit werden nicht nur Esel domestiziert, die als Packtiere Dienste auf interregionalen Handelswegen leisten. Auch sonnengetrocknete Lehmziegel finden erstmals als Baumaterial Verwendung und zeugen von einer beginnenden, aber auf Dauer angelegten Stadtkultur.

Hierarchie der Gesellschaft

Als Folge hieraus lässt sich an den Grabbeigaben der Naqada-I-Zeit eine zunehmende Industrialisierung und Wohlstand ablesen, auch wenn von ausgegrabenen 15000 Gräbern, die sich über einen Zeitraum von ca. 800 Jahren erstrecken, nur ein Fünftel publiziert ist. Gleichermaßen tritt aber auch ein deutlich stratifiziertes soziales System in den Vordergrund, das auf Herrschaftsansprüche einzelner Familien hindeutet und zunehmend außergewöhnlich reiche Gräber erkennen lässt, in denen vermehrt auch menschliche Figuren eine Rolle spielen. Die Beigabe von Keulen, von denen sich insbesondere die steinernen, kunstvoll gearbeiteten Keulenköpfe erhalten haben, unterstreichen wiederum das Selbstverständnis waffenführender Schichten; eine unmittelbar auf die Bewältigung des Jenseits abzielende Dekoration von Gefäßen oder Grabbeigaben lässt sich hingegen nur schwer belegen. Grabbeigaben, abgesehen von Lebensmittelbehältnissen, die eigens für ihre Benutzung im Jenseits hergestellt wurden, sind sehr vom Alltagsleben bestimmt und noch weitgehend frei von einer um Absatz bemühten, unabhängig operierenden funerären Industrie.

5.1 Naqada II

Elitenbildung

Dennoch lassen sich ab Naqada II (ca. 3600–3200, auch Gerzean genannt nach dem Fundort Gerza), der letzten Phase der oberägyptischen prädynastischen Periode, anhand der Grabbeigaben lokale und regionale Eliten identifizieren. Als Folge des ausgeprägten ariden Klimas finden Besiedelungen in der Wüste kaum mehr statt und die Orte im Niltal erweisen sich als kompakte Siedlungen, in denen die Eliten ortsnah interagieren können. Die nördliche Ausdehnung der Naqada-II-Kultur reichte bis zum Fayum und Nordostdelta (Minshat Abu Omar), was darauf hindeutet, dass die vormals von Badari und der Naqada-I-Kultur ausgehende Expansion nun weite Teile des Nordens beinhaltet und nicht mehr nur auf Oberägypten beschränkt ist. Die Entwicklung der Keramik ist das entscheidende Kriterium für diese Epoche: Erstmals tauchen konsequent dekorierte Gefäße aus Mergelton auf, die mit Deckeln und mit Hilfe von Stricken zu verschließen waren. Auf den hellen Oberflächen werden in dunkelroter Farbe Bilder angebracht, die häufig riesige Schiffe zeigen, aber auch die Flora und Fauna Ägyptens abbilden sowie sich im Uhrzeigersinn drehende Spiralen. Es ist dies die Bilderwelt einer Gesellschaft, deren Bewegungsradius sich erhöht, die die Natur beobachtet und rituelle Landschaften abbildet, ohne sie sich untertan zu machen. Diese Prestigekeramik wird nicht nur für den **funerären Gebrauch** hergestellt, sondern trägt Gebrauchsspuren, die auf eine Verwendung zu Lebzeiten des Verstorbenen hindeuten.

E

Ritualisierter Umgang mit den Toten
Die wichtigsten Hinweise auf Religion und funeräre Kultur dieser Zeit lassen sich den Gräbern des Friedhofes von Hierakonpolis abgewinnen. Im Friedhof HK 43 ließen sich anhand von Untersuchungen der Skelette erstaunliche Erkenntnisse gewinnen, beispielsweise die Feststellung, dass 21 von 470 Bestatteten der Hals durchgeschnitten wurde, in anderen Fällen, dass sie geköpft wurden. Da diese Verletzungen jedoch standardisiert auftreten, lässt dieser Befund weder auf übliche Gewalt oder gar kriegerische Auseinandersetzungen schließen, noch lässt sich sicher feststellen, ob es sich bei den Verletzungen um Bestrafungen handelte oder vielleicht eher um rituelle Eingriffe nach dem Tod. Gleichzeitig konnten in HK 43 erstmals künstliche (Teil-)Mumifizierungen nachgewiesen werden. In beiden Fällen ist zu vermuten, dass sich hier eine Erinnerungskultur abzeichnet, die sich mit rituellen Handlungen an der Existenz der Bestatteten nach dem Tode verknüpft. Im weiteren Verlauf der ägyptischen Geschichte hat sich jedoch die Bewahrung des menschlichen Körpers durchgesetzt und bis an das Ende der griechisch-römischen Zeit als Ideal der rituellen Behandlung von Toten erhalten. Dass das früheste dekorierte Grab, das sogenannte Grab 100 von Hierakonpolis, ebenfalls aus dieser Zeit stammt, kann kein Zufall sein, fügt es dem Totenkult

doch gewissermaßen eine dritte Dimension mit umfassender Wanddekoration hinzu.

5.2 Naqada III

Entstehung von Herrschaft

Während der Naqada-III-Zeit (ca. 3200–3000) lassen sich ausgedehnte Friedhöfe beobachten, doch in Naqada selbst fehlen offenbar echte Elitebestattungen. Vielleicht hat dies mit der Tatsache zu tun, dass sich gleichzeitig in Hierakonpolis ein Machtzentrum herauskristallisiert, das sich mit dem „Horusgefolge" verbinden lässt. Eine gleichzeitige Allianz mit Abydos skizziert bereits in dieser frühen Zeit eine mit dem Mythos begründete Verbindung zwischen den Städten der Götter Horus und des Chentimentiu, des „Ersten der Westlichen", oder in anderen Worten: des lebendigen und des toten Königs. In Abydos befindet sich das **Grab U-j** aus dieser Zeit, das für die Rekonstruktion der Entstehung der ägyptischen Schrift eine Schlüsselstellung einnimmt.

E

Die Schriftfunde von Grab U-j
Im Grab U-j in Abydos wurden neben zalreichen Gegenständen der magischen Ausstattung des Toten aus der Naqada-III A1-Zeit die ältesten Schriftzeugnisse Ägyptens gefunden: Ca. 150 kleine Elfenbeintäfelchen, die ursprünglich als Gefäßetiketten dienten und frühe hieroglyphische Schriftzeichen aufweisen, bezeichnen ersten Untersuchungen zufolge königliche Domänen und Verwaltungsdistrikte wie Abydos und das entfernte Buto. Viele Zeichen, darunter Ideogramme wie die Palastfassade, aber auch lauttragende (phonetische) Zeichen lassen sich in dynastischer Zeit identifizieren und bezeugen somit eine frühe Kontinuität. Ob diese Hieroglyphen jedoch dazu gedacht waren, ausgesprochen zu werden oder eher einem administrativen Bedürfnis nach bildlicher Identifikation entsprachen, lässt sich nicht zweifelsfrei bestimmen. Dass jedoch ein Täfelchen, das einen Elefanten auf einer Hügelkette darstellt, gemäß dynastischer Lesung als ab-dju (= Abydos) Sinn macht, drängt sich geradezu auf.

Ausdehnung nach Norden

Die Fülle an richtungsweisenden materiellen Daten macht deutlich, dass sich bereits in der Naqada-III-Zeit ein Prozess abzeichnet, der nur wenig später in ein erstes ägyptisches Staatsgebilde mündet, das eine stark hierarchische Struktur aufweist. Zu dieser Zeit findet die erste Ausdehnung der ursprünglich aus Oberägypten stammenden Naqada-Kultur bis in den Norden Ägyptens statt. Diese Ausdehnung lässt sich umfänglich an der Verbreitung der zeitgenössischen Keramik ablesen, die sich hauptsächlich in den zahlreichen Nekropolen wiederfindet.

II. Die Frühzeit (Naqada III A–D, Dynastien 0–2; ca. 3300–2740)

	Epoche	Oberägypten	Unterägypten
ca. 3300–3150	Dynastie ‚0', lokale Eliten	Naqada III A–B	Buto III–IV
ca. 3150–2890	1. Dynastie (Aha, Djer, Djet, Merineith, Den, Anjib, Semerchet, Qaa)	Naqada III C–D	Buto IV–V
ca. 2890–2700	2. Dynastie (Hetepsechemui, Reneb, Ninetjer und andere, darunter Peribsen und Chasechemui)	Naqada III D	
ca. 2700–2686	3. Dynastie (Nebka, Djoser, Sechemchet, Sanacht, Chaba, Huni)	Naqada III D	
ca. 2686	Beginn des Alten Reiches	Naqada III D (bis ca. 2550)	

1. Staatsbildung

Institutionalisierung von Handel

Die ägyptische Frühzeit ist identisch mit Naqada III A–D, deren letzte Ausläufer sogar bis in das Alte Reich hineinreichen (bis ca. 2550). Damit steht außer Frage, dass die letzte Phase der vordynastischen Zeit, aber auch die ersten drei **Dynastien** der ägyptischen Geschichte, maßgeblich von der einst aus Oberägypten stammenden Naqada-Kultur beinflusst waren. Diese war in ihren beiden ersten Phasen vom Süden aus nach Norden vorgedrungen und hatte am Ende von Naqada II zu vielfach gleichen Lebensformen in Ober- und Unterägypten geführt. Es ist dies die Zeit der ägyptischen Staatsbildung. Diese Entwicklung ist jedoch mit modernen Staatsgebilden nicht vergleichbar, die auf der Idee eines Nationalstaates gründen, der aufgrund von Beschlüssen generiert werden kann. In Ägypten, das um ca. 3300 keine Vorbilder kennt, ist weder ein isoliertes Einzelergebnis für die Entstehung des Staates verantwortlich zu machen noch das Vorhandensein einer Identität, die sich gegen Außen abzugrenzen sucht. Die Staatswerdung ist in Ägypten ein schleichender Prozess, der von Handelsbeziehungen und Warenaustausch getragen wird und in dem Moment nach Außen tritt, in dem eine Überschusswirtschaft greift und Absatzmärkte erschlossen werden. Neue Untersuchungen zeigen, dass die Nutzung der zur Rohstoffbeschaffung und zum Warenabsatz geschaffenen Handelswege eine wesentliche Rolle bei der politischen Vernetzung der Regionen spielte.

E

Dynastien
Die Einteilung ägyptischer Herrscher in Dynastien stammt von den Ägyptern selbst. Sie orientiert sich an Königshäusern beziehungsweise an Regionen. Abschnitte werden um ca. 1250 bereits im Turiner Königspapyrus, auch Kanon genannt, skizziert. Die heutige Einteilung geht im Wesentlichen auf den griechischen Historiker Manetho (3. Jh. v. Chr.) zurück, der die Könige von Menes bis Nektanebos II. in 30 Dynastien unterteilte.

Außenhandel und Staatsmythos

Eine zunehmende Bevölkerungsdichte und das damit verbundene Interesse der Elite an wirtschaftlicher Stabilität dürfte auch bei der Präsentation wirtschaftlichen Erfolges einen wichtigen Faktor darstellen: Die Spezialisierung der Keramikproduktion und die Nutzung von in der Wüste anstehendem Mergelton sowie der Export fertiger Gefäße bis in die Levante sind nur einige wenige Ausdrucksformen dieses frühen interregionalen Denkens. Möglicherweise deuten fremdartige unterirdische Bauten in Maadi im Delta, die als Magazine genutzt werden, darauf hin, dass auch levantinische Händler zu diesem Zeitpunkt in Ägypten tätig waren. Vorgänge dieser Art sind undenkbar, ohne dass sie das Interesse der Eliten geweckt hätten, die in der Tat zunehmend den interregionalen Handel zu organisieren und kontrollieren in der Lage waren: So ist aus der 1. Dynastie eine Inschrift bekannt, die darüber Auskunft gibt, dass Schiffe ausgesandt werden, um im Mittelmeerraum und der südlichen Levante Zedernholz zu sichern. Zu Beginn der historischen Zeit steht ein voll ausgebildetes Handelsnetz zur Verfügung, mit dessen Hilfe es den Eliten gelingt, Kontrolle auszuüben und wirtschaftlichen Wohlstand zu sichern. So ist es das Ringen um materiellen Wohlstand, das schließlich zu einem Gebilde führt, das mit dem modernen Begriff des „ägyptischen Staates" annähernd umschrieben werden kann. Altägyptischer Ideologie zufolge ist dieser Staat die Konsequenz aus der „Vereinigung der Beiden Länder". Dieser Staatsmythos kann als Befriedung zuvor sich feindlich gegenüberstehender Landesteile verstanden werden. Tatsächlich jedoch kann mithilfe archäologischer Methoden gezeigt werden, dass es sich hierbei nicht um ein einmaliges Ereignis gehandelt hat, das in historischer Zeit mit jedem Regierungsantritt neu inszeniert wird, sondern um den langwierigen Prozess einer pluralistischen Gesellschaft, die die verschiedensten Regionen Ägyptens mit einbezieht, über einen längeren Zeitraum hinweg stattfindet und zahlreiche Auslöser und Protagonisten hatte.

2. Mythos als Ursprung von Geschichte

Der Beginn ritualisierter Geschichte

Schriftliche Quellen, die detailliert Auskunft geben könnten über die vielschichtigen Prozesse, die zum ägyptischen Staat geführt haben, gibt es nicht, obwohl die **Hieroglyphenschrift** zu diesem Zeitpunkt, also kurz nach der Erfindung der Schrift in Mesopotamien, ausgebildet vorlag. Möglicherweise verlaufen diese Prozesse vor der Gründung einer autorisierten Staatsgewalt auch mehr intuitiv als von langer Hand geplant, weshalb sich eine allgemeingültige, zeitgenössische Beurteilung nicht aufdrängte. So treten anstelle historischer Inschriften mythisch überhöhte „historisierende" Bilder, deren

Entschlüsselung nach wie vor die mit der ägyptischen Geschichtsforschung befassten Ägyptologen beschäftigt. Eine allgemeingültige Lehrmeinung zu formulieren, darf aufgrund der verschiedenen Forschungsansätze derzeit nicht erwartet werden. Neben der teilweise bildlich dekorierten Naqada-Keramik sind es insbesondere Prunkpaletten und Ritualmesser der ausgehenden Naqada-II- und der beginnenden Naqada-III-Zeit, die das reichste verwertbare Bildmaterial liefern. Zwar erschließen diese Funde einerseits die Entwicklung religiöser Konzepte ebenso wie politische Strukturen und die Repräsentation von Herrschern, andererseits sind gesicherte Interpretationen über die Uniformität des Staatsgebildes dieser Zeit nicht möglich.

E

Zweidimensionale Kunst als Kulturgenerator
Der Messergriff aus Abu Zeidan (heute im Brooklyn Museum) zeigt zahlreiche vorüberziehende Tierarten und damit eine sich in Bewegung befindliche Landschaft, die rituell kontrolliert werden kann. Während die offenbar älteste Palette, die sogenannte Jagdpalette, von Tieren übernommene Jagdtechniken darstellt, sind kriegerische Themen auf einer Reihe von Medien überliefert: Das früh zu einem Topos stilisierte Thema des „Erschlagens der Feinde" findet auf den Köpfen von Schlagkeulen, aber auch im bemalten Grab von Hierakonpolis (Grab 100) und in der wohl berühmtesten Palette, der des Königs Narmer, lebendigen Ausdruck. Entscheidend ist aber vielmehr, dass diese Objekte aus der Dreidimensionalität heraustreten und mit der Bevorzugung der zweidimensionalen Kunst in Malerei und Relief den Weg bereiten für eine Darstellungsform, die nur wenig später in der Hieroglyphenschrift ihren wohl überzeugendsten Ausdruck findet.

3. Narmer

Die „Vereinigung der Beiden Länder"

Der früheste Protagonist eines an der Formierung der Staatsidee interessierten Herrschers ist unter dem Namen Narmer bekannt: In Hieroglyphen geschrieben und eingerahmt von der Abbildung einer Palastfassade, die von einem Horusfalken bekrönt wird, besteht der Name dieses Königs aus der Darstellung eines Welses mit dem phonetischen Lautwert *nar* und dem Stößel mit dem Lautwert *mr*. Auf der beidseitig dekorierten **Narmer-Palette** ist der König auf einer Seite mit der Weißen (oberägyptischen) Krone dargestellt, auf der anderen mit der Roten (unterägyptischen) Krone, so als solle hiermit ein gleichzeitiger Anspruch auf beide Landesteile zur Geltung gebracht werden.

E

Symbol und Mythos der Herrschaft
Stets ist es der König, der die Feinde niederschlägt, wobei sich die Künstler einer standardisierten Formsprache bedienen, die ikonhaft wirkt. Sie lässt den Einfluss einer übergeordneten, an formaler Ikonographie interessierten Oberschicht erkennen, der es gelingt, einige der bis zum Ende des Pharaonenreiches gültige Prinzipien der bildenden Kunst zu entwickeln und zu etablieren. Es darf als unwahrscheinlich gelten, dass diese formalisierte Bildsprache dazu vorgesehen ist, konkrete historische Ereignisse, wenn auch schemenhaft, darzustellen. Das Erschlagen der Feinde auf der Narmer-Palette, das in der Ägyptologie als Ausdruck der kriegerisch erwirkten Vereinigung der Beiden Länder verstanden wurde, stellt sehr wahrscheinlich symbolhaft einen Staatsmythos dar. Dies heißt jedoch nicht,

dass der Mythos vom Vereinigen der Beiden Länder gegenstandslos wäre: Ganz im Gegenteil ist die Geschichte des Alten Ägypten ein Wechselspiel von politischer Einheit und deren zeitweisem Verfall. Die Ägyptologie hat diese politischen Zustände mit den Begriffen der Reiche beziehungsweise der Zwischenzeiten kenntlich gemacht und systematisiert.

3.1 Narmer und der Ursprung ägyptischen Herrschaftsanspruchs

Geschichte als offener Prozess

Ereignisse werden immer dann zu historischen Fakten, wenn es dem Historiker gelingt, sie als Argument zu interpretieren. Damit unterscheidet sich Geschichte etwa von der Chronik, der es nur darauf ankommt, Ereignisse zu katalogisieren. Wenn also Geschichte insbesondere Argument ist, so muss der Beginn der Geschichte mit einer speziellen Aussage zu verbinden sein, wie beispielsweise das Zeitalter des Hellenismus mit der Eroberung Ägyptens durch Alexander den Großen beginnt und mit dem Sieg Oktavians bei Actium endet. Eine solche Aussage über den Beginn der ägyptischen Geschichte zu treffen, fällt jedoch nicht ganz leicht angesichts des schleichenden und vornehmlich von Wirtschaftsfaktoren generierten Entwicklungsprozesses der Naqada-Zeit.

E

Die Narmer-Palette

Die vom Ende der Dynastie 0 stammende Narmer-Palette (s. Abb. S. 14) nimmt in ihrer geradezu klaren Gliederungslinie den Kanon der späteren pharaonischen Kunst vorweg und bildet Vorgänge verkürzt und emblematisch ab. Während die meisten Artefakte aus prädynastischer Zeit nur selten fest datiert sind und oft aus unklaren Fundumständen stammen, ist die historische Zuweisung dieses Denkmals gesichert: Sie trägt einen Königsnamen und stammt aus Hierakonpolis, wo sie zusammen mit mehreren dekorierten Keulenköpfen im Tempel des Horus gefunden wurde. Für die Einordnung der Narmer-Palette ist diese Feststellung entscheidend: Denn während Schminkpaletten generell bescheidenen Zuschnitts waren, greift die Palette des Narmer bereits durch ihre Höhe von 64 cm und Breite von 42 cm ins Monumentale aus und macht einen Herrscheranspruch deutlich, der über die Darstellung kriegerischer Auseinandersetzungen hinaus die politische Einigung von Ober- und Unterägypten als Folge unterstreicht. Diese Einheit wird symbolhaft dargestellt durch die Verschlingung der Hälse zweier mythischer Tiere, deren Bändigung dem Einigungsprozess vorausgeht und daher politischen Willen erkennen lässt.

Herrschaft und Kultur

Den Beginn der Geschichte des Alten Ägypten lassen Ägyptologen mit Narmer beginnen, da das wohl wichtigste Zeugnis der früheren ägyptischen Geschichte, die sogenannte Narmer-Palette, den Protagonisten eines politischen Ereignisses zeigt, der aus späterer Zeit belegte Insignien des Königtums zur Schau stellt. Was diese Lesung der Narmer-Palette so überzeugend macht, ist die Vermittlung eines differenzierten Bildes von Politik und Herrschaft, Kunst und Kultur dieser frühen Epoche. Die Perioden, die diesen Einschnitt vorbereitet haben, die Badari-Kultur in Mittelägypten (ca. 4500–4000 v. Chr.) und insbesondere die frühen Naqada-Perioden (ca. 4000–3300 v. Chr.) sind ihrem Ursprung nach bereits ägyptisch, denn sie umfassen bereits weite Teile des Niltals von Unterägypten (Maadi-Kultur) bis Oberägypten und sogar Nubien über das heutige Abu Simbel hinaus. Narmer ist möglicherweise jedoch nur einer von mehreren Königen der soge-

Die Narmer-Palette

nannten Dynastie 0; ihm könnten der Besitzer des bereits erwähnten Grabes U-j in Abydos sowie Skorpionkönig(e?) vorausgegangen sein, weshalb man Narmer heute als letzten König der Dynastie 0 ansetzt.

3.2 Die Dynastie 0

Wille zur politischen Einheit

Bei der Einigung der beiden Landeshälften, dem Ausgangspunkt der Entstehung des ägyptischen Staates, welche die Palette des Narmer um ca. 3100 propagiert, handelt es sich nicht um die Darstellung von Vorgängen, die aus dem Nichts heraus künstlich geschaffen wird: Tatsächlich sind Ober- und Unterägypten bereits viel früher nachhaltig zusammengewachsen, wie dies in den letzten Jahren von der Forschung insbesondere für bilaterale Handelsbeziehungen zwischen Ober- und Unterägypten kenntlich gemacht werden konnte. Die Naqadisierung Ägyptens ist ein Prozess der schleichenden Durchdringung des Niltals, wobei archäologische Formationen und die eigentliche Kultur oberägyptisch geprägt sind. Doch bereits in der Stufe Naqada I (ab ca. 4000) lässt sich ein stark expansiver Vorgang nachweisen, der sich im Fundmaterial dieser Zeit (Keramik, Steinwerkzeuge) als eine Durchmischung von Stilen zu erkennen gibt und der in der Stufe Naqada II D (ca. 3300) die Küste des Mittelmeeres erreicht. Diese Akkulturation, die sich von Süden ausgehend im gesamten Niltal niederschlägt, ist ein schleichender

Prozess, der, wie dies insbesondere die Keramik erkennen lässt, mehrheitlich friedlich ablaufen sollte. Wenn der insbesondere in späteren Königstiteln beschworene Dualismus der Beiden Länder nach neuester Forschungsmeinung keine Konkurrenzsituation erkennen lässt, so mag dies daran liegen, dass Ägypten bereits vor der eigentlichen Reichseinigung durch Narmer kulturell zusammenwächst. Narmer scheint vielmehr zu offizialisieren, was bereits ca. 200 Jahre früher miteinander verbunden war, wobei offenbar Handelsbeziehungen für einen Prozess kultureller Identität namhaft gemacht werden müssen. Die Stufe Naqada III AB ist bis zum Auftreten Narmers jedoch von rivalisierenden Häuptlingstümern geprägt, die in befestigten Städten residieren. Wenn sich also am Ende der Naqada-Zeit der ägyptische Territorialstaat ausbildet, so setzt er sich damit gegen die polyzentristischen und autark regierten Häuptlingstümer durch. Dieser Aspekt der Staatsentstehung geht jedoch nicht etwa mit der ausschließlich friedlichen Integration dieser Städte einher, sondern trägt durchaus auch Elemente der Zerstörung in sich, wie prädynastische Kriegsbilder zeigen. So bringt die in ihrem Aufbau der Narmer-Palette ähnliche sogenannte Städtepalette die Zerhackung einzelner Bastionen durch Tiere zum Ausdruck, die offenbar symbolhaft für Herrscher stehen. Dieser Tiersymbolik bedienen sich offenbar bewusst auch die frühen Pharaonen, die Namen wie ‚Skorpion', der ‚Fänger' (König Djer) oder ‚Horus kampft' (Horus-Aha) tragen. Man wird abschließend zusammenfassen dürfen, dass die kulturelle Einheit Ägyptens am Ende von Dynastie 0 vom Handel begünstigt und vorbereitet wurde, die politische Einheit jedoch von durchaus kriegerischen Auseinandersetzungen getragen worden sein könnte. In kultureller Hinsicht wird man bis in das Alte Reich hinein, wenn auch mit abnehmender Tendenz, von der Fortsetzung der Naqada-Kultur sprechen dürfen, in politischer Hinsicht hingegen von Herrscherdynastien.

E

Ausbildung eines ägyptischen Kunstkanons

Das Hauptbildwerk der Dynastie 0 ist zweifellos die monumentale Narmer-Palette, in der die Grenzen zwischen Bild und Schrift zeitweise zu verschwimmen scheinen. Wie die späteren Hieroglyphen bedient sich der hier vertretene Darstellungskanon der Seitendarstellung. Die Frontaldarstellung fehlt hingegen, und so gerät alles Bildliche in Bewegung und tritt in einen erzählerischen Prozess ein. Die Darstellung ist jedoch auch von einer inneren Dynamik geprägt, wie dies das Wechselspiel von Frontal- und Dreiviertelansichten verdeutlicht, die beispielsweise in der Darstellung des schreitenden Narmer zu erkennen ist: Während die sogenannte Rote Krone des im obersten Register nach rechts ausschreitenden Königs in Seitenansicht dargestellt ist, wurde das Auge des Herrschers frontal wiedergegeben, während für die Bauch- und Beckenansicht die Dreiviertelansicht gewählt wurde. Die Vermengung der Perspektiven, die im Falle der Narmer-Palette aus dem Verzicht auf die dritte Dimension entstand, kann als eines der produktivsten Elemente der ägyptischen Kunst beschrieben werden. Bereits in der prädynastischen Zeit angelegt, ist mit dem dynamischen Perspektivenwechsel der ägyptischen Kunst ein Ausdrucksmittel an die Hand gegeben, das über mehr als 3000 Jahre Bestand haben sollte und als eine Art Grammatik einer von Dynamik geprägten bildlichen Erzählkunst verstanden werden kann. Die linguistischen Mittel, derer sich die ägyptische Bildsprache bereits zu diesem frühen Zeitpunkt bedient, machen deutlich, dass Narmer über die Darstellung der politischen Wende hinaus sich einer Metrik bediente, die ebenfalls ein Produkt der Naqadisierung gewesen sein muss. Das Ergebnis dieser Überlegungen war offenbar so erfolgreich, dass es später nur noch akzentuiert, nie mehr jedoch in Frage gestellt wurde. Die Geburt des ägyptischen Staates geht einher mit der Geburt der ägyptischen Kunst, ihrer narrativen Ausdrucksmöglichkeiten, aber auch der hieroglyphischen Erzählform, die Monumentalität mit Ereignishaftigkeit in Einklang setzt. Aus dieser Periode der Naqadisierung Ägyptens in fruchtbarer Form Konsequenz zu ziehen und begrifflich festzuhalten, ist aus der Sicht des Kulturhistorikers das Erbgut der prädynastischen Epoche, mit deren Ende in der 3. Dynastie das pharaonische Ägypten seinen Anfang nimmt.

4. König Aha und die 1. Dynastie

Symbolik der Landeshälften

König Aha oder Horus Aha, Nachfolger des Narmer und Gründer der 1. Dynastie, übernimmt bei seinem Regierungsantritt ein offenbar geeintes Reich und nimmt als zweiten Namen (Herrinnenname) den Namen Men („Der Gefestigte") an, was möglicherweise zu seiner Identifikation als **Menes** beiträgt. Zu seinen großen Erfolgen gehört die Gründung einer bedeutenden Siedlung in der Nähe des späteren Memphis. Gleichzeitig wird Abydos als Königsnekropole bestätigt, hohe Funktionäre lassen sich in Saqqara bestatten. Abgesehen von Aufschriften und einem Elfenbeintäfelchen der Königin Neithhotep, ist Aha archäologisch insbesondere durch sein Grab in Abydos (B 19) bezeugt, das drei größere Grabkammern umfasst. Der Befund legt nahe, dass mit dem König auch die Mitglieder des königlichen Haushaltes in 36 Nebengräbern bestattet wurden, eine Sitte, die wohl aus Gründen der dynastischen Kontinuität am Ende der 1. Dynastie bereits wieder aufgegeben wird. Neben Frauen und Zwergen, die als Dienstpersonal gedient hatten, ließen sich auch Knochen von Hunden sowie von jungen Löwen nachweisen, die offenbar am Hof gehalten wurden.

E

Aha/Menes bei Manetho und Diodor
Die Ägypter selbst haben im Unterschied zu modernen Historikern ihre eigene Geschichte nicht mit Narmer, dem Vorgänger Ahas, beginnen lassen. Aus rückgewandter Perspektive war die Erinnerung an die Dynastie 0 so sehr verblasst, dass der griechische Historiker Manetho (ca. 300 v. Chr.) die ägyptische Geschichte mit dem legendären König Menes beginnen ließ, der in der Ägyptologie mit König Aha gleichgesetzt wird, dem Gründer der 1. Dynastie. Dieser Sicht aus ptolemäischer Zeit wäre jedoch von zeitgenössischen Historikern des Alten Reiches widersprochen worden: Der sogenannte Palermostein, eine schwarze Basaltplatte aus der 5. Dynastie (ca. 2470), zählt die Könige Ägyptens bereits seit prädynastischer Zeit auf, wobei für die ersten Herrscher, die in der obersten Zeile verzeichnet sind, lediglich ihr Name angegeben wird. Bei dem griechischen Schriftsteller Diodor von Sizilien aus dem 1. Jh. v. Chr. erscheint Menes, den er als Mnevis (das ist der Name des heiligen Stieres von Heliopolis) missverstand, nicht nur als Reichsgründer, sondern auch als Kulturbringer und Gesetzgeber. Heute steht außer Zweifel, dass in seinem Bild von Menes mehrere frühere Herrscher zusammenflossen und so ein im kulturellen Gedächtnis Ägyptens verankerter, mythischer König entstand.

E

Entwicklung von Schrift, Verwaltung, Gaueinteilung
Die Hieroglyphenschrift wurde bereits während der Dynastie 0 erfunden und stand offenbar ganz im Dienst der Verwaltung und Abwicklung von Wirtschafts-

prozessen: Die frühe Schrift beschränkt sich auf königliche Siegel, Verschlüsse und Siegelabdrücke sowie Etiketten und Gefäßmarken aus Nekropolen, aber auch aus Wirtschafts- und Produktionszentren wie etwa Elephantine. Aufgrund des Vorkommens von Jahresangaben in Verbindung mit Königsnamen steht zu vermuten, dass es eine Art Annalensystem gegeben haben muss. Bereits ab der Dynastie 0 lässt sich anhand dieser Inschriften eine Getreidesteuer vermuten. Innerhalb dieser Prozesse, die im Alten Reich an Institutionen delegiert wurden, konnten ganze Dynastien von Beamten an Einfluss gewinnen und konnte die Residenz gegenüber der Provinz an Macht zulegen. Die zurückliegende Reichseinigung brachte ihrerseits die Erfordernisse einer inneren Kolonisierung des Landes mit sich sowie die Einteilung in Verwaltungsdistrikte (Gaue). Die Gauabzeichen jedoch, wie sie in Gestalt der Standarten auf der Narmer-Palette überliefert sind, sind nicht mit den wohl erst später angelegten Gauen zu verwechseln, die kaum vor Pharao Djoser (ca. 2650) nachzuweisen sind.

E

Annalen
Bereits während der Dynastie 0 hatte man begonnen, die Gegenwart in Jahre einzuteilen, die nicht nur einfach gezählt wurden, sondern nach wichtigen Ereignissen benannt wurden. Solche Ereignisse waren jedoch nicht etwa Naturkatastrophen o.Ä., sondern politische Ereignisse oder herausragende Rituale und Feste, die im jeweiligen Jahr stattfanden, so zum Beispiel das „Erste Mal des Schlagens des Ostens". Es besteht keinerlei Zweifel daran, dass wie die Schrift auch die kalendarische Aufzeichnung von Ereignissen im Dienste der sich ausbildenden Verwaltung stand. Von diesen Zählungen berichten die sogenannten ‚Annalentäfelchen' auf einer Fläche von oft nur wenig mehr als 9 cm^2 in Bild und Schrift. Einerseits dienten einfachere Täfelchen als Etiketten von Lebensmitteln wie Wein und Konserven als eine Art Herstellungsdatum, mit dem sie die Frische eines verderblichen Produktes kennzeichneten. Andererseits – und dies ist für den Historiker weitaus bedeutender – geben diese Täfelchen Auskunft über Nilstände, Feste und Riten, die Einzelgeschehnisse in einer langen Reihe von Vorgängen wieder erkennbar machen und identifizieren. Auch wenn damit im eingangs geschilderten Sinne noch keine Geschichtsschreibung vorliegt, so doch wenigstens eine Chronik, die hilft, Geschehnisse als Erinnerungen zu markieren.

4.1 Königsnekropole in Abydos – Regierungssitz bei Memphis

Beamtenfriedhöfe bei der Residenz

Während die Königsgräber der Dynastie 0 in Abydos noch Einzelgräber waren, sind die Gräber der Könige der 1. Dynastie von Nebengräbern umgeben. Ab König Den wird zudem eine unterirdische Statuenkapelle angelegt, wo die kultische und rituelle Begegnung mit dem toten König, etwa im Zusammenhang mit der Totenversorgung, durchgeführt werden kann. Ab Pharao Djer gehören zu den Einzelgräbern nun auch größere, mit Mauern eingefasste Bezirke, die auf Totenrituale schließen lassen, an denen zahlreiche Personen teilnehmen konnten. Ob diese Areale, deren Bestimmung archäologisch noch nicht erschlossen ist, die späteren Taltempel der 3. Dynastie vorweggenommen haben, kann nicht mit Sicherheit gesagt werden. Während sich die Herrscher der 1. Dynastie jedoch in Abydos bestatten lassen und sich damit auf die alte Stadt This beziehen, nach der die ersten beiden Dynastien auch Thinitenzeit genannt werden, liegt das eigentliche kulturelle Zentrum bei Memphis im Norden des Landes. Die wichtigsten Friedhöfe dieser Zeit in der Nähe von Memphis sind Heluan und Saqqara. Hier entstehen die großen, oft nischengegliederten Gräber, deren blockhaftes Aussehen an Sitzbänke erinnert, weshalb sie mit dem arabischen Wort *mastaba* bezeichnet werden. Die Grabbeigaben, die in der zeitgenössischen Nekropole gefunden wurden, werfen ein Licht auf den geradezu verschwenderischen Luxus der hier Bestatteten: Aus dieser Residenzelite, die sich mit einer Fülle von Bevorratung für das Jenseits ausstatten kann, entsteht der Grundstock der Kulturträger des Alten Reiches, die Kunst und Lebensform in Abhängigkeit von ihrer jeweiligen kultischen und rituellen Verwendungssituation formen. An den Gräbern des Nebitka (Nr. 3038) und der Königin Merineith lässt sich innerhalb der Palastfassade eine stufenartig ansteigende Struktur festmachen, die sich bei aller Vorsicht als Verschmelzung einer südlichen und einer nördlichen Architekturform beschreiben lässt, die am Deutlichsten in der Stufenpyramide des Djoser nach Außen tritt.

5. Die 2. Dynastie

Funeräre Kultur

Auf die ersten beiden Dynastien entfallen ca. 325 Jahre, wobei die Länge der 2. Dynastie in etwa mit 150 Jahren anzusetzen ist. Der Prozess des Übergangs von der prädynastischen Zeit bis zum Beginn des Alten Reiches, der sich in diesem Zeitraum vollzieht, bleibt jedoch zu weiten Teilen im Dunkeln und kann auch mit den zur Verfügung stehenden archäologischen Daten nur schwer erschlossen werden. Lediglich die beiden letzten Könige Peribsen und Chasechemui lassen sich deutlicher fassen. Zu Beginn der Dynastie steht mit Hetepsechemui die Nekropole von Abydos noch in voller Blüte. Der genannte Herrscher hinterlässt im Grab seines Vorgängers Qa^{c}a in Abydos Siegelabdrücke mit seinem Namen, was darauf schließen lässt, dass der Übergang von der 1. Dynastie zur 2. Dynastie wenigstens in politischer Hinsicht reibungslos verlief. Die Gräber der frühen Könige der 2. Dynastie fehlen jedoch bislang. Möglicherweise befanden sie sich nicht mehr in Abydos, sondern in Saqqara. In den südlich des späteren Pyramidenkomplexes des Djoser gelegenen Galerien, die jeweils über 100 m lang sind, wurden Siegelabdrücke der ersten drei Könige der 2. Dynastie nachgewiesen (Hetepsechemui, Reneb und Ninetjer), deren Graboberbauten jedoch verloren sind. Das Grab des Peribsen befindet sich hingegen in Abydos, wo der Name des Königs in ein abgekürztes Bild der Palastfassade eingeschrieben ist. Bemerkenswert ist indes, dass der Name des Königs nicht vom Bild des Horus begleitet wird, der in späterer Zeit noch deutlicher als Königsgott in Erscheinung tritt, sondern durch den Gott Seth, eine hund- oder schakalhafte imaginäre Gestalt mit vertikal aufragendem Schwanz. Sein Nachfolger Chasechemui weist in seinem Namen beide Götter auf, was als Indiz dafür gewertet werden kann, dass dieser Herrscher dem Vereinigen der Beiden Länder erneut Ausdruck zu verleihen wusste. Ob sich hinter einer solchen Deutung, die an die aus ramessidischer Zeit (um 1100) überlieferte Erzählung von Horus und Seth erinnert, historische Substanz innewohnt, kann hingegen nicht entschieden werden, auch wenn eine Siegelabrollung mit seinem Namen den Zusatz „Die Beiden Ländern befinden sich in ihm in Frieden“ bezeugt. Auf den Statuensockeln dieses Herrschers haben sich allerdings Friese erhalten, die einen oberägyptischen Sieg über unterägyptische Feinde plausibel machen und daher Anlass zu der Vermutung geben, dass die oberägyptische Dominanz angesichts der noch immer präsenten Naqada-IIID-Kultur zugunsten einer (erneuten?) Vereinigung der Beiden Länder aufgegeben wurde. Auch wenn der Impuls zu diesem politischen Schritt von Oberägypten ausging, so war doch die weitere Entwicklung des Staates auf den Norden um die Region Memphis konzentriert.

Das Grab als Haus der Ewigkeit

Das Grab des Chasechemui, das noch in Abydos angelegt worden war, übertrifft an Größe (68 × 10–17 m), Pracht und Grabbeigaben alles bis dahin Vorhandene: Es verfügt über 58 Magazinräume und eine Grabkammer aus Kalkstein. Dennoch lassen sich die höheren Beamten noch nicht, wie dies später üblich werden wird, in der Nähe des Königs bestatten, sondern weiterhin in Saqqara-Nord. Das größte der dort gefundenen zeitgleichen Gräber steht dem des Chasechemui indes kaum nach: Ausgestattet mit 27 Räumen, verfügt das Grab 2302 sogar über Badezimmer und Latrinen und könnte damit noch deutlicher als die abydenischen Königsgräber ein Haus für das Jenseits darstellen. Die Graboberbauten verfügen nicht mehr über die Palastfassade der Gräber der 1. Dynastie, sondern weisen nur noch zwei Nischen an der Ostseite auf, die als Ort für die Niederlegung der Totenspeisung verstanden werden können.

III. Das Alte Reich (Dynastien 3–6, 7–8; ca. 2686–2160)

3. Dynastie	
Nebka	2686–2667
Djoser	2667–2648
Sechemchet	2648–2640
Weitere, ephemere Könige	bis 2613
4. Dynastie	
Snofru	2613–2589
Cheops	2589–2566
Djedefre	2566–2558
Chephren	2558–2532
Mykerinos	2532–2503
Schepseskaf	2503–2498
5. Dynastie	
Userkaf	2494–2487
Sahure	2487–2475
Neferirkare	2475–2455
Schepseskare	2455–2448
Neferefre	2448–2445
Niuserre	2445–2421
Menkauhor	2421–2414
Djedkare	2414–2375
Unas	2375–2345
6. Dynastie	
Teti	2345–2323
Pepi I.	2321–2287
Merienre	2287–2278
Pepi II.	2278–2184
7.–8. Dynastie	2181–2160

1. Der Übergang zum frühen Alten Reich

Kommunikation

Mit dem Ende der prädynastischen Zeit (Dynastie 0, 1. und 2. Dynastie) kommt die noch von der Naqada-Kultur geprägte, aber gleichzeitig bereits politisch determinierte Epoche Ägyptens zu einem Abschluss, der insbesondere von der zunehmenden Komplexität der ägyptischen Gesellschaft geprägt ist. Dieser Verlauf ist archäologisch insbesondere an einer Verdinglichung ablesbar, die vielschichtige Verhaltensmuster, Symbolhaftigkeit und politische Aussageformen, so zum Beispiel in der Architektur oder in der Bildenden Kunst, erkennbar, erfahrbar und für zukünftige Erinnerungsformen fruchtbar macht. Dies alles wäre nicht möglich, würde nicht gleichzeitig erstmals eine landesweite Kommunikation stattfinden, die sich einer gemeinsamen Grammatik von Bildern und Sprache bedient. Der Beginn der 3. Dynastie ist nicht nur eine unausweichliche Konsequenz vorangegangener Epochen, sondern vielmehr das Beispiel eines geglückten kulturellen Austausches auf unterschiedlichen Ebenen, der mit der Schaffung einer allgemeingültigen Formsprache Raum gewinnt und durch die Etablierung einer gemeinsamen Schriftsprache eine Stimme erhält. Nur so lassen sich in der Folge in einer immer komplexer und zwangsläufig hierarchisch gegliederten ägyptischen Gesellschaft nachhaltige Entwicklungsstrategien entwickeln und landesweit durchsetzen. Die Fortführung der Ausbildung des Staates zu Beginn des Alten Reiches ist somit ein auf die Zukunft ausgerichteter, optimistischer Prozess, der bewusst früh den Grundstein für das Miteinander zukünftiger Generationen kanonisiert. Dieser Vorgang geht mit einer solchen Wucht einher, dass es schwerfällt, sich alternative Modelle vorzustellen: Bereits zu dieser frühen Zeit ist das politische Wollen derart zielgerichtet, dass sich für sich konkurrierende Modelle keinerlei Raum bietet.

Kontinuität als Erfolgsprinzip

Diese hartnäckige Eingleisigkeit politischen Wollens wird bis in die ägyptische Spätzeit hinein eines der Erfolgsmuster ägyptischer Innenpolitik bleiben. Das Alte Reich ist in diesem Zusammenhang der Zeitraum der offenen Etablierung dreier Säulen: des politischen gesellschaftlichen Zusammenwachsens, der koordinierenden Administration sowie der zielgerichteten Verbreitung neuer kultureller Ausdrucksformen. Hierbei ist entscheidend, dass eine vierte Säule restriktiv gehandhabt wird: Religion und Wissenschaft werden nicht für breitere Schichten erschlossen, sondern bleiben exklusiv den Schichten vorbehalten, die der Schrift mächtig sind.

2. Die 3. Dynastie

Nebka gründet die 3. Dynastie

Das Alte Reich, das die Dynastien 3 bis 6 umfasst, wird aufgrund der sichtbarsten Bauwerke dieser Epoche als Pyramidenzeitalter bezeichnet. Der noch heute verwendete Begriff Altes Reich selbst ist jedoch nicht genuin ägyptisch, sondern stammt aus dem 19. Jahrhundert, als erstmals eine historische Einteilung der ägyptischen Geschichte angestrengt wurde. Mit Pharao Nebka beginnt ca. 2686 die 3. Dynastie nach Manethos Zählung, die chronologisch jedoch nicht völlig unumstritten ist. Die Königslisten von Abydos und Turin sowie möglicherweise der Palermostein bestätigen Nebka als Gründer der 3. Dynastie. Da jedoch das Siegel des Königs Djoser im Grab des Chasechemui in Abydos gefunden wurde, hat man jüngst vermutet, dass Djoser dessen Grab vollendet habe. Dieser neue Ansatz wird durch bauliche Ähnlichkeiten indirekt zwar bestätigt. Es wird sich aber zeigen müssen, ob es sich bei den Tätigkeiten Djosers nicht um sekundäre Intrusionen oder Reparaturen gehandelt hat und ob dies für die Vermutung genügt, Djoser sei der Nachfolger Chasechemui.

2.1 König Djoser

Die erste Pyramide Ägyptens

Das sichtbarste archäologische Zeugnis aus Djosers Regierungszeit ist die von ihm in Saqqara errichtete Stufenpyramide, die eine Abkehr von der Königsnekropole im südlichen Abydos einleitet und die königlichen Bestattungen im Norden des Niltals begründet. In der Zeit vor Djoser waren nur vereinzelt Bauabschnitte mit hoher Traglast aus Stein gefertigt worden, während die restlichen Abschnitte der Gräber aus luftgetrockneten Lehmziegeln errichtet wurden. Auch wenn die Außenmauern der Grabbezirke unter Nebka in Gisr el-Mudir und Djoser noch aus Lehmziegeln errichtet wurden, besteht die eigentliche funeräre, königliche Architektur nun aus Stein. Die endgültige Form der Stufenpyramide des Djoser weist sechs Stufen auf, eine Grundfläche von 140 x 118 m sowie eine Höhe von 60 m, während der Grabbbezirk mit dem Maß von 545 x 277 m einen weitaus größeren Raum einnimmt, als für die Pyramide selbst benötigt wurde. Der Grund für diese riesenhaft anmutende Grundfläche ist der Tatsache zuzuschreiben, dass die neben der Pyramide angelegten Höfe und Schreine Orte für die Ausübung zahlreicher Rituale waren, die im Zusammenhang mit dem Übergang ins Jenseits, aber auch mit dem Totenkult des verstorbenen Herrschers zu verstehen sind. So scheint im Sedfesthof das Erneuerungsritual des regierenden Königs auch für die jenseitige Fortexistenz bedeutsam gewesen zu sein. Wie die einzelnen, innerhalb des Hofes angesiedelten Rituale miteinander vernetzt sind, ist noch nicht endgültig entschlüsselt. Es scheint sich jedoch abzuzeichnen, dass für den Totenkult keine durchgehende Ritualabfolge festgestellt werden kann, wie sie ab König Snofru deutlich vor Augen tritt. Baulich steht die Stufenpyramide noch ganz in der Tradition der Mastabagräber, dem typischen Königsgrab der prädynastischen Könige, das sinnstiftend für die Königsgräber bis hinein in das Mittlere Reich werden sollte, auch wenn der Symbolgehalt dieser Bauform noch nicht abschließend entschlüsselt ist. Mit aller Vorsicht ist anzunehmen, dass die Stufen der Pyramiden als Bestandteile großer Treppen gedacht waren, über die der Tote zum Horizont aufsteigen konnte, wie dies in Totentexten des Öfteren ausgeführt wird. So beginnt das Zeitalter der Pyramiden in Ägypten um ca. 2660 mit einem Bau, der noch keine Pyramide im engeren Sinne darstellt. Der Architekturwandel hat auch mit Veränderungen in der Wahl des Baumaterials zu tun und den sich daraus ergebenden Schwierigkeiten beim Bau.

2.2 Djoser und die Nachwelt

Monumente und Erinnerung

Ohne die möglicherweise auf die Regierungszeit Djosers zurückgehende Gaueinteilung und die damit einhergehenden wirtschaftlichen Reformen Ägyptens wäre ein Unterfangen wie das des Baus der Stufenpyramide kaum möglich gewesen: Djoser hatte offenbar Zugang zu wirtschaftlichen und menschlichen Resourcen in ungeahnter Menge, die selbst unter Ptolemaios V. Epiphanes (205-180) noch erinnert werden. Im kulturellen Gedächtnis des Alten Ägypten wurde ihm die Rolle des weisen und frommen Königs zugewiesen, was sicher zu einem nicht unerheblichen Anteil auf sein größtes Bauwerk, die Stufenpyramide in Saqqara, zurückzuführen ist. Doch mag das mit Djoser verbundene Gedächtnis nicht allein in seiner Person begründet gewesen sein. Einer seiner wichtigsten Beamten ist der Architekt und Erbauer der Stufenpyramide Imhotep, der inschriftlich auf einem Statuensokkel des Djoser nachgewiesen ist, in der Spätzeit sogar einen eigenen Kult erhält und dadurch als Einzelperson mehr Bedeutung genießt als sein Arbeitsgeber. Ein anderes, späteres Zeugnis für die Rolle des Djoser im kulturellen Gedächtnis Ägyptens ist der Hinweis auf eine fiktive Landschenkung des Königs auf einer Stele auf der Insel Sehel aus der Zeit um 200, die offenbar auf die Gaueinteilung beziehungsweise Landreform Djosers abzielt. Selbst der Name des Djoser ist nur aus spätzeitlichen Quellen bekannt, seine Zeitgenossen nannten ihn bei seinem Horusnamen Netjerjchet. Abgesehen vom Djoserkomplex sind weitere königliche Monumente der 3. Dynastie zwar bekannt, doch wird keines von diesen abgeschlossen, und auch das Baukonzept der Stufenpyramide wird die 3. Dynastie nicht überdauern. Man hat diesen Befund leichtfertig als Zeichen der Schwächung der 3. Dynastie nach Djoser beurteilt.

3. Die 4. Dynastie

Sichtbares Königtum

Während es den unmittelbaren Nachfolgern Djosers offenbar an vergleichbarer Durchsetzungskraft fehlte, kam mit Pharao Snofru, dem Begründer der 4. Dynastie, wiederum ein Herrscher mit Visionen auf den Thron. So wenigstens scheint es in Anbetracht seiner Grabanlagen, die eine Neuordnung funerärer Architektur und Rituale anregen. Dass Manetho die 4. Dynastie mit diesem Herrscher beginnen ließ, mag in der Tatsache begründet liegen, dass die architektonische Revolution im Rückblick als kulturstiftend für das Alte Reich betrachtet wurde.

3.1 Königtum und Jenseitsvorstellungen von Djoser bis Snofru

Drei Pyramiden des Snofru

War die 3. Dynastie die Zeit der Mastabapyramide, so kann die 4. Dynastie als Experimentierphase des Pyramidenbaus gelten, in der das endgültige Baumuster ‚echter Pyramiden‘ etabliert wird. Wie Djoser, so bemüht sich auch Snofru intensiv um den Bau der idealen Pyramide, wobei auch er sich ausreichender finanzieller Mittel sicher sein konnte. Drei Pyramiden sind für seine Amtszeit sicher bezeugt, zehn Pyramiden wurden ihm jedoch jüngst zugewiesen, allerdings ohne stichhaltige Beweise zu liefern. Im Alten Reich bedeutet die Verwaltung der Provinz insbesondere die Sicherung der Residenz, während diese für das Wohlergehen der Provinz Sorge trägt. Die unter Snofrus Regierung erfolgte konsequente Fortführung des Baumusters der Pyramide kann in der Tat als kulturelle Revolution bezeichnet werden, da hier in sinnfälliger Weise einer veränderten Anschauung des Totenglaubens architektonisch Ausdruck verliehen wird. Von all den Veränderungen gegenüber älteren Bauten sollen nur die wichtigsten hervorgehoben werden: Der Taltempel, so bezeichnet nach seiner allgemeinen Lage im grabnahen (Nil-)Tal, wird nun an den Rand des Fruchtlandes verlegt, wo der verstorbene König nebst seinem Gefolge im Rahmen seiner Beisetzung zunächst Station macht. Von diesem (Toten-)Tempel ausgehend, der möglicherweise der Restitution der Personenkonstituenten des Königs nach dem Tode dient, wendet sich der Verstorbene dem 210 m langen und mit Wänden aus Turakalkstein versehenen Aufweg zu, der ihn im Rahmen einer Totenprozession zur eigentlichen Grabstätte, der Pyramide, führt. Das früheste Beispiel dieser Architektur findet sich in der sogenannten Knickpyramide des Snofru in Dahschur, die ihren heutigen Namen aufgrund ihres charakteristischen Knickes in der oberen Hälfte des Bauwerkes erhielt, der möglicherweise auf notwendig gewordene Veränderungen im ursprünglichen Bauplan zurückzuführen ist. Der Bezirk der Knickpyramide weist eine bis dahin einmalige Abfolge von Kultinstallationen auf: Diese zeichnet erstmals die linear durchgeführten osirianischen Totenriten nach, die den Toten, vom Aufenthalt in der Balsamierungshalle ausgehend, die mythische Reise des Herrschers des Totenreiches, Osiris, in Form einer Totenprozession nachleben lassen. Zwar wurde Osiris in einer Sonderform als Chontamenti bereits in früherer Zeit in Abydos in einem eigenen Heiligtum verehrt, doch ist die Übernahme der osirianischen Totenriten in einer nördlichen Nekropole nicht vor der 4. Dynastie unter Snofru nachweisbar. Dass Snofru neben der Knickpyramide in Dahschur auch die sogenannte Rote Pyramide errichten lässt, in der er letztlich auch bestattet wurde, sowie den Bau einer weiteren Pyramide in Meidum fortsetzt, legt Zeugnis ab von dem Ringen dieser Epoche nach einer den rituellen Gesetzen folgenden Bestattung in der mythischen Nachfolge des Gottes Osiris. Die Rote, nördliche Pyramide des Snofru weist wie die Knickpyramide Reste von Installationen auf, die auf eine osirianische, lineare Bestattungsprozession hinweisen, jedoch sind nur noch einige möglicherweise zuzuordnende Spuren von diesen Bauten im 19. Jahrhundert zu erkennen gewesen.

3.2 Die Wirtschaftsreform des Landes

Osirianisches Totenritual

Anders als noch am Ende der 2. Dynastie ist die Anwesenheit des Königs der ausschlaggebende Faktor für die Konzentration höherer und höchster Beamten im Umfeld der großen Pyramidenfriedhöfe. Innenpolitisch werden die früheren Fürstentümer von Beamten kontrolliert, die von der Residenz aus in die Provinzen gesandt wurden und mit der Durchsetzung eines ausgeklügelten Abgabensystems den administrativen und finanziellen Zusammenhalt Ägyptens gewährleisteten. Bereits in der 3. Dynastie werden die neu erschlossenen Verwaltungs- und Wirtschaftsdistrikte (Gaue) als Zeichen ihrer Zugehörigkeit zur königlichen Sphäre mit Kultpyramiden versehen, die seit Pharao Huni überall im Land errichtet werden. Damit kann ausgeschlossen werden, dass während der 3. Dynastie die Form der Pyramide ausschließlich auf Grabstätten beschränkt bleibt, sondern vielmehr als Zeichen königlicher Präsenz verstanden wird. Ab der 4. Dynastie scheint die Pyramidenform jedoch nur noch auf königliche Grabstätten Anwendung zu finden, als unter Snofru die mit diesem Bautyp verbundenen bautechnischen Probleme in einem langwierigen und kostenintensiven Prozess gelöst werden. Es ist dies eine mit dem Osirismythos verbundene Bauform, die ab Snofru erstmals die Durchführung linearer Osirisriten erkennen lässt. In der Steinwerdung dieses vom Mythos inspirierten Bestattungsrituals erfüllt sich neben dem Grab auch der Wunsch nach einem weiteren, sichtbaren Bestandteil des Grabes als heiligem Ort. Die Aufwege, die sich ab dem fortgeschrittenen Alten Reich über den Aufweg des Totentempels der Hatschepsut bis hin in die tanitische Königsnekropole von Weitem deutlich als Ritualachsen abheben, sind Ausdruck einer neuen, osirianischen Form der Todesbewältigung, die schriftlich erstmals um 2350 v. Chr. in den Totenliturgien fassbar wird.

3.3 Die Pyramiden und die Sphinx von Gizeh

Erste ‚echte' Pyramide

Zur Perfektion gelangt der Pyramidenbau indes erst unter Snofrus Sohn und Nachfolger Chufu, der von dem griechischen Historiker Herodot ‚Cheops' genannt wurde. Von diesem Herrscher ist nur wenig bekannt: Sein vollständiger Name lautet Chnum-chufu, was übersetzt ‚(der Gott) Chnum beschützt' heißt und auf eine persönliche Beziehung des Herrschers zum Gott des Gebietes des Ersten Kataraktes hinweisen mag, wo an der Südseite der Insel Elephantine ein unter diesem König dekorierter Granitfelsen die ehemalige Südgrenze Ägyptens markiert. Die Pyramide des Chufu in Gizeh ist mit einer Höhe von 146,5 m die größte jemals in Ägypten errichtete Pyramide. Ihr Volumen wurde auf 1,3 Millionen Blöcke von je 2,5 t Gewicht geschätzt, wobei die Fundamentschichten weitaus schwerere Blöcke aufweisen und die in einem Winkel von 52° angebrachten Kalksteinplatten zur Verkleidung der Außenwände hingegen leichter waren. Die Pyramide des Chufu nimmt ein Areal von 5,3 Hektar ein; vor ihrem Bau wird ihr Fundament mit einer maximalen Abweichung von nur 2,1 cm nivelliert. Wie bereits im Neolithikum üblich, helfen mit dem Baufortschritt anwachsende Rampen, das Gebäude in die Höhe zu treiben. Diese Rampen sind, wie archäologische Funde zeigen, nicht weniger monumental als das von ihnen umfasste Bauwerk selbst.

Architektur und Funktion

Mehrfach durch Steinplatten mit Kupfergriffen verblockte Schächte, ausgehend von der Königinnenkammer und der Grabkammer, sind vielleicht als Ausgangsschächte des königlichen *ba* zu deuten, bei dem es sich um eine Personenkonstituente handelt, die sich nach ägyptischer Vorstellung nach dem Tod losgelöst vom Verstorbenen und in Vogelform – oft mit Händen versehen – frei bewegen konnte. Als Luftschächte kommen diese mysteriösen Bauelemente nicht in Frage.

Leben nach dem Tod

Im Süden der Pyramide wurden zwei Gruben mit Booten gefunden, die an Bootbestattungen der 2. Dynastie in Abydos anknüpfen. Zu Lebzeiten des zusammen mit diesen Schiffen Bestatteten mögen diese vielleicht zu (persönlichen) Transportzwecken gedient haben, im Zusammenhang mit Grablegungen ermöglichen sie jedoch die Jenseitsreise, wie dies ikonographisch bereits in der Naqada-Zeit durch Abbildungen auf funerären Versorgungsgefäßen nachgewiesen ist.

E

Satellitengräber in der Nähe von Pyramiden
Östlich und westlich von Chufus Pyramide befanden sich Mastabagräber von Angehörigen hoher und höchster Schichten, darunter Prinzen, die die bedeutendsten Staatsämter, wie das des Wesirs, innehatten. Bestattungen von Mitgliedern der königlichen Familie bis hin zu Vorarbeitern bei den Bauarbeiten von Chufus Pyramide bezeugen eine detailliert stratifizierte Gesellschaft. In einigen dieser Gräber

wurden sogenannte porträtartige Ersatzköpfe der Bestatteten aus Kalkstein gefunden, über deren Bedeutung noch keine allgemein akzeptierte Interpretation erzielt werden konnte. Weder die Vermutung der Ausgräber, diese Köpfe hätten den Kopf des Verstorbenen im Falle des Verlustes ersetzt, noch die neuerdings geäußerte Annahme, es handele sich um einen Teil der magischen Grabausstattung, die während der Ausführung von Ächtungsritualen zerstört wurde, können überzeugen. Eines der bedeutendsten funerären Zeugnisse aus dem Südabschnitt des Pyramidenareals ist das ohne überirdische Struktur errichtete grabähnliche Monument der Hetepheres I., der Frau von Snofru und Mutter des Cheops. Die Kammer wurde zwar in einer Tiefe von 30 m unversehrt gefunden, wies aber keine Bestattung auf und diente möglicherweise der Aufbewahrung der funerären Ausstattung der anderswo bestatteten Hetepheres. Im Westen der Baustelle konnten einige hundert Gräber von Aufsehern, Handwerkern und einfachen Arbeitern aufgedeckt werden, einige davon mit pyramidalen überirdischen Aufbauten. Die geborgenen, durchweg nicht mumifizierten menschlichen Überreste wurden osteologisch untersucht und haben bei den männlichen Bestatteten eine Lebenserwartung von 30 bis 35 Jahren erkennen lassen, nebst berufstypischen Krankheiten und Amputationen. Diese Lebenserwartung kann für altägyptische Verhältnisse als überdurchschnittlich hoch eingestuft werden und unter Hinzuziehung elaborierter hieroglyphischer Inschriften wie Drohformeln gegen Grabräuber und Angriffe von Krokodilen wird man die hier Bestatteten kaum als zur Unterschicht gehörig ansprechen dürfen.

E

Pyramidenstädte

Man geht heute davon aus, dass an der Pyramide des Chufu zwei Arbeitsteams von je 2000 Menschen gearbeitet haben. Dazu kommen die ungelernten Arbeiter, die die Rampen errichteten sowie Handwerker und weiteres Personal, das zur Versorgung der Arbeiter benötigt wurden. Vorsichtige Schätzungen gehen von 20000 bis 25000 beim Bau der Pyramide des Chufu Beschäftigten aus, die zusammen mit ihren Familien schätzungsweise eine Population von 150000 Menschen ausmachten. Sowohl die Arbeiter als auch ihre Familien wohnten in Pyramidenstädten in der Nähe der Baustellen.

Das Gräberfeld von Gizeh

Aufgrund der gefundenen Keramik kann dieses Gräberfeld bis in die 5. Dynastie datiert werden und verdeutlicht damit eine über die Lebenszeit des Chufu hinausreichende Bedeutung seiner Grabstätte.

Neben Chufu haben auch dessen Sohn Chafra (Herodots Chefren) sowie dessen Sohn Menkaura (Herodots Mykerinos) in Gizeh ihre Pyramiden errichten lassen, die den architektonischen Gedanken der Pyramide des Chufu konsequent weiterführen. Chefren hat dabei jedoch nicht nur bekannte Elemente, darunter einen Aufweg von 1,5 km Länge, übernommen, sondern auch neue Ansätze entwickelt, beispielsweise einen nördlich des Taltempels gelegenen zusätzlichen, nicht vollendeten Tempel. In dessen Westen befindet sich die aus einer natürlichen Kalksteinformation herausgearbeite Sphinx, die größte Statue der antiken Welt. Sie war noch in der 18. und in der 26. Dynastie sowie in der griechisch-römischen Zeit das Ziel kultischer Verehrung und Restaurierungen. Möglicherweise symbolisiert die Sphinx den an den Sonnengott opfernden König Chafra. Menkauras Pyramide in Gizeh ist unvollendet und umfasst möglicherweise nur ein Zehntel des Ausmaßes der von Chufu errichteten sogenannten Großen Pyramide. Totentempel und Taltempel wurden offenbar in Eile in Lehmziegelbauweise fertiggestellt, was auf einen frühzeitigen Tod des Herrschers schließen lässt. Menkauras Nachfolger Schepseskaf, der auch die Pyramide seines Vaters fertigstellte, lässt sich selbst nicht mehr in einer Pyramide bestatten, sondern in einer sarkophagartigen Mastaba mit riesigen Ausmaßen (99,6 x 74,4 m) in Saqqara-Süd. Mit Schepseskaf und seiner Abwendung von Gizeh als königlichem Bestattungsort und dem Typus des Pyramidengrabes – nicht aber seiner anderen, für die Durchführung des Totenrituals wichtigen Grabelemente – endet die 4. Dynastie. Dies ist von einiger Bedeutung für die zukünftige Gewichtung der einzelnen Elemente funerärer Architektur: Während offensichtlich die Pyramide als das eigentliche Grabmal an Größe abnimmt, wird zusehends mehr Bedeutung den angegliederten Tempelkomplexen beigemessen, was ein zunehmendes Interesse an den funerären Riten und der Begegnung mit dem Sonnengott Re erkennen lässt.

4. Die 5. Dynastie

Herkunft Userkafs

Die 5. Dynastie ist insbesondere in den Königsbestattungen in Abusir archäologisch greifbar, die untereinander eine große Ähnlichkeit aufweisen. Alle diese Könige, die dort Pyramiden errichten, erbauen auch Sonnentempel und Aufwege, die zu den Pyramiden führen. Diese werden nun aufwendig dekoriert, wie dies bei König Sahure zu beobachten ist. Während sich Niusserre in Abu Ghurob bestatten lässt, ist das Grab des drittletzten Herrschers der 5. Dynastie, Menkauhor, mit dem die Tradition der Sonnentempel endet (siehe unten), noch nicht sicher zuweisbar; es wird im Gebiet von Süd-Abusir oder Nord-Saqqara vermutet. Zu Beginn der 5. Dynastie, die als Dynastie der Sonnenkönige bezeichnet werden kann, steht zwar nominell Userkaf, doch die Ursprünge dieser Epoche sind nicht ganz klar zu fassen. Für Manetho stammt diese Dynastie überraschend aus Elephantine, dem literarischen Papyrus Westcar zufolge sind Userkaf, Sahure und Kakai (Neferirkare) Kinder der Rudjdjedet. Die wichtigste Person in der dynastischen Abfolge ist zweifellos jedoch Chenetkaues, die zwei Grabanlagen besitzt (Mastaba in Gizeh; Pyramidenbezirk in Abusir) und sich als „Mutter zweier Könige von Ober- und Unterägypten" bezeichnet, ihre familiäre Verbindung ist jedoch nicht sicher zu entschlüsseln. Unter diesen Herrschern haben sich einschneidende Veränderungen in der ägyptischen Innenpolitik vollzogen: Mitglieder der königlichen Familie konnten nicht länger hoffen, durch Geburt in höchste Ämter hineingehoben zu werden, die Sonnentempel, die über eine erhebliche ökonomische Macht verfügten, wurden in die Staatswirtschaft integriert. Daneben werden groß angelegte Expeditionen außerhalb der Landesgrenzen Ägyptens durchgeführt, die insbesondere rohstoffreiche Gegenden wie den Sinai und Nubien zum Ziel hatten. Erste Kontakte mit Punt, dem legendären Weihrauchland an der Ostküste Afrikas, sind unter Sahure und Niuserre bezeugt.

Q

Literatur und Biographie

Die frühen Beamten legten Wert auf persönlichen Umgang mit dem Herrscher und versäumten es nicht, in ihren Grabbiographien darauf hinzuweisen. Eines der zahlreichen Beispiele hierfür findet sich in der Inschrift eines Priesters namens Rawer in seinem Grab in Gizeh, das zu den größten Privatgräbern der Nekropole zählt. Offenbar während einer Zeremonie passierte es, dass „das Ames-Zepter, das in der Hand Seiner Majestät war, gegen den Fuß des Sem-Priesters Rawer stieß". Der Kontakt mit diesem machtgeladenen Gegenstand reichte offenbar aus, um Rawer in Todesgefahr zu bringen. Da der aufmerksame König Neferirkare sofort ausrief „Du sollst heil sein!" konnte Rawer gerettet werden. Entscheidend ist jedoch, dass dieses Ereignis auf Geheiß des Königs in Rawers Grab aufgezeichnet und somit zu einem literarischen Zeugnis wurde: „Da befahl seine Majestät, dass es schriftlich niedergelegt werde in seinem (d.h. Rawers) Grab, das sich in der Nekropole befindet. Seine Majestät ließ ein Dokument davon für ihn anfertigen, aufgeschrieben in Anwesenheit des Königs selbst, in der Werkstätte des Großen Hauses." Aus einer wohl zufälligen Berührung wurde so ein literarischer Moment, mit dem das persönliche und innige Verhältnis des Königs zu seinen Beamten lebendigen Ausdruck fand. Die Literatur des Mittleren Reiches wird die Loyalität der Beamtenschaft erneut zu einem literarischen Genre erheben und außerhalb der Biographien weiterentwickeln.

4.1 Religionsvorstellungen

Religionsvorstellungen

Möglicherweise waren religiöse Vorstellungen lokal unterschiedlich ausgeprägt und auch in sozialer Hinsicht divergent. Dies ist zum einen an Bestattungssitten der sozial niedrig stehenden Bevölkerung oberägyptischer Nekropolen ablesbar sowie an der Tatsache, dass beinahe jede ägyptische Region ihre eigene lokal verankerte Gottheit verehrt. Diese Stadtgottheiten stehen kaum in Konkurrenz zum aufkommenden und nun völlig etablierten Kult für Re, im Gegenteil: Die Könige der 5. Dynastie statten die örtlichen Heiligtümer bisweilen mit Schenkungen und Stiftungen aus. Im Totenkult entfaltet sich nun ein Wandel, der bereits mit Snofru erste Anfänge erkennen ließ. Während noch in der 4. Dynastie der König selbst als Herr des Jenseits und als Sonnengott auftreten konnte, tritt nun zusätzlich Osiris als Totengott vermehrt in Erscheinung und wird dies bis zum Ende der ägyptischen Geschichte bleiben.

Q

Persönliche Religiosität im Alten Reich

James Henry Breasted hatte noch zu Beginn des 19. Jahrhunderts die Ramessidenzeit als „Epoche persönlicher Frömmigkeit" bezeichnet, nicht zuletzt aufgrund der Fülle der aus dieser Zeit vorhandenen Schriftzeugnisse. In den 1960er Jahren konnte der Nachweis persönlicher Religiosität auch für die 18. Dynastie erbracht werden und seit dem ersten Jahrzehnt des 21. Jahrhunderts besteht kein Zweifel mehr daran, dass auch das Mittlere Reich dieses Phänomen bereits kannte. Obwohl weitaus weniger Schriftzeugnisse vorhanden sind, kann bereits für das Alte Reich das Konzept der persönlichen Religiosität nachgewiesen werden. Häufig belegt ist die Verehrung von Stadtgöttern als persönliche Götter, wie dies auf unzähligen Stelen und Grabinschriften des Alten Reiches deutlich wird. Die Erwähnung des persönlichen Gottes ist jedoch nicht auf den Grabkontext beschränkt. In einem Graffito des Alten Reiches aus dem Steinbruch Hindallab bei Assuan, nördlich der Qubbet el-Hawa, heißt es: „Der Siegelbewahrer des Königs von Unterägypten, Einziger Freund, Vorlesepriester, Henbabai. Sein Sohn, der königliche Vornehme, Vorsteher der Fremden, Heqaib: ‚Was angeht einen Mann, der arbeiten oder Steine brechen wird auf diesem Berg des Herrn der Beiden Ufer, des Alten: Nicht soll er sterben, wenn er Wasser ausgießt auf das Land und sein Getreide anbaut. Möge sein Gott seinen Ka beleben.'"

In gleichem Maße nehmen in den Provinzen auch Totenstiftungen zu: Vermehrt kümmern sich eigens dafür angestellte Totenpriester um den Kult gut situierter Verstorbener, die zur Darstellung ihrer selbst nun nicht mehr nur ein Bildprogramm in Anspruch nehmen; daneben werden auch Autobiographien, in denen phrasenhaft die Karriere des Verstorbenen in Abhängigkeit zum regierenden König nachgezeichnet werden, zugelassen. Für den König – und in schriftlich nicht niedergelegter Form auch für Verstorbene nicht-königlicher Abstammung – werden umfangreiche Totentexte rezitiert, die erstmals unter Unas in seiner Pyramide in der Nähe des Djoser-Komplexes schriftlich festgehalten werden (siehe unten): Es ist dies die älteste größere Komposition von religiösen Texten aus dem Alten Ägypten sowie der Menschheit. Während der osirianische Mythos und damit verbunden ein Leben nach dem Tode im Mittelpunkt der **Pyramidentexte** stehen, werden auch Themen wie die Angleichung des Toten an Re, aber auch magische Sprüche und Verklärungstexte aufgezeichnet, welche die Transformation des Toten zu Osiris und dessen Himmelsaufstieg begleiten.

Rituelle Behandlung der Toten

4.2 Der König als Sohn des Re in der 5. Dynastie

Die Tatsache, dass der später als göttlich verehrte Erbauer der Pyramide des Djoser Imhotep (griech. Imouthes) Hohepriester von Heliopolis war, mag der zunehmenden Bedeutung des Kultes des **Sonnengottes Re** Vorschub geleistet haben: Bereits in der 4. Dynastie tauchen Bildungen königlicher Namen mit dem Element ‚Re' auf (Djedefre, Chafra, Menkaure). Während sich bei dem späteren Memphis an einem Ort namens ‚Weiße Mauer' (inebhedj) die Königsresidenz befindet, in deren Nähe das administrative und politische Zentrum Ägyptens im Alten Reich konzentriert ist, kann aufgrund spärlicher Textquellen Heliopolis, das heute vom gleichnamigen Stadtteil Kairos zum größten Teil überbaut ist, als religiöses Zentrum des Landes vermutet werden. Tatsächlich hat bereits Djoser dorthin einen Schrein gestiftet, was die Verbindung des Herrschers mit der Stadt, die vornehmlich als Kultstätte des Sonnengottes diente, unterstreicht.

Heliopolis

E

Horus und Re

Der Falkengott Horus und der Sonnengott Re, beide eng mit Heliopolis verbunden, sind die herausragenden Protagonisten des religiösen Wandels der 5. Dynastie. Als Falke beschützt Horus den regierenden Herrscher, wie dies auf einer emblematischen Statue des Chafra aus Kairo sinnfällig vor Augen tritt: Horus breitet hinter dem Kopf des Herrschers seine Schwingen aus und fungiert als eine Art Kopfschmuck, während der Körper des Falken von dem Kopf des Königs vertreten wird. Diese Symbiose wird nur noch von der Angleichung des Königs an Re übertroffen, die während der 5. Dynastie einen Höhepunkt erreicht: Alles was die Sonne umkreist, gehört dem König, der ebenfalls in der Ferne (ägypt. ‚her', von dem der Göttername Horus abgeleitet ist, bedeutet ‚fern sein') und unantastbar regiert. In der 5. Dynastie ist diese Verschmelzung Ausgangspunkt für die Entwicklung weitreichender und revolutionärer religiöser Konzepte, die ihren Ausdruck in den Sonnentempeln finden sowie in der Tatsache, dass der König zum „Sohn des Re" wird. In späterer Zeit wird auch der verstorbene Herrscher, der nach dem Tod von Horus zu Osiris transformiert wird, mit Re in Verbindung gebracht. Doch ist dies eine Entwicklung des Totenglaubens und hat mit Wiedergeburt zu tun: Tagsüber durchfährt die mit Horus gleichgesetzte Sonne den Himmel, nachts tritt sie in die Unterwelt ein, wo sie sich mit Osiris verbindet.

Heliopolitanische Theologie und Politik

Ab der 5. Dynastie wird möglicherweise als Konsequenz hieraus der Horusname der erste der fünf offiziellen königlichen Namen: Horusname – Herrinnenname – Goldhorusname – Thronname – Sohn-des-Re-Name. Der Aspekt der Sonne impliziert durch ihren Aufgang am Morgen und ihren Untergang am Abend eine greifbare Hoffnung auf ständig wiederholbare Prozesse der Wiedergeburt, die in Ägypten mit einer Heilung verbunden ist und daher auch den Toten trösten kann. Doch damit nicht genug: In ägyptischen Texten wird der Sonnengott Re auch Atum („das Ganze, das All") genannt, aus dem sich das Leben und die Schöpfung überhaupt erst entfaltet. Auch wenn diese Schöpfung aus sich selbst heraus entstanden ist, so konnte die Abspaltung der Welt als trockenes und festes Land aus einem unübersichtlichen Urgewässer auch einen Raum über dieser Insel schaffen, den Himmel. Es kann vor diesem Hintergrund kaum verwundern, dass sich der ägyptische Pharao um 2600 als königlicher Repräsentant der Götter auf Erden selbst als „Sohn des Re" bezeichnen lässt; in der Geschichte des Sinuhe aus dem Mittleren Reich ist gar zu lesen, dass der König aus dem Samen des Sonnengottes hervorgekommen ist. Bei dem Sohn-des-Re-Namen handelt es sich um einen Geburtsnamen, der demzufolge von den altägyptischen Historikern bei der Erstellung der Königslisten Verwendung fand. Durch die Besteigung des Thrones des himmlischen Vaters Re erhält der König einen Thronnamen und wird selbst zum höchsten Sonnenpriester.

4.3 Sonnentempel

Rekult und Architektur

Dieses neue religiöse Konzept findet darüber hinaus in der Architekur einen weithin sichtbaren Ausdruck: Während der 5. Dynastie werden in Heliopolis einerseits Kulttempel für den Sonnengott Re gestiftet, wodurch ein etabliertes Interesse am Sonnenkult architektonisch fassbar wird. Daneben errichten Inschriften zufolge sechs Könige der 5. Dynastie Sonnentempel, die in enger Verbindung mit ihren Pyramiden stehen. Nur zwei von ihnen – die des Userkaf und des Niuserre – sind archäologisch nachgewiesen. Von Userkaf stammt der älteste Sonnentempel, während der jüngste von dem letzten Herrscher dieser Dynastie, Menkauhor, errichtet wurde. In vielerlei Hinsicht sind die Sonnentempel mit den Pyramidenanlagen der 4. Dynastie vergleichbar, doch sind einige Unterschiede deutlich hervorgehoben: So verfügt der Komplex des Sonnentempels des Niuserre beispielsweise über einen kleinen Taltempel, der über einen Aufweg mit dem Haupttempel verbunden ist. Das zentrale Monument ist jedoch nicht das Grab, sondern ein aufgrund der gleichnamigen Hieroglyphe als Benben-Stein (eine Art Obelisk) rekonstruiertes Gebäude. Im Süden des Tempels befindet sich ein 30 x 10 m großes Modellboot, das aus Lehmziegeln errichtet ist. Sonnentempel können somit zwar als kurzlebiges Phänomen bezeichnet werden und ihre Herkunft liegt noch immer im Dunkeln. Der Aufwand, der jedoch angesichts ihrer Errichtung getrieben wurde, sowie ihre architektonischen Elemente lassen in den Sonnentempeln der 5. Dynastie hinsichtlich ihrer Monumentalität die Nachfolger der großen Pyramiden der 4. Dynastie erkennen: Auch sie verfügen über Taltempel, Aufwege und einen Opferhof, der allerdings über einen Obelisken als Kultziel verfügte. Hieraus ergibt sich das nun zunehmend deutlicher erkennbare Interesse am Kult anstatt monumentalen Gräbern, ausgelöst durch die politisch begründete Zuwendung an den Sonnengott Re.

4.4 Pyramidentexte

Totenliteratur und Rezitationsliteratur

In der Pyramide des Unas, des letzten Königs der 5. Dynastie, wurde eine Sammlung von Totentexten in der Grabkammer und der Vorkammer angebracht, die als Pyramidentexte bezeichnet werden und deren Hauptthema der Himmelsaufstieg ist. Zwar wurden auch im Tempel des Sahure Totentexte angebracht, doch die Verschriftlichung von Totentexten, deren Aufführung weit in die 4. Dynastie zurückreicht, ist eine Leistung der ausgehenden 5. Dynastie Diese Totentexte sind grundsätzlich in zwei Kategorien einzuteilen: erstens in Totenliteratur, die darauf abzielt, vom Toten selbst gelesen zu werden (Wissensvorrat), zweitens in Rezitationstexte, die von Priestern für den Verstorbenen gelesen werden und in der Hoffnung einer standigen Performanz aufgezeichnet werden. In beiden Fällen handelt es sich um magische Grabbeigaben. Die Pyramidentexte, die von nur wenigen Modernisierungen abgesehen bis in römische Zeit in Gebrauch sein werden, bilden eine Schlüsselquelle für das Erschließen des ägyptischen Totenglaubens. Insbesondere die in ihnen enthaltene Rezitationsliteratur enthält entscheidende Hinweise auf Totenrituale, aber auch die Verklärung des Toten zu einem Osiris, dem mythischen Vorbild und der Zielgestalt eines jeden rituell bestatteten Toten im Alten Ägypten.

Q

Religiöse Texte im Alten Reich

Als die Pyramidentexte um ca. 2350 v. Chr. erstmals monumental verschriftlicht werden, haben die unter desem Begriff zusammengefassten Sprüche bereits ihre endgültige Form erlangt: Zahlreiche Stilmittel, Wortspiele, kunstvolle Wiederholungen sind nur einige wenige Beispiele für den hohen Grad an schriftlicher Ausdrucksform, die Kulturschaffende zu diesem Zeitpunkt bereits erreicht haben. Die Themen sind dem Sitz im Leben dieser Texte entsprechend religiöser Natur, aber auch Kinderlieder zur Schlangenabwehr mit lautmalerischen Einschüben sind bezeugt. Ihre Komplexität ist das gemeinsame Kriterium dieser Texte und zeigt, auf welch hohem sprachlichen Niveau die jenseitige Existenz des toten Individuums in einer Vielzahl von unterschiedlichen Zugehensweisen verhandelt wird. Pyramidenspruch 450 steht im Zusammenhang mit einer bedeutenden Folge von Verklärungssprüchen und beschreibt den lebendigen Abschied des Toten. Das Wort für ‚fortgehen' ist dasselbe wie für ‚sterben': „Oh, N.N. (= der Tote), du bist fortgegangen, indem du lebst, und nicht ist es (so), dass du tot bist. Du bist fortgegangen, indem du verklärt bist an der Spitze der Verklärten und indem du mächtig bist an der Spitze der Lebenden."

Königliche Totentexte?

Von den mehr als 800 bekannten Einzelsprüchen sind in der Pyramide des Unas 283 Sprüche bereits bezeugt, zumeist ihrem ursprünglichen Aufführungskontext gemäß zusammengefasst, entweder als Liturgien zum Opferritual oder in thematisch angelegten Zyklen. Die Anbringung dieser Texte in Pyramiden hat die Vorstellung genährt, bei den Pyramidentexten handele es sich um ein königliches Privileg. Stattdessen deuten Anzeichen wie Liedtitel oder die Erwähnung von Verklärungen in Privatgräbern darauf hin, dass (identische) Textsammlungen vom Alten Reich bis zum Ende des Pharaonenreiches in oraler Form und von Schriftrollen rezitiert in ununterbrochenem Gebrauch waren. Die Pyramide des Unas datiert also die Verschriftlichung der sogenannten Pyramidentexte, nicht aber ihre Genese. Hinweise auf zentrale Abschnitte der Pyramidentexte wie Verklärungen finden sich in Privatgräbern bereits 50 Jahre früher. Hieraus ergibt sich die Konsequenz, dass auch Osiris lange vor dem Auftauchen der Pyramidentexte als Totengott entstanden sein muss und nicht, wie dies noch vielfach angenommen wird, erst in der 5. Dynastie.

5. Das Ende des Alten Reiches

5.1 Die 6. Dynastie

Pharao Teti

Die 6. Dynastie beginnt mit Pharao Teti, der möglicherweise ein Schwiegersohn des Unas war. Der Regierungssitz in dem Ort ‚Weiße Mauern' aus der 1. Dynastie wurde möglicherweise weiter in den Süden verlegt, wo sich die Pyramide des Teti befand. Dies würde die Zählung einer neuen Dynastie durch Manetho erklären.

Q

Der Grabherr als Mittler zwischen den Lebenden, dem König und Osiris

Unmittelbar im Norden des Pyramidenbezirkes liegt das Mastabagrab des Chentika, genannt Ichehi. In ihm hat sich eine Inschrift erhalten, in der sich der Tote als Mittler zwischen den Lebenden und dem König empfiehlt: „Der Einzige Freund Ichehi spricht: ‚Oh, Vorlesepriester, Männer der Balsamierungskammer und 80 Männer der Nekropole, die hinunter gehen werden zu diesem Ort: Wollt ihr, dass der König euch lobt und eure Jenseitsversorgtheit vor dem Großen Gott (= Osiris) sei, dem Herr des Begräbnisses in der Nekropole? Dann sollt ihr mir diesen Sargdeckel auf seine Mutter (= Sargwanne) legen als etwas Vortreffliches, denn ich bin Chentika, der (das Gefühl der) Zuneigung besitzt; (dann) werde ich euer Unterstützer sein'."

Infrastruktur und Fernhandel

Eine weitere Pyramidenstadt entsteht etwa ein Vierteljahrhundert später in der Nähe der Pyramide des Pepi I. (die Zählung mit römischen Ziffern folgt modernen Konventionen) weit im Süden der Hauptstadt. Sie trägt den Namen Menenefer, benannt nach der Pyramide Pepis I., woraus in griechischer Zeit der Stadtname Memphis abgeleitet wird. Unter König Pepi I., einem Sohn des Teti, setzt ein innenpolitischer Wandel ein, der auch vor der Person des Pharao nicht halt macht. Die Pharaonen der 6. Dynastie verfügen im ganzen Land Tempelneugründungen und Schenkungen, die zum größten Teil jedoch von späteren Bauwerken überbaut werden oder nur inschriftlich bekannt sind. Die in der 5. Dynastie begonnenen Expeditionen werden fortgesetzt und insbesondere Nubien rückt in den Blickwinkel eines fortgesetzten pharaonischen Interesses, das nicht zuletzt dazu führte, dass der Erste Katarakt bei Assuan schiffbar gemacht wurde.

E

Die Erstarkung der Beamtenschaft
Seit der 4. Dynastie wird der ägyptische Staat von einer zunehmenden Zahl von Bürokraten gelenkt. Diese Entwicklung erreichte in der 6. Dynastie ihren Höhepunkt, der zu einer Verlagerung von Wohlstand führte, der an außerordentlich reich dekorierten Gräbern im memphitischen Bereich in der Nähe zu den Pyramiden der arbeitgebenden Herrscher indirekt ablesbar ist. Gleichzeitig kamen immer mehr Verwandte von Amtsträgern in den Genuss vergleichbar lukrativer Positionen, was zu einer möglicherweise unfreiwilligen Vergrößerung des Beamtenapparates führte. Zwangsläufig standen Beamten der unteren Mittelschicht gegen Ende der 6. Dynastie weniger Ressourcen zur Verfügung, um ihre Gräber auf gewohntem Niveau auszustatten. Einige dieser Beamten, darunter insbesondere jene, die in den Provinzen ansässig waren, ließen sich seit der 4. Dynastie in ihren Heimatorten bestatten, wobei oftmals der Architekturstil (aus dem Fels geschlagene Mastabagräber der 4. Dynastie in el-Hammamiya und Tihna; mehrräumige Felsgräber der 5. und 6. Dynastie auf der Qubbet el-Hawa) der memphitischen Nekropole erfolgreich kopiert und mit einheimischen Handwerkern realisiert wurden. In den Provinzen entstanden so Gräberfelder, die von Gräbern mit vertikalen Grabschächten und mehr oder weniger aufwendig gearbeiteten Graboberbauten dominiert wurden, zumeist aber als Gunstbeweis des Königs zugeteilt wurden, wie dies in der Autobiographie des Weni ausgeführt wird. Hierbei haben sich vielfach auch Hinweise auf Gräber erhalten, die auf Vorrat gefertigt wurden. Die Anwesenheit königlicher Administration und Abhängigkeiten von Provinzbeamten hat zunächst zu einer inneren Kolonisierung Ägyptens geführt, die als ein Grundstein der Staatsbildung verstanden werden kann. In dem Maß, wie dem Königshof die Kontrolle der wachsenden Beamtenschar entglitt, ist am Ende des Alten Reiches auch das Vertrauen in die Königsgewalt graduell verloren gegangen, die noch zu Beginn des Zeitalters der Pyramiden gerade an ihren Monumenten ablesbar war. Zusammenfassend wird man daher das Ende des Alten Reiches als einen graduellen Niedergang innenpolitischen Zusammenhalts verstehen dürfen, in dessen Spannungsfeld einige der bemerkenswertesten Kulturleistungen des Alten Ägypten zu verorten sind.

5.2 Verfall der Zentralgewalt

Fragmentierung der Königsmacht

Am deutlichsten ist der Beginn des schleichenden Verfalls königlicher Macht an der biographischen Inschrift eines gewissen Weni aus Abydos abzulesen, der ein hoher Beamter am Hofe ist und davon berichtet, dass ein erfolglos gebliebener Aufstand gegen Pepi I. von einer seiner Königinnen gegen Ende seiner Regierungszeit angezettelt wurde. Seine beiden Söhne und Nachfolger Merenre I. und Pepi II. kommen trotz des hohen Alters ihres Vaters sehr jung an die Regierung. Pepis II. Regierungszeit ist die längste in der ägyptischen Geschichte und gleichzeitig von zahlreichen ungelösten und aufgeschobenen Problemen überschattet. Insbesondere in der zweiten Hälfte seiner Regierungszeit resultieren die Schwierigkeiten in der Innenpolitik aus der prädefinierten ideologischen Stellung des Königs, insbesondere in wirtschaftlicher Hinsicht: Als ein König, dessen Wirtschaftsmacht zusehends eingeschränkt wird, muss Pepi II. Zugeständnisse in der Machtfülle hinnehmen, was nicht ohne negative Folgen für das Steuer- und Finanzsystem Ägyptens bleibt. Zugriffe auf Ägypten durch Nomaden bringen am Ende des Alten Reiches zusätzlich die Landesgrenzen in Gefahr. Ein nicht zu vernachlässigendes Problem ist jedoch in der langen Regierungszeit Pepis II. selbst zu sehen, die es einigen Erfolg versprechenden Kandidaten für den Königsthron unmöglich macht, eine Politik der Kehrtwende zu forcieren. Diese

Möglichkeit ist unter den Nachfolgern Pepis II., König Merenre II. sowie der Königin Nitiqret, bereits nicht mehr gegeben: Manetho nennt für die 7. und 8. Dynastie mindestens 17 ephemere Könige, die Zeugnis davon geben, dass das Königtum durch eine häufige Abfolge von Herrschern in der Folge geschwächt ist. Einige dieser Herrscher sind nur noch namentlich bekannt. Gemeinsam ist ihnen jedoch, dass sie zwar weiterhin in Memphis regieren, aber an die Kraft und Machtfülle der Herrscher des Alten Reiches bis Pepi II. nicht mehr heranreichen. Für den Niedergang des Alten Reiches können mehrere Faktoren namhaften gemacht werden: sozio-politische Missstände sowie ungünstige Klimafaktoren sind zwei davon.

Q

Wirtschaftliche Engpässe beim Pyramidenbau

In einem Brief aus der 6. Dynastie (ca. 2300) beklagt sich ein Vorarbeiter der Pyramidenbaustelle gegenüber dem Wesir wegen mangelnder Ausstattung der Arbeiter und der daraus folgenden Verzögerung des Arbeitsfortschritts. Vorgänge dieser Art stellen die Ohnmacht der Zentralverwaltung bloss: „Ich verbrachte sechs Tage in der Residenz zusammen mit dieser Arbeitsmannschaft, ohne dass sie eingekleidet wurde. Das ist etwas, was die Arbeit behindert unter meiner Leitung, denn es ist (ja nur) ein einziger Tag, der verloren wäre für diese Truppe, wenn man sie (neu) einkleidet."

5.3 Die zunehmende Macht der Gaufürsten

Machtzuwachs der Nomarchen

Bereits am Ende der 5. Dynastie war der Posten eines „Aufsehers über Oberägypten" geschaffen worden, der darüber Aufschluss gibt, dass die Staatsgewalt, die zuvor in den Händen des Königs gelegen hatte, nun an höhere Beamte abgetreten wird. So haben insbesondere die lokalen Gouverneure einen hohen Anteil und finanziellen Nutzen an Expeditionen außerhalb Ägyptens, die über Karawanenrouten in der Westwüste abgewickelt werden und die teilweise auch heute noch als Fernverbindungen genutzt werden: Beliebte Importartikel aus Afrika sind Weihrauch, Gold, Elfenbein, exotische Tiere und Zwerge. Insbesondere den führenden Schichten in Elephantine kommt in diesem Zusammenhang hohe Bedeutung zu. Sie organisieren die Expeditionen zum größten Teil, rüsten diese aus und erhalten dadurch direkten Zugang zu den staatlichen Ressourcen.

Q

Amtsmissbrauch von Beamten in hoher Stellung

Aus Elephantine ist ein Brief erhalten, der sehr wahrscheinlich aus der 6. Dynastie stammt und sich heute in Berlin befindet. In ihm wird der höchstrangige Beamte der Region, Sabni, indirekt des Amtsmissbrauchs und Diebstahls bezichtigt. Aufgrund der in diesem Brief enthaltenen Informationen kann angenommen werden, dass es sich um denselben Sabni handelt, der auf der Qubbet el-Hawa zusammen mit seinem Vater Mehu in einem Doppelgrab bestattet wurde. Der Briefschreiber versichert sich der Loyalität einer dritten Partei angesichts eines Gerichtsverfahrens wie folgt: „Wenn es nun so ist, dass du mich schickst, weil du das Verbrechen aufdecken willst, das gegen mich verübt wurde, so ist die Sache am (rechten) Ort. Wenn es aber so ist, dass du dies (nur) tust, um den Kampf zu beenden, während du die Beiden Länder (...), dann sehe ich ja, ob du den Fürsten, königlichen Siegler, Einzigen Freund und Priestervorsteher Sabni mehr liebst als mich. Besser ist es, eine ‚wahre Stimme' zu wollen als eine andauernde Krummheit. Aber eine Angelegenheit ist dies zum Aufstehen wegen jeder Überschreitung dieses Fürsten. Er isst ja nicht (von) seinem Besitz!"

Gefährdung der Zentralgewalt

Somit bleibt es nicht aus, dass Ämter erblich werden und über mehrere Generationen hinweg in den Händen einzelner Familien verbleiben: Aus den lokalen Verwaltungsangestellten werden allmählich Lokalherrscher, die gegenüber dem Staat zunehmend ihre Unabhängigkeit behaupten. Die Zentralgewalt wird schließlich derart geschwächt, dass die Einheit des Landes, die erstmals unter Narmer erwirkt und von allen nachfolgenden Herrschern bestätigt wurde, gefährdet wird.

E

Der Einfluss von Klimafaktoren auf die Geschichte des Alten Reiches
Nachdem sich bereits ab ca. 2900 niedrige Niederschläge abzeichneten, bahnte sich während der Regierungszeit Pepis II. offenbar ein Klimawechsel an, der einen minimalen Nilstand um ca. 2200 zur Folge hatte. Da die ägyptische Wirtschaft zu einem großen Teil agrarisch geprägt war, waren mit diesem Klimawandel geringere Ernten verbunden, da flussnahe Gebiete nicht mehr verlässlich mit dem Überschwemmungswasser des Nils und den mitgeführten Flusssedimenten versorgt wurden. Zeitgleich wuchs nach Schätzungen zwischen ca. 3000 und ca. 2500 die Bevölkerung von 0,87 Millionen auf 1,6 Millionen Einwohner an. Niedrige Hochwasserstände ermöglichten zwar eine zunehmende Landnahme im Flussbereich. Siedlungen wie beispielsweise Elephantine wurden bis an die Grenze des Nilhöchststandes herangeführt und ehemalige Häfen durch Wohnbebauung ergänzt. Andererseits hatten niedrigere Pegelstände verheerende Folgen für die Wirtschaft. Zunächst war zwar die Bevölkerung direkt von den geringeren Ernten betroffen, die kränkelnde Wirtschaft schränkte allerdings auch die Handlungsfähigkeit des Königs ein. Eine unzureichende Bevorratung von staatlicher Seite trug dazu bei, dass Vorräte schnell aufgebraucht waren und die ineffektive Speicherpolitik des Staates nicht flexibel genug auf den Klimawandel eingestellt werden konnte. Die Antwort auf diese Krise war vielerorts Subsistenzwirtschaft, die die Macht lokaler Potentaten nur noch verstärkte, die Zugriffsmöglichkeit des Königstums auf die private Wirtschaft aber minderte. Der Einfluss des Königtums auf die wirtschaftlichen Ressourcen in den Provinzen war am Ende des Alten Reiches nahezu zum Erliegen gekommen.

6. Ausblick

Kontinuität und Wandel

Die Erwartung einiger Forscher, am Ende des Alten Reiches einen reifen Staat vorzufinden, hat die Geschichte zwangsläufig und bekanntermaßen nicht erfüllt. Der Grundstein für die politische und kulturelle Entwicklung Ägyptens, den das Alte Reich legen konnte, hatte jedoch weitreichende Folgen. Das nach ca. 130 Jahren auf die sogenannte Erste Zwischenzeit folgende Mittlere Reich knüpfte bewusst an die Errungenschaften der Pyramidenzeit an, offenbar dank der Präzision eines über vier Generationen aktiven kulturellen Gedächtnisses und basierend auf der erfolgreichen Speicherung von Medien des Alten Reiches. Die sichtbarsten Zeitzeugen des Alten Reiches waren freilich die Pyramiden, Sonnentempel und riesige

Städte, aber auch eine gut ausgebaute Infrastruktur. Es ist nur zu verständlich, dass nachfolgende Epochen an die Erfolge des Alten Reiches anschließen wollten, aber dessen Fehler bewusst ablehnten, um an ungelösten Problemen nicht erneut zu scheitern. Über die zeitgenössischen Zeugnisse hinaus lässt sich die Größe des Alten Reiches im Spiegelbild nachfolgender Epochen ablesen, auch wenn die an Zäsuren interessierte Forschung das Alte Reich zu Recht als eine in sich geschlossene Epoche verstehen möchte. Man darf darüber jedoch nicht vergessen, dass die Einteilung in Reiche und Zwischenzeiten modern ist und die Geschichte Ägyptens seinen Zeitgenossen weniger blockhaft und mehr im Fluss erschienen sein muss. Bereits bei der Darstellung der Naqada-IIID-Kultur hat sich gezeigt, dass auch diese wegbereitende Epoche nicht schlagartig endet, sondern weit bis in das Alte Reich hineinreicht. Man wird also auch für das Alte Reich zwischen Ereignisgeschichte und Kulturgeschichte unterscheiden müssen. Die Übergänge der ersten sind mit Throndaten verbunden, letztere ist einem dynamischen Wechselspiel von Dauer und Wandel unterworfen.

IV. Die Erste Zwischenzeit (Dynastie 7–8, 9–10, 11; ca. 2181–2055)

1. Die Dynastien 7–8

Auflösung der Zentralgewalt

Mit dem Begriff der Ersten Zwischenzeit, mit dem die Zeitspanne zwischen dem Alten Reich und dem Mittleren Reich bezeichnet wird, verbinden sich das Fehlen einer Zentralgewalt und eine politische Fragmentierung im Anschluss an den politischen Zusammenbruch des Alten Reiches. Die Erste Zwischenzeit gliedert sich in weitere Epochen, nämlich Abschnitte der Dynastien 7–8, 9–10 und die erste Hälfte der 11. Dynastie. Die gesamte Zeitspanne umfasst nur 126 Jahre, die in beiden Landesteilen durch sich schnell abwechselnde Könige gekennzeichnet sind: Manetho spricht für die 7. Dynastie von „70 Königen in 70 Tagen" und unterstreicht durch diese unwirklich anmutenden Zahlen die politischen Wirren der Zeit. Die Königsliste im Totentempel Sethos' I. um 1280 erwähnt diese Könige erst gar nicht: Für die Zeit von der 8. Dynastie bis zum Einsetzen des Mittleren Reiches als angrenzende Epoche fehlen Nennungen von Königen völlig. Daraus zu folgern, es hätte keine Könige in dieser Zeit gegeben, wäre jedoch falsch. Historisch wird die Erste Zwischenzeit erst mit der 8. Dynastie fassbar, von der einzelne Könige in der Stadt Koptos durch Dekrete in Erscheinung treten, die juristischen Charakter haben und insbesondere private Besitzstände sichern wollen.

2. Verzerrtes Geschichtsbild

Neuere Forschung

Lange hat sich die Forschung bei der Beurteilung der Ersten Zwischenzeit den retrospektiven Blick des Mittleren Reiches zu Eigen gemacht und diese Epoche als Periode des Chaos und der Anarchie gedeutet. In der Tat zeichnen Literaturwerke des Mittleren Reiches ein düsteres Bild: Vor dem Mittleren Reich war die Welt in ihr Gegenteil verkehrt, die Reichen verarmt und die Armen unerwartet zu Reichtümern gelangt (Die Klagen des Ipuwer), bis ein heilsbringender König aus dem Süden die Regierungsgewalt an sich riss und das Land einte (Die Prophezeiung des Neferti), bevor der allgemeinen Depression (Das Gespräch eines Mannes mit seinem Ba) ein Ende gesetzt und die Ehrbarkeit einfacher Menschen wieder zu ihrem Recht verholfen wurde (Der beredte Bauer). Diese Liste ließe sich fortsetzen, doch ist all diesen Literaturwerken gemein, dass sie sich eines Topos bedienen, der das Königtum des Mittleren Reiches und seinen Beamtenapparat legitimieren soll. Man hat darüber hinweggesehen, dass diese Literaturwerke zu einem gewissen Teil im Dienste einer Propagandamaschinerie standen, die darauf abzielte, die während der Ersten Zwischenzeit erstarkten regionalen Fürsten zugunsten einer vom König ausgehenden, zentralisierten Innenpolitik zu denunzieren.

In der Tat haben nach dem Zusammenbruch des Alten Reiches lokale (Gau-)Fürsten die Organisation der einzelnen, seit der 3. Dynastie geordneten Gaue sichergestellt, ohne dabei auf die Hilfe einer zentralen Regierung hoffen zu können. In der altägyptischen Geschichte sind die sogenannten Zwischenzeiten vom Fehlen eines einigenden Königtums geprägt, und so haben sich auch in der Ersten Zwischenzeit zwei machtvolle Zentren im Süden (Theben) und Norden (Herakleopolis) herausgebildet, die sich bis zur Reichseinigung unter Mentuhotep II., dem Gründer des Mittleren Reiches, feindlich gegenüber stehen. Ausschlaggebend für die Evaluation dieser Epoche sind jedoch nicht die späteren Schriftzeugnisse, sondern vielmehr zeitgenössische archäologische und textliche Befunde, die das Bild einer kulturell hoch stehenden und dynamischen Periode der ägyptischen Geschichte nachzuzeichnen helfen. Die Ägyptologie hat aus der Fehleinschätzung gelernt, archäologische und philologische Methoden gleichermaßen anzuwenden, um ein umfassendes Bild einer Epoche zu erlangen. Wo dies unterbleibt, wird vor dem Hintergrund äußerst komplexer Befunde kein abschließender Zugang zu einer Epoche möglich.

3. Die Erste Zwischenzeit als Epoche

Rivalisierende Königshäuser

Der Regierungssitz im Norden wird nun von Memphis nach Herakleopolis im Süden des Fayum verlegt, von wo aus keine Kontrolle über Oberägypten mehr erzielt werden kann. Dort scharen sich gleichzeitig während der als 11. Dynastie bezeichneten Epoche einflussreiche Familien um die lokalen Potentaten von Theben, die königliche Titel annehmen und für 90 bis 110 Jahre in Konkurrenz zu den Herakleopoliten treten. Die Hoheitsbereiche und Siedlungsplätze der Herakleopoliten im nördlichen Mittelägypten und im Delta sind jedoch bislang nur in geringem Umfang archäologisch erschlossen, weshalb die politischen Zusammenhänge hier noch weitgehend im Dunkeln liegen. Im Süden hingegen kann sich die thebanische Dynastie nicht nur behaupten, sondern insbesondere während der Regierungszeiten der Könige Intef I.–III. ihren Machtbereich nach Süden weiter ausdehnen und auch das nördlich gelegene Abydos unter ihren Einfluss bringen. Mentuhotep II. gelingt es schließlich, Ober- und Unterägypten in einem erneuten Akt der Reichseinigung zusammenzuführen.

E

Anstieg der Nilhöchststände
Wesentlich für die Beurteilung der Wirtschaft und der Stabilität der Ersten Zwischenzeit sind Überlegungen zum Klimawandel: Während der Nilhöchststand um ca. 2200 auf ein Minimum gesunken war und erhebliche Ernteeinbußen und Hungersnöte zur Folge hatte, stieg der Nil zwischen ca. 2150 und 1900 erneut an. Dies führte zu Überflutungen von in Dürreperioden zu Siedlungen umfunktionierten flussnahen Bereichen, die wie in Elephantine anhand von hastig errichteten Dämmen notdürftig gesichert wurden. Der in der Literatur häufig anzutreffende Bezug auf Dürreperioden und Hungersnöte ist jedoch als Topos zu bezeichnen, der am Ende des Alten Reiches entwickelt und literarisch verarbeitet wurde. Der Hungersnottopos ist dabei nicht das einzige Beispiel – auch in Totentexten

der Ersten Zwischenzeit konnten neue, zeitgenössische Themen Einzug halten. So hat eine mangelhafte Totenversorgung am Ende des Alten Reiches dazu geführt, dass die Toten „nicht Kot essen und Urin trinken" wollen, sondern auf ordentliche Totenopfer bestehen.

4. Die 9.–10. Dynastie, Zeitalter der Herakleopoliten

Ungünstige Beleglage

Die 9. Dynastie ist von einer politischen Fragmentierung gekennzeichnet, die sich daran ablesen lässt, wie bereitwillig sich lokale Herrscher als Könige bezeichnen und per Dekret Macht ausüben. Die Namen der herakleopolitanischen Könige sind hauptsächlich in der sogenannten Turiner Königsliste (ca. 1250) vermerkt, lediglich eine Handvoll kleinerer Objekte gibt über sie weiterführende Auskunft. Unter ihnen sind Cheti, Wahibre, Nebkaure und Merikare prominente Herrscher, doch ihre Grabstätten sind weitgehend unbekannt. Lokale Potentaten, die an der Seite der herakleopolitanischen Dynastie kämpfen, finden sich in Assiut. Lediglich ihren Gräbern lassen sich Aussagen über die Herrscher im Norden entnehmen, Quellen im Norden fehlen hingegen. Dem Fehlen königlicher Gräber steht eine Fülle an Privatgräbern dieser Zeit gegenüber, allen voran die Nekropole von Sedment bei Herakleopolis, die jeoch erhebliche Zerstörungen aufweist, aber eine der wichtigsten Gesamtnekropolen der Zeit darstellt.

Q

Verwünschungen und Drohformeln als Mittel zur Machtausübung

Der möglicherweise der 9. Dynastie zuzurechnende, in Koptos herrschende Horus Demedjibtaui benennt in einem in fälschungssicherem Design angelegten Dekret Osiris und den Stadtgott als Richter und droht seinen unrechtmäßig handelnden Beamten den sozialen Tod an: „Bezüglich irgendwelcher Leute des ganzen Landes, die stören werden und schmälern werden das vorne [befindliche] Eigentum deiner Opferstiftung (…), die gemacht sind für deine Statuen, die sich in den Kapellen Oberägyptens befinden, bestehend aus Äckern, (…), Bier, Fleisch, Milch, die dir gestiftet sind durch die Urkunde: Nicht befiehlt ferner die Majestät, dass sie unter den Verklärten der Nekropole sein dürfen, sondern dass sie Gefesselte und Gebundene sind laut Geheiß des Königs, (des) Osiris und ihres Stadtgottes. Was aber irgendeinen Vorsteher oder Beamten betrifft, der nicht die Dinge konfisziert in seinem Gau wegen irgendwelcher Leute, die diese Dinge tun werden, bis der König, der Wesir oder die Magistraten eintreffen: (Nicht hat) er (einen Anspruch) auf sein Amt und seine Stellung, auch nicht hat (er) einen Rechtsanspruch (auf) alle seine (Besitztümer?) und nicht haben seine Kinder einen Anspruch darauf."

Zu Beginn der Ersten Zwischenzeit ist Theben noch ein Neuling auf dem politischen Parkett, so wenigstens scheint es angesichts der dürftigen Quellen. Andere Gaufürsten betreiben eine expansive Außenpolitik: So erobern die Herrscher von Koptos (5. oberägyptischer Gau) den 6. und 7. oberägyptischen Gau und Mo'alla (3. oberägyptischer Gau) greift nach Süden nach dem 2. und 1. oberägyptischen Gau aus.

Q

Anchtifi, Fürst von Mo'alla, in seinen eigenen Worten

In der biographischen Inschrift des Anchtifi in seinem Grab in Mo'alla hinterließ der Gaufürst während der 9. Dynastie einen der wichtigsten Texte zur Geschichte der Ersten Zwischenzeit. Seine autobiographischen Inschriften, die vor Selbstüberzeugung und einem Hang zur übertriebenen Selbstdarstellung nur so strotzen, gehören mit zu den außergewöhnlichsten Zeugnissen dieses literarischen Genres, das aus dem Alten Ägypten bekannt ist. In ihr berichtet Anchtifi über die Konsolidierung der Verhältnisse in seinem eigenen Gau (Edfu) und von einem Feldzug gegen eine Koalition thebanischer Streitkräfte. Ob der Militärstreich erfolgreich verlief, darf bezweifelt werden. Anchtifi beschreibt sich selbst als Helden und unterstreicht, dass er in seinem Gau den Hunger bekämpft, den Nackten gekleidet habe, Heiraten vermittelt und seine Nachbargaue mit Lebensmitteln versorgt habe: „Ich bin der Anfang und das Ende der Menschen, der einen Spruch fand, wo er fehlte, an der Spitze des Landes wegen kluger Planung, mit geschicktem Mund und gefasstem Herzen am Tage der Vereinigung der drei Gaue. Ich bin ein Held ohnegleichen, der spricht entsprechend seiner Stimme, wenn die Pat-Leute schweigen, an dem Tag, an dem Furcht eingeflößt wird und Oberägypten in Schweigen verfällt."

Expansion Thebens

Am Ende dieser Auseinandersetzungen treten jedoch die Thebaner siegreich hervor. Aus seiner autobiographischen Inschrift ist von einem Militäroffizier, der unter dem Thebaner Intef II. Dienst tut, zu erfahren, dass im Gau von Abydos ein Kriegszug unternommen wird, der auf den benachbarten Gau im Norden ausgedehnt wird und sich gegen den Machtbereich der Herakleopoliten richtet. In den drei südlichsten Gauen wird gar ein Verwalter eingesetzt. Aus den zeitgenössischen Autobiographien der involvierten Beamten wird deutlich, dass erstens in den betreffenden Gebieten keine thebanischen Gaufürsten (Nomarchen) amtierten, zweitens dass auch sie selbst nicht zu lokalen Herrschern aufstiegen.

Zu Recht wurde in der jüngeren Forschung herausgestellt, dass das unter Intef II. neu entstandene Reich nicht aus lose zusammengefügten Gauen mit mächtigen Fürsten bestand, wie dies noch im Alten Reich der Fall war, sondern ein Netzwerk geschaffen wurde, das auf persönlichen Beziehungen und einer starken Kontrolle basierte. Diese Art der politischen Gestaltung sollte maßgeblich werden für die politische Auffassung der nachfolgenden Herrscher des Mittleren Reiches.

5. König Intef II. und die Inbesitznahme Oberägyptens während der 11. Dynastie

Thebanische Präsenz

Die nach Lage der Quellen bedeutendste Phase der Ersten Zwischenzeit ist mit der Regierung des bereits erwähnten Intef II. verbunden, der während seiner 49 Jahre dauernden Regierung sichtbare politische Akzente für das thebanische Königtum setzen kann. Während sein Vorgänger Intef I. trotz einer Regierungszeit von 17 Jahren in zeitgenössischen Zeugnissen nicht in Erscheinung tritt, ist Intef II. durch Privatdenkmäler gut genug bezeugt, um sicher feststellen zu können, dass sich unter ihm erstmals ein Expansionswille abzeichnet. Tatsächlich befinden sich am Ende seiner Regierung zahlreiche Regionen Oberägyptens unter seiner Kontrolle. Die Zeugnisse seiner Regierung sind jedoch nicht zahlreich genug, um entscheiden zu können, ob Intef II. alle Ausdrucksformen der Macht, die einem Herrscher des Alten Reiches noch zur Verfügung standen (Kronen, Königsnamen) für sich in Anspruch nimmt. Doch obwohl er selbst nicht-königlicher Herkunft ist, steht er bereit, seinen Machtbereich in Oberägypten deutlich auszuweiten, insbesondere nach Abydos, das seit dem Alten Reich das wichtigste administrative Zentrum Oberägyptens war.

6. Die kulturelle Entwicklung Ägyptens am Beispiel des Totenglaubens

Sargtexte

Totentexte, die noch im Alten Reich anscheinend den Königen vorbehalten waren, die sie in ihren Pyramiden anbringen ließen, tauchen gegen Ende des 3. Jahrtausends in Theben und weiteren wichtigen Provinzstätten auf, in denen lokale Potentaten ihre Vormachtstellung behaupten. Zu einem nicht unwesentlichen Teil bestehen diese neuen Totentexte, die nun auf den Innen- und Außenseiten rechteckiger Holzsärge angebracht werden, aus überarbeiteten Fassungen der älteren Pyramidentexte. Hinzu kommen aber auch Themen, die im Zusammenhang mit dem Zusammenfall der Staatsgewalt am Ende des Alten Reiches zu sehen sind und Bezug nehmen auf die Vermeidung unreiner Totenspeisung und -ausstattung, da diese nun nicht mehr vom König garantiert werden kann.

E

Zugang zu religiösem Wissen
Vielfach wird angenommen, dass die Verwendung der älteren Pyramidentexte auf eine Demokratisierungstendenz zurückzuführen ist, das heißt, dass elitäre Totenriten nach dem Zerfall des Königtums auch niederen sozialen Schichten zur Verfügung standen, die zuvor keinen Zugang zu diesem restriktiv gehandhabten Wissen gehabt hätten. Mittlerweile steht fest, dass der Großteil der Texte bereits früher nicht-königlichen Bevölkerungsschichten zugänglich gewesen war, wenn auch nur in mündlicher Form. In diesem Fall hätte der Untergang des Königtums eine umgreifende Verschriftlichung gesprochener Totenriten begünstigt, von einer Demotisierung des Totenglaubens kann jedoch nicht die Rede sein. Ein noch unveröffentlichtes Sargfragment der Ersten Zwischenzeit aus der Nekropole von Beni Hassan in Mittelägypten (heute in Liverpool) zeigt beispielsweise, dass Kenntnisse von zusammenhängenden Opferliturgien nicht nur vorhanden waren, sondern dass diese Texte unabhängig von den Pyramidentexten des Alten Reiches verortet wurden.

7. Schenkungen an die Stadtgötter

Förderung lokaler Kulte

Doch nicht nur im Totenglauben manifestieren sich die religiösen Erneuerungen der Ersten Zwischenzeit: König Intef II. berichtet in seiner Autobiographie, dass er zahlreiche Göttertempel errichtet habe. Dies ist ein neuer, unvermittelt auftretender Aspekt politischer Macht: Könige des Alten Reiches haben nur sehr begrenzt Tempelbauten in den Provinzen unterstützt und Kulte von Stadtgöttern offenbar als lokale Angelegenheiten betrachtet, im Gegensatz zu dem königlich besetzten Re-Kult. Zwar fand sich eine Statue des Niuserre in Karnak, könnte dorthin aber unter Sesostris I. gelangt sein und Teil einer Ahnengalerie gebildet haben. Intef II. gelingt es, planmäßig politische Präsenz in unterworfenen Gebieten mit religiösen Aussagen zu verbinden: So lässt Intef II. in Elephantine das Heiligtum der Satet erneuern und um einen Kultort für den widderköpfigen Gott Chnum, der im Kataraktengebiet ansässig ist, erweitern. Der Tempel der Satet geht bis auf die Naqada-IIIC1-Zeit beziehungsweise die Zeit Narmers zurück. Während der Tempel des Alten Reiches noch immer aus luftgetrockneten Lehmziegeln errichtet war, werden nun die Tempel erstmals mit Bauteilen aus Sandstein ausgestattet, die im Namen des Königs und mit Widmungsinschriften an die lokalen Gottheiten dekoriert werden. Dies alles deutet darauf hin, dass Intef II. beabsichtigte, sich durch die Unterstützung lokaler Kulte der Loyalität unterworfener Provinzen zu versichern. Doch auch in ihrem angestammten Machtbereich bemüht sich die thebanische Dynastie um religiöse Aussagekraft: Von Intef II. stammt eine mit seinem Namen versehene Säule, die erstmalig Amun von Theben erwähnt. Nicht auszuschließen ist, dass Amun bereits im Alten Reich verehrt wurde, doch sind die Hinweise, die eine solche These stützen könnten, nicht eindeutig. Ob der Name des Gottes Amun (‚der Verborgene') hierauf einen Hinweis zu geben vermag, kann nicht schlüssig beantwortet werden. Entscheidend ist jedoch, dass die Säule dort gefunden wurde, wo ab dem Mittleren Reich und mehr noch im Neuen Reich und später der Amuntempel von Karnak zum wichtigsten Kultort Ägyptens ausgebaut wurde.

8. Interregionalität während der Ersten Zwischenzeit

Zeit kultureller Blüte

Während noch im späten Alten Reich alle Güter, selbst diejenigen, die in den Provinzen erwirtschaftet oder verwaltet wurden, faktisch in den Händen des Königs lagen, zeichnet sich in der 6. Dynastie im Zuge erweiterter Machtbefugnisse der königlichen Beamten eine Verlagerung zugunsten vermehrt privatwirtschaftlicher Züge ab. In der Ersten Zwischenzeit erlangen die in den Provinzen regierenden Familien direkten Zugang zu den wirtschaftlichen Ressourcen des Landes. Diese Entwicklung ist nicht nur negativ zu werten. Denn während im Alten Reich die Provinzen an den materiellen und kulturellen Errungenschaften des Landes kaum Anteil hatten, war die nun aufkommende Veränderung hin zu einer privaten Marktwirtschaft – freilich nicht im modernen Sinne – Grundlage für die Autarkie einzelner Regionen gegenüber der ehemaligen Residenz. Diese Entwicklung lässt sich sehr deutlich an den bisweilen reichen Befunden der Nekropolen und insbesondere an den Grabbeigaben festmachen, aber auch im Siedlungskontext beobachten: Es entstehen neue keramische Leitformen, die eine einheitliche Entwicklung in ganz Ägypten erleben und – ganz wie in der Naqada-Zeit – dabei die Grenzen der konkurrierenden Herrschaftsbereiche Thebens und Herakleopolis' mühelos überwinden. Die meisten dieser neuen Formen halten sich bis in das Mittlere Reich hinein, wobei die Laufzeiten in mittelägyptischen Gauen am längsten sind. Wie in früheren Epochen und seit der Naqada-II-Zeit belegt, werden in der Ersten Zwischenzeit Gefäße eigens dafür hergestellt, um im Totenkult verwendet zu werden. Die Morphologie dieser Gefäße ist aus dem Alltag vertraut und scheint auch für das Weiterleben nach dem Tode geeignet, wie dies insbesondere bei den sogenannten Trinkschalen der Fall ist. Diese Einheit macht aber auch die Vorstellung einer kulturellen Trennung der beiden Landeshälften, wie sie noch oft diskutiert wird, wenig wahrscheinlich. Vielmehr scheint ähnlich wie während der frühen Naqada-III-Zeit Ägypten dank des Fehlens einer Zentralgewalt während der Ersten Zwischenzeit zu prosperieren und auf privater Ebene wirtschaftlich zu gesunden. In den Siedlungen der Ersten Zwischenzeit wie beispielsweise in einem Siedlungsabschnitt im Nordosten der antiken Siedlungsbebauung der Insel Elephantine ist die Antwort auf das Fehlen des Staates in Gestalt privater Speicheranlagen und Backstuben festzumachen, die an größere Häuser anschließen. Dies ist jedoch nicht als Beispiel für die Vereinzelung der Gesellschaft anzuführen, denn ein enger Stadtverband mit einem aktiven kommunalen Leben auf großen und frei zugänglichen Plätzen spricht eine deutliche Sprache in Bezug auf das Zusammengehörigkeitgefühl menschlicher Gemeinschaften unter dem Schutz ihres Stadtgottes.

Intef III.

Aus der kurzen Regierungszeit Intefs III. fehlen aussagekräftige Ereignisberichte. Wie sein Vorgänger baut er am Satettempel von Elephantine und wirkt offenbar auch am Heiligtum des Heqaib.

Q

Die Anerkennung des Stadtheiligen von Elephantine, Heqaib

Die Inschrift Intefs III. von Elephantine ist eine der ältesten Restaurierungsinschriften Ägyptens. Dort heißt es: „Ich fand die Seelenkapelle des Edlen Heqaib in altem Zustand, indem alle ihre Mauern zerstört waren. Wahrlich, ich baute sie neu auf (...), damit ihm geopfert werde in ihr von den Opfern eines jeden Tages (...). Für diesen (verstorbenen) Würdenträger machte er es als Denkmal." Dieser Inschrift zufolge muss das Heiligtum des Heqaib, das sich zuvor in der Oberstadt von Elephantine befand, bereits während der Ersten Zwischenzeit in das Gebiet des Satettempels verlegt worden sein, spätestens unter Intef III. Darüber hinaus macht diese Inschrift deutlich, dass das Gebäude in den heiligen Bezirk Elephantine integriert wurde und von nun an von ‚staatlicher' Seite anerkannt und unterstützt wurde.

9. Der Topos von den chaotischen Zuständen in der Ersten Zwischenzeit und dessen Neubewertung

Konstruierte Geschichte

In einigen Literaturwerken des Mittleren Reiches wird die Erste Zwischenzeit mit bewegenden Worten als eine Epoche chaotischer Zustände beschrieben. Drastische Umkehrungen persönlicher Schicksale, die Vernachlässigung von Götterkulten sowie eine Atmosphäre sozialer Kälte sind nur einige Topoi von literarischen Texten des Mittleren Reiches, welche die Hoffnungslosigkeit der Ersten Zwischenzeit heraufbeschwören wollen. Selbst in Autobiographien des Mittleren Reiches wird das soziale Engagement, das auf die

Verhinderung dieser Zustände abzielt, wiederholt und zu einem kategorischen Imperativ erhöht. Aus der Sicht der Herrscher des Mittleren Reiches wird dieses dunkle Zeitalter mit dem fehlenden Königtum begründet, das erst wieder mit Mentuhotep II. einsetzt. In der Tat wird erstmals unter Mentuhotep II. eine Neuordnung der Provinzen und deren Administration angestrengt, wie dies an aufblühenden, aber sozial stratifizierten Nekropolen wie etwa Beni Hassan ablesbar ist. Hieraus, aber auch durch die Interpretation literarischer Topoi als historische Aussagen hat die Ägyptologie bis vor wenigen Jahren irrtümlich die Ansicht gewonnen, die Erste Zwischenzeit sei eine Zeit des Umsturzes gewesen.

E

Privathäuser der Ersten Zwischenzeit
Während der Ersten Zwischenzeit fehlt es nicht an Häusern, die mit beträchtlichem Luxus ausgestattet sind, wie dies ein Haus mit dreigeteiltem Grundriss auf Elephantine aus der späten Ersten Zwischenzeit verdeutlicht (Haus H121). Der in dieser Form über mehr als 1000 Jahre hinweg zum maßgeblichen Bautypus entwickelte Grundriss sah folgende Raumfolgen vor: Ein erster Bereich war zur Straße hin orientiert und von dieser aus nicht einsehbar. Hinter diesem Empfangsbereich öffnete sich ein Hof, in dem Säulen standen, die eine Loggia im ersten Obergeschoss trugen. Die hinterste, dritte Raumeinheit war der Privatsphäre der Bewohner vorbehalten. Hier befanden sich Schlafräume, aber auch ein mit Steinplatten ausgelegtes Badezimmer mit Abwasserablauf. Häuser dieser Art waren offenbar bereits in der Ersten Zwischenzeit mit einem weiteren Stockwerk versehen, dessen Dach in den meisten Fällen wohl begehbar war, vorausgesetzt, die Außenmauern des Erdgeschosses waren dafür stark genug.

Sicherlich rief die Krise des Königtums am Ende des Alten Reiches ein Vakuum hervor, das deutlich spürbar zunächst insbesondere die Provinzen traf. Einzelfälle wie die Biographie des Anchtifi von Mo'alla mögen in der Tat die These von chaotischen Zuständen und dem Ruf nach einer starken Hand stützen.

Es darf jedoch anhand neuerer archäologischer Untersuchungen, insbesondere in dem von Anchtifi erwähnten Ort Elephantine, bezweifelt werden, dass trotz des allgemein am Ende des Alten Reiches gesunkenen Nilhöchststandes Hungersnöte noch während der Ersten Zwischenzeit an der Tagesordnung sind. Textliche und archäologische Quellen machen darüber hinaus deutlich, dass die Bevölkerung sich einerseits sehr wohl auf Subsistenzwirtschaft einzustellen weiß, dass andererseits aber auch Essensrationen ausgegeben werden. Darüber hinaus floriert die Privatwirtschaft und werden kleinere Handwerksbetriebe, Reedereien und Transportunternehmen gegründet, die einen zügigen Warentransfer gewährleisten.

Q

Hungersnot als Topos

In einer Stele aus Naqada, heute in Kairo (CG 20500), bedient sich ihr Besitzer des aus dem Ende des Alten Reiches überlieferten Hungertopos, ohne sich allerdings der aus späterer Zeit bekannten standardisierten Ausdrucksweise zu bedienen: „Ich maß das belebende Getreide für die ganze Stadt ab im Türbereich des Fürsten, des Vorstehers der Priester Djefi in den schwierigen Jahren des Hungers. Ich tat mit großem Erfolg und wurde von der ganzen Stadt dafür gepriesen."

Allerdings schließen innenpolitische Unsicherheiten offenbar eine gezielte Außenpolitik aus: Die Beziehungen zum benachbarten Ausland werden unterbrochen, ebenso der Handelsverkehr mit Nubien, wie dies die Verschlammung des Ersten Kataraktes, dem ‚Tor des Südens', deutlich macht, der nur noch umständlich auf dem Landweg umgangen werden kann, um nach Afrika zu gelangen. Die chaotischen Zustände der Ersten Zwischenzeit, welche die Literaturwerke der nachfolgenden Epoche heraufbeschwören, finden keine Entsprechung in der archäologischen Quellenlage, die vielmehr deutliche Zeichen der Selbsthilfe und des kulturellen Zusammenwachsens erkennen lassen, anstelle eines Bildes der Anarchie und des Todes.

Blüte funerärer Kultur

Offenbar war das Legitimationsbedürfnis der Könige des Mittleren Reiches nicht ganz unberechtigt: Archäologische Untersuchungen der letzten Jahrzehnte, insbesondere der massiv expandierenden Gräberfelder, zeichnen das Bild einer wirtschaftlich florierenden Epoche, und dies trotz fehlenden Königtums. Nicht nur dass morphologisch neue keramische Formen entwickelt und in ganz Ägypten verbreitet werden: Die kulturelle Blüte der Zeit findet ebenso in der Entwicklung von Grabbeigaben in Gestalt von Holzmodellen einen lebendigen Ausdruck. Dreidimensional und teilweise in roher Form, bilden sie Lebenssituationen wie etwa die Arbeit in Bäckereien, Schlachtereien und Getreidespeichern ab, aber auch Schiffe inklusive deren Besatzung. Sie haben die Aufgabe, das Wohlergehen des Verstorbenen im Jenseits auf Dauer zu sichern. Diese Modelle, die gleichzeitig die überaus aufwendigen und teuren Grabmalereien ablösen, sind zu Abertausenden in Gräbern der Ersten Zwischenzeit und des frühen Mittleren Reiches gefunden worden. Für die zeitgenössischen unteren und mittleren Gesellschaftsschichten erschließt sich durch sie erstmals der Zugriff auf eine funeräre Industrie, die zahlreichen Werkstätten ein attraktives Auskommen bot, auch wenn der Zugriff auf dreidimensionale Ausdrucksformen und die damit verbundene Abkehr von hieroglyphischen Ausdrucksformen eher als Rückschritt gesehen werden kann.

10. Ausblick

Epoche ohne Folgen?

Am Ende der Ersten Zwischenzeit scheint eines der größten Probleme des vier Generationen zuvor zu Ende gegangenen Alten Reiches auf natürliche Weise gelöst worden zu sein: Eine auf privater Grundlage vollzogene Marktwirtschaft lässt den Eingriff von Gaufürsten unnötig werden, weshalb Erzeuger und Produzenten von ihrem Erwerb unmittelbarer profitieren können als noch in der vorangegangenen Epoche. Auch wenn das *cliens-patron*-Verhältnis damit noch nicht zum Erliegen kommt und vereinzelt lokale Potentaten – wie etwa Anchtifi aus Mo'alla – sich in gaufürstlicher Manier präsentieren, so zeigt doch der unter thebanischem Einfluss stehende Bereich Oberägyptens, dass eine Rückkehr zum Nomarchentum zunächst nicht angestrebt wurde. Umso erstaunlicher ist es daher, dass die ersten Könige der 12. Dynastie gerade zu diesem Regierungssystem zurückkehren werden. In einem Ort wie Elephantine, wo zu Beginn des Mittleren Reiches keine an eine öffentliche Administration gekoppelte Eliten mehr vorhanden sind, werden Großgrundbesitzer mit finanziellem Einfluss rekrutiert und darin unterstützt, eine Dynastie von Gaufürsten aufzubauen, die ganz die Züge des Alten Reiches trägt. Dies geht mit der Vorstellung der Könige des Mittleren Reiches einher, dass die gaufürstenlose und regierungsferne Erste Zwischenzeit eine Epoche des Chaos gewesen sei. Dieses Chaos wird jedoch mit denselben innenpolitischen Mitteln bekämpft werden, die für den Niedergang des Alten Reiches teilweise namhaft gemacht werden können: einem unmissverständlich auftretenden Königtum. Durch die strikte Ablehnung der Lebensverhältnisse und die Negierung der innenpolitischen Errungenschaften der Ersten Zwischenzeit ist die Rückkehr zu den Verhältnissen des Alten Reiches zu Beginn der 12. Dynastie als ein Fehlstart zu deuten, dessen Berichtigung die kommenden 200 Jahre beschäftigen wird.

V. Das Mittlere Reich (Dynastien 11–13, ca. 2055–1773)

11. Dynastie	
Mentuhotep II.	2055–2004
Mentuhotep III.	2004–1992
Mentuhotep IV.	1992–1985
12. Dynastie	
Amenemhet I.	1985–1956
Sesostris I.	1956–1911
Amenemhet II.	1911–1877
Sesostris II.	1877–1870
Sesostris III.	1870–1831
Amenemhet III.	1831–1786
Amenemhet IV.	1786–1777
Sobekneferu	1777–1773

13. Dynastie (ohne gesicherte Herrscherdaten, nicht vollständig, bis ca. 1650)
Wegaf, Amenemhet V. (?), Sobekhotep II., Ichernofret Neferhotep, Imeny-Intef-Amenemhet, Hor, Chendjer, Sobekhotep III., Neferhotep I., Sahator, Sobekhotep IV., Sobekhotep V., Jauib

1. Gründung und Vision des Mittleren Reiches

Wiedervereinigung

Nachdem Herrscher der thebanischen 11. Dynastie weite Teile Oberägyptens unter ihre Kontrolle gebracht hatten, gelingt es Mentuhotep II., Sohn des Intef III., nach Mittelägypten vorzustoßen, wo im weiteren Verlauf eine kriegerische Auseinandersetzung mit dem zweiten Machtzentrum des Landes, dem herakleopolitanischen Herrschaftsbereich, stattfindet. Wie genau sich dieser Vorstoß abspielte, ist unklar. In seinem 14. Regierungsjahr gehen jedoch die Herakleopoliten gegen Theben vor und Gräber im 8. oberägyptischen Gau (Abydos) werden verwüstet. Herakleopolis ist jedoch aus mehreren Gründen der schwächere Gegner: Es hat sich nicht nur gegen Theben zur Wehr zu setzen, sondern auch gegen die an Einfluss gewinnenden Fürsten und ehemaligen Allierten aus Assiut, und muss sich um Grenzstreitigkeiten im Nordostdelta kümmern. Die endgültige Überwindung der Herakleopoliten zwischen dem 20. und 30. Regierungsjahr Mentuhoteps II. kann als Geburtsstunde der politischen Wiedervereinigung Ober- und Unterägyptens und damit des Mittleren Reiches angesehen werden. Im Gegensatz zur initialen Reichseinigung unter Narmer haben nun einige Aspekte eine tragende Funktion, die ebenso zu diesem Prozess beitragen, wie die militärische Komponente: Hier ist zunächst die Übernahme memphitischer Traditionen zu erwähnen. Insbesondere während des Mittleren Reiches ist unter den Kulturschaffenden die Tendenz zu beobachten, auf das Alte Reich als sinnstiftend zurückzublicken, das als inspirierende Schablone für kritisches politisches Denken angesehen wird. Als zweiter Aspekt ist die Bezugnahme auf das historische Gedächtnis zu nennen, wie es in komplexen und literaten Gesellschaften häufig anzutreffen ist. Hier erfüllen schriftliche Traditionen und Monumente die Funktion von Erinnerungsorten. Mentuhotep II. nimmt in Anknüpfung an diesen großen Moment ägyptischer Geschichte den Titel Horus Sema-Taui („Horus, der die Beiden Länder vereint") an und zeigt damit, dass er sich seiner politischen Leistung bewusst ist. Somit ist auch die Geschichte dieser Epoche geprägt von einem fruchtbaren Austausch von einflussreichen Traditionen und Innovationen, in deren Spannungsfeld das Modell einer kulturell hochstehenden, aber sozial stark differenzierten Gesellschaft entsteht. Eine tragende Rolle kommt hierbei der edukativen Literatur zu, bei der es sich hauptsächlich um historisierende Belletristik oder Lebenslehren handelt. Von alledem ist jedoch zu Beginn des Mittleren Reiches im Einflussbereich Thebens noch nichts zu spüren. Möglicherweise ist das Aufkommen der Literatur während der 12. Dynastie eine vom memphitischen Bereich getragene Entwicklung; höfische Kultur und der Lebensstil des Nordens sind bestimmende Elemente zahlreicher Literaturwerke. Insbesondere die fiktive Literatur ruft Erinnerungen an memphitische Lebenswelten wach.

Q

Literarischer Rückblick auf Herrscher des Alten Reiches

Monarchische Regierungsformen tendieren dazu, Könige als Fixpunkte der eigenen Vergangenheit zu betrachten und sogar Zeitalter nach diesen zu benennen. Auch im Alten Ägypten stehen verstorbene Herrscher aller Zeiten an prominenter Stelle im kulturellen Gedächtnis nachfolgender Epochen. In einer fragmentarisch erhaltenen, fiktiven Erzählung, überliefert auf Textzeugen der 19. und 25. Dynastie, die jedoch auf das Mittlere Reich zurückgehen, wird König Neferkare Pepi II. eine homosexuelle Beziehung nachgesagt, eine für altägyptische Ohren unerhörte Verbindung. Ein gewisser Tjeti kam offenbar hinter das Geheimnis des Königs und beschloss, den Pharao zu bespitzeln. Als Neferkare ohne Begleitung seine Liebschaft, den General Sasenet, aufsucht, stellt Tjeti ihm nach: „‚Also, das ist es! Was sie sagen ist (also) wahr – er geht nachts aus.' Dann ging Henets Sohn Tjeti dem Gott hinterher, ohne sein Herz zweifeln zu lassen, um alles zu sehen, was er tat. Dann erreichte er das Haus des Generals Sesenet. Dann warf er einen Ziegel und stampfte mit dem Fuß auf, damit eine (Leiter?) heruntergelassen werde. (…) Als nun Seine Majestät getan hatte, was er von ihm erhofft hatte, ging er zu seinem Palast, Tjeti ging ihm (wieder) nach."

E

Texte und ihr Publikum

Bei einer geschätzten Alphabetisierungsrate von unter 5 % wird man nicht annehmen dürfen, dass große Teile der Gesellschaft an den bedeutenden Werken der Literatur Anteil nahmen, es sei denn als Publikum beispielsweise bei Lesungen. Angesichts der Tatsache, dass Lesen in der Antike gesprochenes (Vor-)Lesen bedeutete, wurde offenbar bewusst ein Publikum von Zuhörern gezielt angesprochen. Doch ob diese Vermutung genügt, um von Literatur im Alten Ägypten als soziale Praxis sprechen zu können, ist angesichts der dürftigen Quellenlage nur schwer zu beurteilen. Dass Autoren an einem Austausch mit einem auch zukünftige Generationen umfassenden Publikum interessiert sind, wird aus dem Nachsatz der sogenannten Prophezeiung des Neferti deutlich, wo es heißt, seine Leser sollen dem weisen Verfasser des Textes ein aus einer Wasserspende bestehendes Totenopfer bereiten. Noch schwieriger ist es, die innere Antwort der Rezipienten der altägyptischen Literaturwerke abzuschätzen, doch ein gebildetes Publikum unmittelbar anzusprechen war das Ziel der vornehmlich propagandistisch geprägten Literatur, die als „gut für das Herz (= den Verstand)" bezeichnet wurde. Der Zugang zur Literatur, einschließlich ihrer tatsächlichen Nutzung durch Endverbraucher wie Schüler etc., war nicht nur ein Luxusgut, an dem teilzuhaben ein Privileg bedeutete, sondern in erster Linie eine Frage der Zugehörigkeit zu sozialen Schichten.

Suche nach Identität

Wie sehr diese Entwicklung der sukzessiven Einigung Ägyptens tatsächlich vom Bedarf geprägt war, lässt sich im Einzelnen nicht mehr feststellen. Bis wenigstens zum Ende des Alten Reiches, vielleicht noch zu Beginn des Mittleren Reiches ist Ägypten ein Vielvölkerstaat, der von zahlreichen, in das furchtbare Niltal einströmenden Stämmen geprägt ist. Offenbar tritt das Mittlere Reich die selbst gestellte Aufgabe an, diesem Völkergemisch eine einheitliche Prägung zu geben und sich im Zuge der neu zu definierenden Identität gleichzeitig von Außen abzugrenzen. Es ist nur zu verständlich, dass die Schaffung von Identität mit der Systematisierung kultureller Erinnerungen einhergeht. Hiermit lässt sich die Besinnung auf das Alte Reich, die Ablehnung der königslosen Ersten Zwischenzeit, aber auch die Notwendigkeit des rituellen Vereinigens der Beiden Länder erklären. Bis zur Regierung Sesostris' III., als der um Identität ringende Konsolidierungsprozess Ägyptens abgeschlossen ist, kann die ägyptische Kultur als von Erinnerungen geprägt gelten, einer positiven und einer als negativ empfundenen Erinnerung. Auch diese Dichotomie löst sich erst gegen Ende der Regerierungszeit Sesostris' III. durch eine einschneidende Verwaltungsreform auf.

2. Mentuhotep II. und das Ende der 11. Dynastie

Beamtenapparat

Den zur Verfügung stehenden Quellen zufolge sind die thebanischen Herrscher, insbesondere seit Intef II., in der Gestaltung der Außenpolitik aktiver als die Herakleopoliten im Norden. Die Grenze, die beide Einflussbereiche voneinander trennt, liegt bei Assiut. Der Nachfolger Intefs III. auf dem thebanischen Thron ist mit Mentuhotep II. ein Herrscher, der die ersten 14 Jahre seiner Regierung noch innenpolitischen Themen widmet. In der Tat scheint der Übergang in ein neues Zeitalter nicht reibungslos zu verlaufen: Ein wichtiges Zeugnis für militärische Auseinandersetzungen bilden 60 nicht mumifizierte Soldatenleichen aus dem Beginn des Mittleren Reiches. Diese sind Zeugnis einer militärischen Auseinandersetzung, ihre Bestattung in einem gemeinsamen Grab in der Nähe des Totentempels Mentuhoteps II. in Deir el-Bahari erhärtet den Eindruck, dass es sich bei ihnen um Kriegshelden handelt. Im Zuge der Reichseinigung ergibt sich die Möglichkeit, wieder einen Zugang zu Nubien herzustellen, der in der ersten Zwischenzeit nicht mehr möglich gewesen war. Die südlichste Stadt Ägyptens, Elephantine, wird in diesem Zusammenhang als Brückenkopf genutzt und profitiert offenbar davon: Ab Mentuhotep II. wird nicht nur die die Ostinsel umgebende Festungsmauer erneuert und mit Hilfe von Treppenaufgängen begehbar gemacht. Auch für die Ortsgötter werden erneut Tempel errichtet, obwohl die Neustiftungen durch Intef III. kaum 50 Jahre zurückliegen. Wichtig für sein eigenes Selbstverständnis und nicht ohne Folge für die nach ihm kommenden Könige der 12. Dynastie ist seine Selbstvergöttlichung als ‚Sohn der Hathor'. In Konosso am Ersten Katarakt nimmt Mentuhotep II. die Gestalt des Gottes Min an, um damit möglicherweise den Herrscherkult wieder einzuführen. Wie gut der von Mentuhotep II. neu eingesetzte Beamtenapparat funktioniert, lässt sich an der Tatsache ablesen, dass er die hinzugewonnenen Gebiete durch Amtsträger kontrollieren lässt und einige Gaufürsten, die zuvor die Herakleopoliten unterstützt hatten, entmachtet. Wie beispielsweise am archäologischen Befund des 16. oberägyptischen Gaues bei Beni Hassan (Mittelägypten) abzulesen ist, scheint Mentuhoteps II. Interesse in der Einsetzung eines loyalen Beamtenapparates zu liegen. An zahlreichen großen Bauprojekten des Herrschers lässt sich die Vereinigung der Beiden Länder deutlich ablesen: Sein Bekenntnis zu den osirianischen Bestattungsriten, auf die sein dem Month-Re geweihter Totentempel in Deir el-Bahari zahlreiche Hinweise gibt, verändert neben einer neuen Sichtbarkeit des Göttlichen auch die funeräre Kultur unter den Rahmenbedingungen des bislang Gewesenen.

E

Der Totentempel Mentuhoteps II. in Deir el-Bahari
Der von Mentuhotep II. im Talkessel von Deir el-Bahari angelegte Totentempel, der ursprünglich als Felsgrab mit Pfeilerfassade und Aufweg geplant war, wird zu einem Stufenbau mit Umgang ausgebaut. In der aufragenden Felswand wurde ein Mittelhof mit 80 Säulen eingelassen. Von der hypostylen Halle aus war der eigentliche Kultort zu erreichen, wie dies bei den Pyramidentempeln des Alten Reiches bereits der Fall war. Unklar ist, ob die Pfeilerhalle des Totentempels nach oben hin von einer Pyramide, einem Benben-Stein oder einem an das mythische Osirisgrab erinnernden Hügel abgeschlossen war. Zu diesem Komplex gehören auch die Schachtgräber von sechs Mädchen und jungen Frauen im Alter von fünf bis 22 Jahren, die zeitgleich datieren mit einem Grab unter dem Tempelvorhof, in dem möglicherweise der Herrscher begraben wurde. Die Dekoration des Tempels, bestehend aus Jagd-, Vogel- und Fischfangszenen, Schiffsfahrten sowie Kampfszenen hat sich nur fragmentarisch erhalten. Mit seinem Totentempel erneuert Mentuhotep II. die Tradition monumentaler, königlicher Totenarchitektur, die noch im Alten Reich als Symbol des Königtums angesehen wird. Durch die Verwendung architektonischer Komponenten, die aus den thebanischen Saff-Gräbern der Intef-Könige bekannt sind, gelingt ihm ein architektonisches Manifest memphitischer Tradition und thebanischer Innovation.

3. Mentuhotep III.–IV.

Ende der 11. Dynastie

Der vielversprechende Neuanfang zu Beginn des Mittleren Reiches wird durch seinen Nachfolger Mentuhotep III. fortgesetzt. Die Tempelarchitektur wird unter diesem Herrscher um einzelne Ausdrucksformen erweitert, beispielsweise den Pylon oder den dreifachen Schrein, der die Umsetzung des Kultes von Göttertriaden bereits für diese frühe Zeit architektonisch vorwegnimmt. Mentuhotep III. gelingt es, erneut Expeditionen nach Afrika, insbesondere nach Punt auszustatten. Wichtiger noch ist jedoch die Tatsache einer Verbindung zum Ostdelta, die durch eine Inschrift auf einer Statue nachgewiesen ist. Ein wichtiger Zeitgenosse Mentuhoteps III. ist sein Kanzler Meketre, aus dessen Grab zahlreiche qualitativ hochstehende Modelle stammen, die für die jenseitige Existenz wichtige Tätigkeiten und Gegenstände darstellen.

Sein Nachfolger Mentuhotep IV. ist der letzte König der 11. Dynastie. Er tritt insbesondere durch die Gewinnung von Baumaterial in den Steinbrüchen von Hatnub in Mittelägypten hervor, an der angeblich 10000 Mann beteiligt sind. Die ägyptische Außenpolitik in Nubien lässt sich derzeit nur schwer einordnen.

Q

Das Gazellenwunder

Bei einer der Expeditionen Mentuhoteps IV. geschahen unter der Aufsicht des Wesirs Amenemhet zwei Wunder. Das erste handelt von der Entdeckung eines Brunnens, das zweite von einer Gazelle, die ein Junges auf dem Stein gebar, der für den Deckel des Sarges des Herrschers vorgesehen war: „(Dies ist) das Omen, das seiner Majestät widerfuhr: Das Wild der Wüste kam für ihn an, und eine trächtige Gazelle kam in Sprüngen, ihr Gesicht auf die Menschen vor ihr gerichtet, ihre beiden Augen beim Sehen, ohne dass sie sich zurückwandte, bis sie diesen herrlichen Berg erreichte, diesen Stein. Er war (bereits) an seinem (rechten) Ort für den Sarg. Sie gebar darauf und das Heer des Königs sah (dabei) zu. Dann wurde ihr der Hals durchgeschnitten und sie wurde dargebracht als Brandopfer. Er (= der Sargdeckel) kam dann in Frieden an." Die Bedeutung dieses Ereignisses liegt in der Tatsache begründet, dass Sarg auf ägyptisch ‚Herr des Lebens' heißt und die Geburt des Gazellenjunges die (Wieder-)Geburt des Herrschers symbolisiert. Fern des Niltales gewinnt dieses Omen zusätzliche Bedeutung dadurch, dass in der Wüste die Naturgesetze gelten, denen sich der Mensch unterwerfen muss, die aber gleichzeitig dem Menschen den richtigen Weg weisen. Da der Steinbruch noch dazu von dem Gott Min selbst ausgesucht wurde, darf sich der König zu Recht als Günstling des Gottes verstehen.

Ob der bei den Wundern anwesende Wesir mit Amenemhet I., dem Gründer der 12. Dynastie, identisch ist, wie dies vielfach vermutet wurde, kann nicht mehr mit Sicherheit bestimmt werden. Von dem nur sieben Jahre regierenden Mentuhotep IV. sind keinerlei Bauten nachgewiesen. In seinem siebenten Regierungsjahr brechen von Oberägypten ausgehend Aufstände aus und es ist vermutet worden, dies könnte mit der möglicherweise schon damals geplanten Verlegung der Residenz nach Memphis zu tun haben.

E

Architekur und Religion

Obwohl bereits die Intef-Könige außerhalb Thebens Tempelneubauten errichtet hatten, begann sich ein neues Architekturprogramm erst unter Mentuhotep II. zu entfalten, der nicht nur den bestehenden Satettempel in Elephantine erneuerte, sondern auch gänzlich neue Projekte durchführte, wie etwa in et-Tod, 20 km südlich von Luxor. Unter dem Boden dieses Tempels wurden vier Kisten aus Bronze gefunden, die den Namen Amenemhets II. trugen. Neben zahlreichen hochwertigen Gegenständen fanden sich hier auch ägäische Gefäße sowie Rollsiegel der 3. Dynastie von Ur (Süd-Mespotamien), die auf intensive Kontakte mit dem benachbarten Ausland hinweisen. Anders als noch im Alten Reich, dessen Außenpolitik insbesondere vom Expeditionswesen geprägt war, weisen die Funde von et-Tod auf einen gegenseitigen Austausch von Gütern hin. Dass diese Funde in einem Tempel gemacht wurden, darf jedoch nicht dahingehend verstanden werden, hier auch einen Austausch von religiösen Vorstellungen zu vermuten. Die traditionelle ägyptische Religion war stets eine ethnische Religion, die auf das ägyptische Staatsgebiet beschränkt blieb und keine Missionierungstendenz erkennen lässt. Dies ändert sich erst nach der Eroberung Ägyptens durch Alexander den Großen, als die Kulte der Götter Isis und Serapis nach ihrer hellenistischen Umformung und auf Privatinitiativen hin, im Mittelmeerraum Verbreitung fanden und die Züge einer universalen Religion erkennen lassen. Auch ist die altägyptische Religion, anders als Christentum, Judentum und Islam, keine Buchreligion, deren Grundlage ein einzelnes Buch ist, sondern eine Kultreligion, die nach festen Vorgaben in rituellem Kontext erfahrbar ist.

4. Der Übergang zur 12. Dynastie

Innere Kolonisation

Mentuhoteps II. militärische und politische Expansion war von Anfang an von einer Betonung religiöser Traditionen unterworfener Gebiete sowie einer administrativen Reform begleitet worden: Während seiner 51 Jahre dauernden Regierung werden beispielsweise in Elephantine ein Neubau des Tempels der Satet angestrengt und zeitgleiche Gräberfelder, insbesondere in Mittelägypten, lassen erneut eine Belegung durch eine stratifizierte Gesellschaft erkennen. Diese Vorgänge mögen Züge einer inneren Kolonisierung Ägyptens tragen und erinnern damit an die Anfänge der 3. Dynastie. Im Fall des Mittleren Reiches ist dieser Prozess jedoch im Verlaufe zweier Generationen bereits abgeschlossen und die Herrscher der 12. Dynastie können die erneute Staatswerdung konsequent weiterführen. Waren die Monumente des Alten Reiches noch auf die Sichtbarmachung von Religion und die Überwindung der Distanz zum Göttlichen ausgerichtet, so tritt das Mittlere Reich insbesondere nach Mentuhoteps II. Nachfolgern Mentuhotep III. und IV. unter Amenemhet I. in erster Linie als Staatsapparat hervor, der gleichsam aus dem Stein entstanden zu sein scheint: Monumentalität dient nicht mehr zum Abbild des Göttlichen, sondern zur Darstellung des politischen Willens und der Überlegenheit.

5. Amenemhet I.

Die neue Hauptstadt

Amenemhet I. war möglicherweise noch unter Mentuhotep IV. Wesir. Als nicht zur Dynastie der Mentuhotep-Könige gehörig, gründet er die 12. Dynastie und verlegt die Hauptstadt von Theben in das Gebiet zwischen dem Fayum und Memphis. Möglicherweise verfolgt er damit einen Plan, der vielleicht bereits von den Herrschern der 11. Dynastie angedacht worden war: Die neue Hauptstadt trägt jedoch den Namen Itji-taui, „(Amenemhet), der die Beiden Länder ergreift". Sie ist nur inschriftlich bezeugt.

E

Literatur und Politik

Neben der bereits genannten möglichen Anspielung auf seinen Namen in den Wunderberichten aus dem Wadi Hammamat wird die Herkunft Amenemhets I. als Heilsbringer in der Prophezeiung des Neferti wie folgt literarisch erhöht: „Dann wird ein König aus dem Süden kommen, Ameni, gerechtfertigt, mit Namen, Sohn einer Frau namens Ta-Seti, Kind von Oberägypten. Er wird die Weiße Krone ergreifen, er wird die Rote Krone tragen, er wird die beiden Mächtigen (Kronen) verbinden." Da die in dem Papyrus genannten Eltern dieses Ameni durch nichtliterarische Zeugnisse tatsächlich nachgewiesen sind, kann dieser Text als Legitimationsschrift Amenemhets I. gelten. Daneben gibt es eine ‚Lehre des Amenemhet I.', in der der Herrscher aus dem Totenreich zu seinem Nachfolger spricht und ihm Ratschläge für eine gute Amtsführung hinterlässt. Die Tatsache, dass dieses Literaturwerk über eine Zeitspanne von etwa 1000 Jahren als Schulstoff beliebt war, zeigt, wie präsent Amenemhet I. im kulturellen Gedächtnis der Nachwelt erhalten blieb: Gerade in der Ramessidenzeit wurden die Schriftwerke der früheren Dichter lebendig gehalten, auch die des Schreibers Cheti, dem die Lehre des Amenemhet I. zugewiesen wurde. Der erste Herrscher in der ägyptischen Geschichte, dessen Regierung von Literaturwerken begleitet wird, die den Aspekt der Propaganda gar nicht verleugnen wollen, ist in der Tat Amenemhet I. Ein Grund hierfür mag gewesen sein, dass der Gründer der neuen Dynastie offenbar unter Legitimationsdruck stand.

Es ist allzu verständlich, dass der Regierungsantritt des Begründers der 12. Dynastie in der **Literatur** des Mittleren Reiches einen deutlichen Widerhall erfuhr. Das plötzliche Auftauchen dieser Texte und die Menge an qualitativ hochstehenden Literaturwerken macht es wahrscheinlich, dass für diese Entwicklung unter Amenemhet I. wenigstens der Grundstein gelegt wird. Neben der Verwendung der Literatur zur Herrscherlegitimation bricht Amenemhet I. bewusst mit den jüngeren, thebanischen Traditionen, nur um gleichzeitig auf ältere zurückzugreifen. Eine dieser Maßnahmen ist die bereits erwähnte Verlegung der Hauptstadt in die Region von Memphis. Der genaue Zeitpunkt des Umzuges ist unklar. Entscheidend ist, dass der König damit einen Neubeginn signalisieren will und damit bewusst eine Anknüpfung an die **Politik** des Alten Reiches anstrebt. So ist es auch als Konsequenz dieses traditionsorientierten Handelns Amenemhets I. zu verstehen, dass er als erster König des Mittleren Reiches eine Pyramide als Bestattungsort wählt. Offenbar kann gleichzeitig auch die Bürokratie weiter ausgebaut werden und können die um den König gescharten Anhänger von einem neu gewonnen Reichtum profitieren.

Q

Abgrenzung nach Innen und Außen

Gruppenidentität entsteht durch Abgrenzung. Unter Amenemhet I. wird ein solcher Prozess als kulturstiftend erstmals greifbar, als regionale und nationale Grenzen etabliert werden. In der Autobiographie des Chnumhotep II. in seinem Grab in Beni Hassan wird die Amtsübertragung seines Vaters wie folgt beschrieben: „Dann setzte er (Amenemhet I.) ihn (Chnumhotep I.) als (...) großes Oberhaupt des 16. oberägyptischen Gaues ein. Er stellte Stelen auf, die südliche als seine Grenze gegen den 15. oberägyptischen Gau, seine nördliche gegen den 17. oberägyptischen Gau." Etwa gleichzeitig heißt es in der Prophezeiung des Neferti, eine „Fürstenmauer" werde errichtet, „um die Asiaten nicht nach Ägypten hineinzulassen. Demütig sollen sie um Wasser flehen, um ihre Herden zu tränken."

Agressive Außenpolitik

Ebenfalls als Identität stiftend sind Amenemhets I. Kriegszüge zu bezeichnen, vor allem die Eroberung Unternubiens in seinem 29. Jahr: Während der Ersten Zwischenzeit hatte sich dort die sogenannte C-Gruppe etabliert und obwohl die Quellen keine Hinweise auf kriegerische Tätigkeiten enthalten, scheinen sich die Pharaonen von diesem Nachbarvolk bedroht zu fühlen, oder wenigstens in ihrem eigenen Expansionsdrang behindert. Zu diesem Zeitpunkt wird jedoch bereits Amenemhets I. Sohn Sesostris I. – wohl um der Gefahr von Thronräubern vorzubeugen – zum Mitregenten ernannt: Er kann diese Feldzüge – wenn man die zu Beginn der **Sinuheerzählung** gemachten Bemerkungen bezüglich eines Libyenfeldzuges übertragen will – in eigener Regie durchführen.

E

Das Ende Amenemhets I.
Nach Aussage der sogenannten Lehre Amenemhets I. für seinen Sohn Sesostris I. fällt Amenemhet I. in seinem 30. Regierungsjahr einer Haremsverschwörung zum Opfer. „Nach dem Abendbrot war es, die Nacht war gekommen. Ich hatte mir eine Stunde der Erholung genommen, indem ich auf meinem Bett lag, denn ich war müde, und mein Herz hatte begonnen, dem Schlummer zu folgen. Ich erwachte durch den Kampf (...)" führt der König, aus dem Jenseits zu seinem Nachfolger sprechend, aus und beschreibt damit seine Ermordung im Schlaf. Ob man diese Vorgänge als historische Tatsache zu nehmen hat, ist viel diskutiert worden. Möglicherweise war der König zur Zeit der Niederschrift noch am Leben und führte mit ihr die Notwendigkeit einer Koregentschaft im Sinne eines Vizekönigtums aus. Möglicherweise agierte bereits ab Jahr 21 Sesostris I. als Koregent.

Zweite Pyramidenzeit

In der Nähe der neuen Residenz, die zu diesem Zeitpunkt vielleicht nicht viel mehr als ein administratives Zentrum war, gründet Amenemhet I. seine Pyramide bei Lischt, an die sich königliche Verwandte, aber auch verdiente Beamte anschließen und damit die Bestattungssitten der Residenz des Alten Reiches wieder aufleben lassen. Dabei kann die Bauqualität an das Alte Reich nicht heranreichen: Um einen Steinkern herum werden Schuttmassen und Ziegelkonstruktionen eingebracht, die nach Außen hin wiederum durch Steinplatten verdeckt werden. Selbst dieser vereinfachte Bau ist offenbar unter großer Verzögerung errichtet worden, was möglicherweise darauf hindeutet, dass Amenemhet I. in den ersten Jahren seiner Regierung noch mit der Konsolidierung der neuen Dynastie beschäftigt ist.

E

Totentexte des Mittleren Reiches
Die Verschriftlichung von Totentexten, nicht aber ihr ausschließlicher Gebrauch, war noch im Alten Reich offenbar ein königliches Privileg. Bis noch vor wenigen Jahren wurde in der Forschung angenommen, dass das plötzliche Auftauchen von Totentexten in privatem Kontext als ein Hinweis auf die angebliche ‚Demotisierung' der ägyptischen Jenseitsvorstellungen zu interpretieren sei (s. S. 41). Hinweise auf die Rezitation von Verklärungen, einer der größten Gruppe von Totentexten mit dem Ziel, den Toten zu einem Osiris zu transformieren, sind jedoch in Gizeh bereits um 2400 bezeugt. Hieraus ist der Schluss abzuleiten, dass Totentexte auch für nichtkönigliche Schichten erreichbar waren, ein einheitlicher Totenglaube vorherrschte und dieser in mündlicher Form dargestellt wurde. Diese Vorgänge fanden teilweise abgeschieden in den Balsamierungskammern statt, teilweise öffentlich im Zuge der Sargprozessionen. Das Auftauchen von Totentexten während der Ersten Zwischenzeit ist demnach kein plötzliches Ereignis, ihre Verschriftlichung auf den Kastensärgen von Privatpersonen während der Ersten Zwischenzeit hingegen schon. In einem Ort wie Assiut sind Särge zwischen ca.

2250 und 1850 bezeugt. Die Forschung hat diesen Texten die irreführende Bezeichnung Sargtexte gegeben und meint damit Sargtexte der Ersten Zwischenzeit und des Mittleren Reiches. Selbstverständlich sind aber auch in späteren Epochen Särge mit funerären Texten beschrieben worden. Mit mehr als 1100 Sprüchen bilden die Sargtexte des Mittleren Reiches das größte Korpus religiöser Texte dieser Zeit. Dabei scheint sich abzuzeichnen, dass Särge, die in Nekropolen im weiteren Umfeld der ehemaligen Hauptstadt bei Memphis, hergestellt wurden, getreulicher an den Texten des Alten Reiches, den Pyramidentexten, festhalten. Die Tatsache jedoch, dass sich diese Sargtexte mit einer reichen Tradition auch in ferneren Orten wie Theben erhalten haben, zeigt, dass sie bereits während des Alten Reiches in Form von Papyrushandschriften Verbreitung gefunden hatten. In Assiut in Mittelägypten entwickelt sich ein umfassendes Sargdesign in dem Moment, als die Stadt auf der Seite der Herakleopoliten gegen Theben kämpft. Man darf annehmen, dass bereits im Mittleren Reich mehrere Varianten von Sargtexten in den Archiven der Provinzen auf Abruf gelagert wurden. Einer der wohl produktivsten Orte war Hermopolis bei dem heutigen Deir el-Berscheh, wohin zu Beginn der Reichseinigung unter Mentuhotep II. Sargtexte erstmals transferiert wurden. Ein gewisser Iha teilt mit, er habe als Vorsteher der Schreiber Zugang zu den „Geheimnissen" des Lebenshauses gehabt, wo diese Texte sehr wahrscheinlich aufbewahrt wurden. Ob Iha diese Texte in Deir el-Berscheh verbreitet hat, wie dies vermutet wurde, kann jedoch nicht bewiesen werden. Anders als dies für die Pyramidentexte den Anschein hat, sind die Sargtexte jedoch kein statisches Produkt, und vielerlei Einzelsprüche können als einmalige, oftmals auf den persönlichen Wunsch des Auftraggebers zurückgehende Kompositionen gedeutet werden. Hierbei wurden oftmals Pyramidentexte als Vorlagen verwendet, bisweilen aber auch Listen von Zitaten erstellt oder individuelle Befürchtungen behandelt, wie der Wunsch, während der Jenseitsreise beim Passieren eines Sees nicht von Nilpferden angefallen zu werden. In Deir el-Berscheh, aber auch in anderen Orten wie im benachbarten Beni Hassan versiegen diese in der funerären Ausstattung der Oberschicht verorteten Texte schlagartig mit der Wirtschaftsreform Sesostris' III., wodurch eine einzigartige Blüte der Verschriftlichung religiöser Literatur zunächst zum Erliegen kommt und sich in der Folge eine Verarmung religiöser Ausdrucksformen einstellt.

6. Sesostris I. und der Beginn der Kultur des Mittleren Reiches: Literatur und Religion

Verwaltungsreform

Möglicherweise wird die Politik Amenemhets I. von innenpolitischen Turbulenzen begleitet, die eine Koregentschaft erstrebenswert erscheinen lassen. Aus einer zeitgenössischen Inschrift, der Stele des Intef, geht hervor, dass das 30. und gleichzeitig letzte Regierungsjahr Amenemhets I. das 10. Jahr Sesostris' I. war. Bei seinem Regierungsantritt ist Sesostris I. daher bereits ein erfahrener Politiker. Er sieht sich zunächst gezwungen, die Landesverwaltung zu konsolidieren. Dazu gehört auch die innere Neuordnung der Gaue, wodurch die zuvor unabhängigen Gaufürsten zu königlichen Gouverneuren avancieren.

E

Die Erzählung des Sinuhe

Der Tod Amenemhets I. wird auch zu Beginn der im Stil einer Autobiographie gehaltenen Erzählung des Sinuhe in die Rahmenhandlung eingebaut, die somit zu den historisierenden Erzählungen des Alten Ägypten gehört. Ohne auf die Todesumstände näher einzugehen, wird das Ableben des Herrschers als Gott wie folgt beschrieben: „Jahr 30, dritter Monat der Achet-Jahreszeit, Tag 17: Der Gott fährt auf zu seinem Horizont, der König von Ober- und Unterägypten: Er entfernt sich zum Himmel, er vereint sich mit der Sonnenscheibe und der Königsleib vermischt sich mit dem, der ihn schuf. Das Innere des Palastes ist in Schweigen (gehüllt) und die Herzen sind in Trauer. Die großen Doppeltore sind verschlossen, die Höflinge sind im Kopf-auf-den-Knien (eine Trauergeste von auf dem Boden Hockenden, Anm. d. Verf.) und die pat-Leute sind in Trauer." Als Sinuhe zufällig die Nachricht des Todes Amenemhets I. vernimmt, fürchtet er, in die Ereignisse um den Thronwechsel hineingezogen zu werden und flieht nach Palästina. Sesostris I., der aus dem fernen Ägypten das Schicksal des ehemals hohen Beamten mitverfolgt hatte, erlaubt Sinuhe schließlich, nach Ägypten zurückzukehren, und nimmt ihn in seiner alten Heimat auf. An Sinuhe gewandt spricht der König: „Schau, du bist zurückgekehrt, nachdem du ferne Länder durchzogen hast, weil Furcht dich heimgesucht hat. Nun bist du alt und du hast ein hohes Alter erreicht. Deine Bestattung ist keine kleine Sache, aber du wirst nicht zur Ruhe gebettet werden bei den Asiaten."

In administrativen Zentren wie der Grenzstadt Elephantine lässt sich das Eingreifen des Staates in dreifacher Weise beobachten: erstens an einer Bereicherung des keramischen Materials durch von der Residenz eingeführte Gefäßformen, die zu Distributionszwecken verwendet werden. Zweitens lässt Sesostris I. den Tempel der Satet erneuern, wobei es sich immerhin um den vierten Tempelneubau auf der Insel in nur ca. 120 Jahren handelt. Drittens wird mit Sarenput I. ein **Gaufürst** ernannt, der sich zwar insbesondere durch Heirat auf eine einflussreiche Position berufen kann, aber mit seinem politischen Überleben und seiner eigenen Legitimation beschäftigt sein wird. Nur einen Steinwurf vom Tempel der Satet entfernt errichtet er einen neuen Tempel für seinen Vorfahren, den lokal verehrten Heqaib. Eine andere Privatperson aus der Zeit Sesostris' I., über die dank gut erhaltener Briefe Aussagen gemacht werden können, ist **Heqanacht**.

Q

Die Briefe des Heqanacht

Aus der Zeit Sesostris' I. datieren Briefe eines in der Residenz tätigen Gutsherrn und Totenpriesters des Ipi – Heqanacht – an seine in Theben lebende 18-köpfige Familie. In diesen Briefen geht es um Anweisungen zur Bewirtschaftung seines Gutes, die Beschwichtigung seiner Familie, die offenbar vorgibt, zu hungern, sowie die Misshandlung seiner neuen Frau (diese trägt offenbar zwei Namen: Hetepet und Iutenhab) durch Familienangehörige. Heqanacht schreibt: „Habe ich dir nicht gesagt: ‚Halte keine Freundin von Hetepet von ihr fern, nicht ihren Friseur und nicht ihre Zugehfrau!'? Sorge dich um sie. Oh, möget ihr euch doch einig sein in allen Angelegenheiten. Doch du hast sie (von Anfang an) nicht geliebt. Du sollst nun Iutenhab zu mir bringen lassen. Ich schwöre bei diesem Mann – ich spreche von Ipi – jedermann, der eine Übeltat auf dem Geschlecht meiner (neuen) Frau verüben wird: Er wird gegen mich sein und ich werde gegen ihn sein. Seht doch, das ist meine (neue) Frau und es ist ja bekannt, wie man sich gegenüber einer (neuen) Frau eines Mannes zu verhalten hat. Seht, was jeden angeht, der gegen sie so handelt, wie ich handelte: Wäre jemand von euch (etwa) geduldig, wenn seine Frau ihm gegenüber beschuldigt würde? Ich bin nicht geduldiger als ihr. Wie soll ich denn zusammen mit euch an einem Tisch sein? Nein! Sollt ihr nicht (vielmehr) für mich (meine) Frau respektieren?"

E

Gaufürsten

Das große Interesse der frühen 12. Dynastie an der Provinzialverwaltung Ägyptens kommt nicht zuletzt dadurch zum Ausdruck, dass von einigen wichtigen Gauen deren Nomarchen als Individuen fassbar werden, so beispielsweise Djefai-Hapi I. und Djefai-Hapi II. in Assiut und Amenemhet in Beni Hassan. Zu Beginn des Mittleren Reiches wurden Persönlichkeiten angesehener Familien zu Gaufürsten ernannt, die über erhebliches Eigenkapital verfügten, sodass zusätzlich zur Verfügungsgewalt des Amtsvermögens auch das Privatvermögen trat. Dieses Modell ist bereits während des Alten Reiches etabliert und wird zu Beginn des Mittleren Reiches lediglich neu aufgelegt. So hat sich im Grab Seschemnefers (5. Dynastie) eine Prozession von 36 weiblichen Gabenbringern erhalten, die entweder königliche Domänen – erkennbar an den beigefügten Kartuschen – symbolisieren oder private Landgüter, ausgezeichnet durch den Namen Seschemnefers. Diese Trennung in Privat- und Amtsvermögen der Nomarchen hat offenbar nur in der Theorie gut funktioniert. Tatsächlich hat sich oftmals eine Vermischung von sozialen und wirtschaftlichen Interessen eingestellt, auf die der Staat nur wenig Einfluss nehmen konnte. Dieses Modell der Dezentralisierung war sicherlich einer der Gründe, warum das Alte Reich scheiterte. Es ist nicht deutlich erkennbar, warum das Mittlere Reich denselben Weg erneut einschlug.

Imperialismus und Wirtschaft

In seinem 18. Jahr greift Sesostris I. über Buhen und Semna nach Süden aus, wozu noch weitere kleinere Kampagnen kommen. Daneben werden Expeditionen im Wadi Hammamat fortgesetzt sowie in das Wadi el-Hudi und nach Hatnub geführt, in denen Baumaterial gewonnen wird, das in zahllosen Monumenten zwischen Unternubien und dem Delta Verwendung findet. Sesostris' I. Bautätigkeit ist entsprechend umfangreich. In Karnak gründet er Tempelbauten, die den Ausgangspunkt für alle Baumaßnahmen späterer Herrscher bilden werden. In der Cachette von Lischt fanden sich zehn außergewöhnliche Sitzstatuen des Herrschers im Sedfest-Ornat. In diesem Zusammenhang ist der sogenannte Dramatische Ramesseumspapyrus zu nennen, der ein Festgeschehen zu Ehren Sesostris' I. dokumentiert. Im Zusammenhang mit dem Sedfest des Königs des Neuen Reiches Amenophis III. wird ein ähnlicher Text in einem thebanischen Privatgrab zitiert.

Q

Die Berliner Lederhandschrift

Die Regierungszeit Sesostris' I. gehört zu den am besten dokumentierten Perioden des Alten Ägypten. Dies ist nicht zuletzt auf das massive Bauprogramm zurückzuführen, das bereits in seinen ersten Regierungsjahren durchgesetzt wurde und dazu führte, dass einige Forscher seine Regierung als instabil bezeichneten. Aus seinem 3. Regierungsjahr datiert eine auf Leder geschriebene Bauinschrift, die im Genre der sogenannten Königsnovelle gehalten den König vorstellt, wie er sich mit seinen nächsten Vertrauten berät: „‚Seht, meine Majestät plant Arbeiten, aus Sorge um eine herausragende Tat. Für die Zukunft will ich ein Denkmal schaffen und dauerhafte Dekrete für Harachte niederlegen, denn er gebar mich (ja), um zu tun, was für ihn zu tun ist, um zu schaffen, was zu schaffen er befahl. Er setzte mich als Hirte dieses Landes ein, denn er wusste, wer es für ihn zusammenhalten würde (...)' Und die Freunde, sie antworten vor ihrem Gott: ‚Ein Ausspruch ist in deinem Mund und Einsicht ist hinter dir. Oh, Herrscher (Leben, Heil, Gesundheit), dein Plan ist (schon) umgesetzt: Die königliche Erscheinung ist beim Vereinigen der Beiden Länder, um die Schnur zu spannen in deinem Tempel. Es ist vornehm, nach dem Morgen zu schauen als etwas Herausragendes für das (eigene) Zeitalter.“

‚Staat aus dem Stein'

Dass bei dieser Quantität der Denkmäler die Qualität nicht zu kurz kam, bezeugt ein über zwei Treppenrampen begehbarer Barkenschrein des Herrschers in Karnak, die sogenannte *chapelle blanche*, die nicht zuletzt durch die mit großer Detailfreude gearbeiteten Hieroglyphen besticht. Alle Gaue Ägyptens sind mit enzyklopädischer Genauigkeit inklusive ihrer Maßangaben aufgelistet, ihren Hauptorten und Hauptgottheiten. Die Herrscherplastik blieb hingegen sehr formal und verschließt dadurch den Blick auf den König als Individuum, das darzustellen die Künstler nicht beabsichtigen. Vielmehr soll der Betrachter beeindruckt werden von ins Göttliche gesteigerter, ewiger Größe, die nicht Moden, sondern dem Dienst am Staat unterworfen ist und keinerlei Ablenkung oder Irreführung duldet. Unter Sesostris I. wird erstmals ein allgemeingültiger Bildtypus geschaffen; wie kein Herrscher zuvor erreicht er mit der flächendeckenden Verbreitung seines (Ideal-)Bildes das ganze Land. Im Anschluss an die Erneuerung der Götterkulte im Alten Reich lässt Sesostris I. Kultbauten großzügig erneuern, darunter auch den Tempel des Osiris in Abydos. Vor seinem Tod setzte er seinen Sohn, Amenemhet II., zum Mitregenten ein. Sesostris I. wird unweit der Pyramide Amenemhets I. in Lischt bestattet. Sein Grab verfolgt noch konsequenter die konzeptionelle Anbindung an die 6. Dynastie als das seines Vorgängers. Zwar ist seine Pyramide von ähnlicher Bauart, doch sein Bezirk umfasst einen gedeckten und dekorierten, dreiläufigen Aufweg mit Nischen, die acht überlebensgroße, mumienförmige Königsstatuen aufnehmen. Vervollständigt wird der Komplex durch eine Längshalle, einen Pyramidentempel, eine Ka-Pyramide sowie neun weitere, innerhalb des Bezirkes errichtete kleinere Pyramiden, von denen eine für Sesostris' I. Frau Neferu bestimmt ist.

E

Persönliche Religiosität im Mittleren Reich

Die Frage nach dem Vorhandensein von persönlicher Religiosität im Mittleren Reich ist noch nicht abschließend beantwortet, hauptsächlich deshalb, weil man lange davon ausging, dass dieses Phänomen erst ab dem Neuen Reich auftrat. Orte, an denen man einem persönlichen Gott begegnen konnte, waren jedoch immer schon zahlreich vorhanden. In erster Linie ist hier an den Tempel des Stadtgottes zu denken, der in zahlreichen Stelentexten aus dem funerären Kontext prominent genannt wird. Im Mittleren Reich war aber auch Abydos solch ein Ort. In Kom es-Sultan, nordöstlich der frühdynastischen Königsgräber, wurden bereits seit dem Alten Reich Osirisfeiern durchgeführt. Einen Höhepunkt fand die kultische Verehrung des Osiris in Abydos jedoch erst im Mittleren Reich, wie dies anhand der Funde – Weihestelen, Ka-Kapellen – zu belegen ist, die mit dem eigentlichen Begräbnis des Weihenden in nur indirekter Verbindung standen. Der ausführlichste Text, der über die Ausrichtung dieser Feiern Auskunft gibt, ist die Stele eines gewissen Ichernofret, der unter Sesostris III. gewirkt hat (s. S. 63). In Abydos wurde Osiris zum Kultziel einer persönlich erfahrbaren Gottesnähe. Zahlreiche Gläubige ließen Stelen entlang der Prozessionswege anbringen, um somit ihre Teilnahme an den Osirisfesten dauerhaft zum Ausdruck zu bringen. Der Verbreitung des Osirisglaubens haben die Abydosfeiern deutlich Vorschub geleistet, wenngleich auch der Begriff der ‚Demokratisierung des Nachlebens' den Punkt verfehlt: Nicht eine Demokratisierung lässt sich an der Festteilnahme ablesen, sondern der im Diesseits artikulierte Wunsch nach Zugehörigkeit und Fürsprache des Osiris im Jenseits. Aus diesem Vorgang konnte sich das erst im Neuen Reich, etwa 500 Jahre später, deutlich greifbare Phänomen der ‚Persönlichen Frömmigkeit' bereits im frühen Mittleren Reich erstmals messbar entwickeln. Daneben sind Anzeichen für persönliche Religiosität auch in zeitgenössischen Literaturwerken anzutreffen, so in der sogenannten Erzählung des Schiffbrüchigen, wo der Protagonist von einer im Königsornat auftretenden Schlange Schutz erfährt, sowie in der Erzählung des Sinuhe.

7. Amenemhet II. und Sesostris II.

Fortgeschrittenes Mittleres Reich

Unter Amenemhet II., Sohn des Sesostris I. und dessen Frau Neferu, kann die innenpolitische Lage Ägyptens als konsolidiert gelten. Erneut werden Expeditionen ausgerüstet, die bis nach Syrien reichen und kriegerischer Natur sind. Eine Inschrift erwähnt 1554 Kriegsgefangene, die in Ägypten als Arbeitskräfte eingesetzt werden und möglicherweise auch am Königshof tätig sind, wie dies eine Namensliste auf der Rückseite eines königlichen Ritualpapyrus aus der Zeit um 1800 verdeutlicht, der sich heute in Moskau befindet. Umfassende Kriegszüge nach Nubien und in den Libanon garantieren einen steten Strom von Tributzahlungen unterworfener Völker, die teilweise in Stiftungen für Götter, aber auch in den Totenkult Sesostris' I. investiert werden. Amenemhet II. lässt sich in Dahschur ein Pyramidengrab anlegen, das jedoch aufgrund seiner Auffüllung mit Sand nur schlecht erhalten ist. Wie bereits sein Vater, macht Amenemhet II. noch zu Lebzeiten seinen Sohn zum Mitregenten.

E

Gewalt, Verbrechen und Gerechtigkeit
Es wäre naiv zu glauben, es habe im Alten Ägypten keine Gewalt oder Verbrechen gegeben. Auch wenn vor der Regierung des Haremhab (1323–1295) und Dareios I. (522–486) Hinweise auf Sammlungen von Gesetzen spärlich sind, so wird man hieraus nicht schließen dürfen, es habe hierfür keinen Bedarf gegeben. Im Mittleren Bereich sorgte die Institution des Qenbet-Gerichtshofs auf lokaler Ebene für Recht. Grundsätzlich muss man zwei Arten von Gewalt unterscheiden: die politisch motivierte Gewalt kriegführender Gesellschaften sowie individuelle Gewalt. Im Auftrag des Staates und daher von den Göttern verordnete Gewalt ist in Ägypten gut bezeugt. In den zur Verfügung stehenden Quellen ist von Verstümmelungen von Feinden die Rede, von Pfählungen und von getöteten Gefangenen, die während Feindfahrten am Bug von Kriegsschiffen aufgehängt wurden. Die Misshandlung von Kriegsgefangenen und die Vernichtung menschlichen Lebens durch Arbeit, etwa in Minen, kann kaum bezweifelt werden, während Fronarbeit gut bezeugt ist. Der in heutiger Zeit zahlenmäßig häufigste Tatort ist jedoch die Familie, und nur weil entsprechende Schriftquellen aus Ägypten fehlen, wäre es falsch zu folgern, häusliche Gewalt habe es in Ägypten nicht gegeben. Man wird denjenigen Kulturwissenschaftlern, die den Aspekt der Hochkulturen betonten, den Vorwurf machen dürfen, nur die Vertreter der Schriftkultur als Kulturschaffende in Betracht zu sehen, jedoch die Anwesenheit der übrigen 95 % der Bevölkerung, die zumeist aus bildungsfernen Schichten bestanden, zu vernachlässigen. In den 1980er Jahren ist es zwar gelungen, den Begriff der Ma'at zu ergründen, der zum einen für die gleichnamige Göttin, aber auch für das ägyptische Konzept von Gerechtigkeit steht. Inwieweit Ma'at als Prinzip gerechten Handelns im Alltag verwurzelt war, ist allerdings nicht abschließend zu entschlüsseln. Was Ma'at ist, wurde in einer Inschrift aus der Zeit des Neferhotep I. ebenfalls nur vage definiert: „Der Lohn des Handelnden besteht darin, was für ihn getan wird. Das ist Ma'at nach Meinung des Gottes."

In der Tat scheint insbesondere soziales Handeln als kategorischer Imperativ gedient zu haben, was durch zahlreiche, hauptsächlich literarische Zeugnisse hinreichend belegt ist. Doch ob der Zuwiderhandelnde mit sozialem Tod bestraft wurde und wie dies im Einzelnen in die Tat umgesetzt wurde, entzieht sich unserer Kenntnis. Allzu hohe Erwartungen an die Justiz wird man jedoch nicht stellen dürfen, und insbesondere das Gerechtigkeitsempfinden moderner Demokratien ist fehl am Platz bei der Beurteilung antiker Gesellschaften. Als Beispiel mag der Fall des Nekropolenvorarbeiters Pa-neb aus Deir el-Medineh dienen, der sich während der Ramessidenzeit des Mordes, des Meineids, der Nötigung, des Totschlag, des Diebstahls von Werkzeug, des dreifachen Ehebruchs, der Begünstigung, der Unterschlagung und der Vergewaltigung schuldig machte. Mit seiner Bande plünderte er Grabkammern der Ramses-Töchter aus sowie das Grab Sethos' II. gleich nach dessen Beisetzung um 1194. Ein Beamter, der den Grabraub entdeckte, ließ sich jedoch bestechen, was möglicherweise erklärt, weshalb Panebs kriminelle Machenschaften so lange ungeahndet blieben. Selbst als seine Verbrechen detailliert aufgeschrieben wurden, gab es offenbar keine Verurteilung. Ein Ostrakon, das nur fünf Jahre nach der Plünderung des Grabes Sethos' II. beschriftet wurde, kann möglicherweise mit dem Ende des Pa-neb in Verbindung gebracht werden: „Jahr 6 des Siptah: Hinrichten eines Vorarbeiters."

Bereits unter Sesostris II., der aufgrund der langen Regierungszeit seines Vaters sehr spät auf den Thron kam, setzt eine Zeit des Friedens und der Konsolidierung ein. Ein Großprojekt dieser Zeit ist die Trockenlegung der Sümpfe und die Kolonisation des Fayum. Diese Landnahme gelingt erst im Einklang mit einem groß angelegten Bewässerungssystem, das es erlaubt, die Wassermassen, die sich zuvor in den Moerissee ergossen hatten, zurückzustauen und umzuleiten. Daneben werden größere Bauprojekte für Göttertempel realisiert, die verdeutlichen, dass die Urbarmachung des Fayum Teil eines umfassenden und nicht nur auf die Agrarwirtschaft abzielenden Flächenplanes ist, den spätere Herrscher erneut aufnehmen werden. Seine aus Lehmziegeln errichtete Pyramide lässt Sesostris II. in Hawara, südlich von Itji-taui, errichten, in deren Nähe sich die Stadt Kahun befindet. In diesem Pyramidengrab wurden die handwerklich wie künstlerisch beindruckendsten Juwelen des Alten Ägypten gefunden.

E

Städte im Mittleren Reich

Unter den Städten des Mittleren Reiches nimmt die Planstadt Kahun, die Pyramidenstadt Sesostris' II., eine besondere Stellung ein: Sie gehört zusammen mit den Siedlungen von Elephantine und Abydos-Süd zu den wichtigsten Zeugnissen ägyptischer Städteplanung dieser Zeit. Kahun liegt zwischen den modernen Städten el-Lahun und Hawara. Einst von Bürokraten zur Sicherstellung des Totenkults Sesostris' II. geplant, ist Kahun eine untypische, da nicht natürlich gewachsene Stadt wie etwa Elephantine oder Tell el-Daba^{c}. Der Grundriss ist der einer Idealstadt, in denen standardisierte Bauweisen vorherrschen. In den Privathäusern der Bewohner von Kahun wurden Hinweise auf religiöse und magische Praktiken gefunden, aber auch Papyri administrativen Inhalts, die Aufschluss über die Organisation dieser Stadt geben. Daneben kamen auch Alltagsbriefe, Modellbriefe sowie medizinische Texte zutage, während religiöse und literarische Texte sowie mathematische Arbeiten (Geometrie) das Bild einer authentischen Stadt vervollständigen. Untersuchungen der Stadt der frühen 12. Dynastie in Tell el-Daba^{c} haben gezeigt, dass in den vom Staat neu geplanten Städten jeder Familie ein Wohnraum von ca. 27 m^2 zukam; laut Statistischem Bundesamt entspricht dieser Wert dem durchschnittlichen Wohnraum pro Person in Deutschland im Jahre 2009.

8. Literatur im Mittleren Reich als Kennzeichen kultureller Blüte

Fiktionale Literatur

Aus dem Beginn des Mittleren Reiches um 2000 stammen einige der bedeutendsten Literaturwerke des Alten Ägypten, die auf zeitgenössischen und späteren Papyri, Tonscherben und Steinabschlägen erhalten sind. Das Aufkommen der sogenannten schönen Literatur zu diesem Zeitpunkt ist kein Zufall, denn parallel dazu lässt sich ein intellektueller Aufbruch auf fast allen kulturellen Ebenen festmachen. Im Mittelpunkt der Erzählungen stehen Einzelschicksale von literarischen Helden, die sich insbesondere in der Fremde außerhalb Ägyptens bewähren müssen, bevor sie am Ende von Expeditionen oder nach einem bewegten Leben nach Ägypten zurückkehren. Die Erzählungen des Schiffbrüchigen und des Sinuhe sind Beispiele dafür, wie ein Leben in der Nähe des Gottes einem Menschen Hilfe in schwierigen Situationen bieten kann. Diese Erzählungen sind rein fiktiv und dienen ausschließlich dazu, die Verankerung des Einzelnen in der ägyptischen Kultur darzustellen. Bei den Namen der Autoren von Erzählungen und Weisheitslehren handelt es sich ebenfalls um Pseudonyme und Rückschlüsse auf tatsächliche Autoren sind nicht möglich. So ist beispielsweise der Namensgeber der Lehre des Ptahhotep, die auf das Alte Reich zurückgehen will, mit keiner real existierenden Person zu verbinden: Aus der 5. Dynastie sind allein aus der Nekropole von Saqqara fünf Personen dieses Namens bekannt. Keiner dieser literarischen Texte ist völlig zweckfrei: Über den reinen Unterhaltungswert hinaus, liegt der Schwerpunkt dieser Werke auf der Wiedergabe politischer Realitäten, wodurch diese Texte als funktionsgebunden zu bezeichnen sind. Mit Hilfe zahlreicher Topoi wird ein Bild der kulturellen Blüte Ägyptens gezeichnet, für die es sich einzustehen lohnt, die nationale Identität schafft. Diese Topoi lassen sich jedoch auch in anderen Textgattungen isolieren: So haben sich Grab-Biographien, Expeditionsberichte, Hymnen und Kultliturgien erhalten sowie Briefe, die sogar bisweilen als Zitate in die literarischen Texte eingewoben werden. Über allem steht Pharao, dessen Beamten offenbar angehalten werden, auf den Rückseiten administrativer Papyri literarische Texte zu verfassen oder abzuschreiben. Der Beamtenschicht als tragende Säule des ägyptischen Staatssystems kommt dabei die Aufgabe zu, durch ihre **Loyalität** zum Herrscher dessen Legitimation zu untermauern.

Q

Die Loyalistische Lehre

Hinter diesem neuzeitlichen Titel verbirgt sich eine sogenannte Lehre. Viele von ihnen propagieren gezielt den Loyalismus gegenüber dem König und gehören zum Schulstoff von Beamtenakademien. In der Loyalistischen Lehre ist das beherrschende Thema die Verinnerlichung des Königs und damit der Königsideologie: „Verehrt den König im Inneren eures Leibes und vertraut Seiner Majestät in eurem Herzen. Er ist (ja) Sia, der (bereits) in den Herzen ist, seine Augen durchforschen jeden Leib. Er ist Re, aufgrund dessen Strahlen man sieht. Ein Erleuchteter der Beiden Länder ist er, mehr als die Sonne. Ein Begrünender ist er, mehr als eine hohe Überschwemmung." Die politische Erziehung, die in dieser Textpassage deutlich wird, trägt alle Kennzeichen einer an einer Zentralgewalt interessierten Politik, die durch innere Geschlossenheit, äußere Grenzen wahren und Identität schaffen will. Der ägyptische Staat war nicht an Pluralismus interessiert, sondern an der Vereinheitlichung eines ethnischen Modells, in dem sich Ägypter gegen Andere abgrenzen konnten.

9. Der reife Staat unter Sesostris III.: Königtum und Götterwelt

Individualisierende Kunst

Besonders deutlich lässt sich der Zusammenhang zwischen Kunst, Literatur und königlichem Selbstverständnis in der Person Sesostris' III. fassen, dem vielleicht sichtbarsten Pharao des Mittleren Reiches. Sein Königsbildnis insbesondere aus den späteren Jahren seiner Regierung wirkt **porträthaft**: Ein strenger Blick, eine faltige Stirn, schwere Augenlider und die Hervorhebung von Tränensäcken machen Schluss mit den idealisierten Herrscherportraits, wie sie in der memphitischen Kunst des Alten Reiches zu beobachten waren und noch unter Sesostris I. vorherrschten.

Q

Der nimmermüde Herrscher

Ein aus Kahun stammender Hymnus stellt den König als einen rastlosen Kämpfer für die ägyptische Sache dar, „der das Land schützt und seine Grenzen weit macht, der die Fremdländer niederzwingt durch seine Uräusschlange (...) Der bewirkt, dass die Leute bis zum Morgen schlummern können. Seine Jungmannschaften, sie können sich ausschlafen, denn sein Herz ist ihr Schützer. Seine Befehle haben seine Grenzen geschaffen und seine Worte fügen die beiden Ufer (= Ägypten) zusammen." Dieses Selbstporträt Sesostris' III. ist nicht nur textlich bezeugt: Die ihn darstellende Rundplastik zeigt einen unter der Last des Amtes gealterten, erhabenen Herrscher mit müdem Blick und herabhängenden Unterlidern.

Festungsbau in Nubien

Bei den im Kahuner Königshymnus genannten Grenzen ist nicht zuletzt an Nubien zu denken, das Sesostris III. zwischen seinem 6. und 16. Regierungsjahr wiederholt angreift, seine Bevölkerung tötet oder in Gefangenschaft führen lässt. Selbst vor der Vergiftung von Brunnen wird nicht haltgemacht. Die Folge aus der Vernichtung von Ressourcen ist die Stärkung ägyptischer Importe nach Nubien sowie Handelsbeziehungen, die durch Festungen am Zweiten Katarakt gesichert werden. Aus einer Korrespondenz der Militärs aus der 13. Dynastie ist zu erfahren, wie in den hinzugewonnenen Gebieten ein Polizeischutz aufgebaut wird, der auch den Schutz der Grenzen vor illegalen Einwanderern beinhaltet.

Q

Die Semnastele

Unter Sesostris III. stieg der Zahl der ägyptischen Festungen in Nubien auf elf, deren Funktion an ihren Namen wie „Die Abwehr der Bogen(völker)" ablesbar ist. Alle Festungen wurden an strategisch wichtigen Positionen, etwa an Stromschnellen (Katarakten), an denen Schiffsladungen umgeladen werden mussten, oder an Eingängen zu Tälern mit Minen angelegt. In seinem 16. Jahr ließ Sesostris III. in einem Schrein der soeben fertiggestellten südlichsten Festung von Semna eine Stele aus Granit aufstellen, deren programmatische Inschrift sich vermutlich an die

Festungskommandanten richtete: „Ich habe meine Grenze weiter vorgerückt als meine Väter, ich habe vermehrt, was mir übergeben worden war. Ich bin ein König, der spricht und handelt: Was mein Herz plant, das geschieht durch meine Hand (...). Jeder Nachkomme, der diese Grenze, die Meine Majestät gesetzt hat, fest bewahren wird, der ist mein Sohn und Meiner Majestät geboren. Das Abbild meines Sohnes, des Rächers seines Vaters ist (nämlich) einer, der die Grenze festigt für den, der ihn zeugte (d.h. den König, Anm. d. Verf.) (...) Ein wahrer Feigling ist derjenige, der sich von seiner Grenze zurückdrängen lässt. Wenn man gegen den Nubier vorgeht, so ergreift er die Flucht. Das sind keine Leute, die Respekt verdienen, erbärmlich und ohne Mut sind sie (...)."

Osiris im Fest begegnen

Unter Sesostris III. beginnt ein Ausbau der Osirisfeierlichkeiten in Abydos, dessen Zentrum ein gewaltiger Kenotaph bildet und mit einer Höhe von bis zu sechs Metern für lange Zeit der wohl beeindruckendste Bau Abydos' gewesen sein muss. Aktuelle Ausgrabungen legen den Schluss nahe, dass Osirisfeiern sowohl den Osiristempel als auch die Bauten Sesostris' III. berücksichtigten. Eine in Berlin befindliche Stele gibt genauestens Auskunft über die **Osirisfeiern**.

Q

Die abydenischen Osirisfeiern

Bisweilen irreführend als Osirismysterien bezeichnet, sind die Feierlichkeiten des Herrschers des Totenreiches Osiris das wohl herausragendste, dauerhafte religiöse Ereignis des Mittleren Reiches. Pilgerfahrten und die Errichtung zahlreicher privater Stelen entlang der Prozessionsstraßen erlauben lebendige Einsichten in die religiösen Feiern zu Ehren des Osiris, dessen Schicksal rituell nachgestellt wurde. Stelentexte sprechen von ritueller Extase und Entrückung sowie von Tempelschlaf in der Nähe des Gottes unter priesterlicher Aufsicht. In der Stele des Ichernofret, Schatzmeister unter Sesostris III., gibt der Stelenbesitzer einen detaillierten Bericht über die Feierlichkeiten anlässlich der Erneuerung der Abydenischen Osirisstatue und beschreibt sich selbst als Festleiter: „Ich führte die Prozession des Upuaut durch, wenn er loszieht, seinen Vater zu rächen. Ich wehrte die Rebellen gegen die Neschmetbarke ab und ich warf die Feinde des Osiris nieder. Ich führte die große Prozession durch und ich folgte dem Gotte auf seinem Tritt. Ich ließ das Gottesschiff fahren und Thot selbst richtete die Reise aus."

Gleichzeitig mit den Aktivitäten in Nubien werden in Palästina Militärkampagnen gegen Asiaten durchgeführt, deren Einfluss von Staats wegen nicht nur militärisch, sondern auch unter Einsatz von Ritualen schwarzer Magie begrenzt werden soll. Wie Amenemhet II. ließ sich auch Sesostris III. in Dahschur bestatten, wobei er sich offenbar am Pyramidenbezirk des Djoser orientierte. Seine Pyramide ist heute weitgehend verfallen.

10. Wirtschaft und Verwaltung am Ende des Mittleren Reiches: Vom Gaufürstentum zum Patrimonalismus

Ende der Nomarchen

Das Königtum des Mittleren Reiches ist entgegen eigener, propagandistischer Darstellung keine unausweichliche Konsequenz aus einer chaotischen, herrschaftslosen früheren Epoche. Ein weiteres, denkbares Staatsmodell, das jedoch aus unbekannten Gründen nicht zur Anwendung kam, wäre etwa das im Nahen Osten erfolgreich praktizierte Stadtstaatenmodell gewesen. Doch dies hätte es erstens unmöglich gemacht, die Gesamtregierung in der Hand eines einzigen Herrscherhauses zu bewahren, zum anderen hätte dieses Modell nicht den Vorstellungen einer sich auf das Alte Reich ausgerichteten politischen Elite entsprochen. Somit stehen die ägyptischen Reiche für staatliche Einheit und Zentralismus, während die Zwischenzeiten durch Fragmentarisierung und Dezentralisierung geprägt sind. Dieser Gegensatz wird nirgendwo sonst in der ägyptischen Geschichte so deutlich zum Ausdruck gebracht wie im Mittleren Reich. Als Folge dieser konzeptuellen Entscheidung stehen die Könige des Mittleren Reiches nach der Erfahrung relativer Unabhängigkeit der Provinzen und flacher Hierarchien während der Ersten Zwischenzeit unter einem Legitimationszwang, der noch im Alten Reich undenkbar gewesen wäre. Ein Teil dieser Problematik ist jedoch hausgemacht: Insbesondere die Herrscher der frühen 12. Dynastie unterstützen erneut aktiv die Einsetzung von Gaufürsten, bei denen es sich zumeist um Mitglieder wohlhabender und angesehener Familien in den Provinzen handelte. Wie bereits im Alten Reich konnten diese Nomarchen durch die erbliche Überantwortung von staatseigenen Ländereien sowie durch die Ausstattung mit hohen Verwaltungstiteln innerhalb von nur wenigen Generationen erhebliche Machtmonopole in den Provinzen aufbauen, die bereits unter Amenemhet II. die zentrale Stellung des Königs zu schwächen begannen. Die Unterstützung der Nomarchen war ein zweischneidiges Schwert: Zum einen gelangten unter ihnen die Provinzen zu einer nie dagewesenen kulturellen wie wirtschaftlichen Blüte, zum anderen konnte nur ihre Abschaffung die Fortdauer des Königtums sichern.

E

Die Wende des Mittleren Reiches

Innenpolitisch bemühte sich Sesostris III. weiterhin um eine Zentralisierung der Macht, die bis zu diesem Zeitpunkt offenbar nicht zufriedenstellend erfolgt war. Das eigentliche Hindernis waren seit der Regierungszeit Sesostris' I. die machtbewussten Gaufürsten, die sich einer als zu restriktiv empfundenen Residenzpolitik widersetzen. Die zur Verfügung stehenden Quellen sprechen auch jetzt nicht von einer schlagartigen Entmachtung der Gaufürsten; stattdessen werden sie vielmehr zu hohen Beamten der Residenz befördert. So wird die Wende des Mittleren Reiches eingeleitet. Zeitgleich schwindet die Macht hoher Beamter in den Provinzen als Folge dieses gesellschaftspolitischen Prozesses. Damit scheint das von früheren Pharaonen bevorzugte Erziehungsmodell, dem die Fülle qualitativ hochstehender Literaturwerke zu verdanken ist, ausgedient zu haben: Die beabsichtigte Revolution von unten durch eine instruierte Beamtenschicht weicht nun einer Revolution von oben, die in erster Linie auf den gesicherten Zugang zu den Ressourcen des Landes durch eine Zentralregierung abzielt.

Die **Wende** kommt erst unter Sesostris III., der – möglicherweise zu spät – das erbliche Amt des Nomarchen (ägypt. heri-tep aa) abschafft, wenngleich nicht per Dekret oder als Resultat einer einzelnen Handlung. Vielmehr führt anscheinend ein schleichender Prozess zum Ende der lokalen Herrschaft der Gaufürsten und geht einher mit der Zunahme von Ämtern in der Hauptstadt. Diese Zentralisierung hat einen Niedergang der kulturellen Blüte in den Provinzen zur Folge, der insbesondere am Fehlen von Elitegräbern in Nekropolen wie Beni Hassan abgelesen werden kann, sowie der Verflachung der funerären Kultur. In der Geschichtsforschung hat dieser Umschwung dazu geführt, ab der Regierungszeit Sesostris' III. vom späten Mittleren Reich zu sprechen, im Gegensatz zum frühen Mittleren Reich, das mit Mentuhotep II. begann. Wie im Folgenden die Administration auf regionaler Ebene geregelt ist, kann nur schwer beurteilt werden, da einschlägige Quellen weitgehend fehlen. Soviel scheint jedoch sicher, dass an die Stelle der Gaufürsten vermehrt ‚Bürgermeister' treten, die auch religiöse Ämter innehaben und möglicherweise direkt der staatlichen Administration unterstehen. Als Folge hiervon erhalten nun auch juristische Personen wie Institutionen, Tempel oder Speicheranlagen erweiterte Befugnisse, was nicht zuletzt am vermehrten Aufkommen von Institutssiegeln ablesbar ist.

Staatsmonopol

Offenbar war dieses nach außen hin auf Transparenz angelegte, eng gewobene Netz von effizient arbeitenden Behörden über 200 Jahre hinweg überaus erfolgreich. Während der 13. Dynastie, die von einem rasanten Wechsel von ephemeren Königen geprägt ist, hat die Administration unveränderlich Bestand, was im Einklang mit einer autoritären Innenpolitik dazu geführt haben mag, dass Unruhen oder Aufstände nicht bekannt sind. Dieses für die Herrschenden finanziell lukrative politische System ist jüngst in Anlehnung an Max Weber als Patrimonialismus bezeichnet worden. Dieser Begriff beschreibt eine Gesellschaft, die auf administrativen und militärischen Strukturen aufbaut, die wiederum einem Alleinherrscher weisungsgebunden sind. Durch ein solches System wird der Aneignung öffentlichen Besitzes durch private Machthaber Vorschub geleistet. Während die Forschung bereitwillig die Form der staatlichen Planung Sesostris' III. als positiv anerkannt hat, ist übersehen worden, dass hiermit in erster Linie eine Neuausrichtung des Wirtschaftsprozesses verbunden war, die zu einer staatlichen Monopolmacht führte, wie sie heute noch in einigen Diktaturen beobachtet werden kann. Solange diese Wirtschaftsform besteht, kann es zur raschen Abfolge von Herrschenden kommen, deren alleiniges Interesse darin besteht, am status quo möglichst keine Änderungen vorzunehmen.

E

Die Verwaltungsreform gegen Ende der 12. Dynastie
Aus der 12. bis 13. Dynastie sind ausreichend administrative Texte erhalten geblieben, um ein ungefähres Bild der Lebensumstände dieser Zeit zu rekonstruieren. Hierzu sind die Illahun-Papyri aus dem Pyramidenkomplex Sesostris' II. zu zählen, ein Papyrus in Brooklyn mit Verwaltungsakten aus dem Gefängnis von Theben (s. S. 66), Abrechnungen aus einem Palast der 13. Dynastie sowie die sogenannten Semna-Dispatches mit Militärakten aus dem Grenzgebiet des Zweiten Kataraktes. Diese Zeugnisse lassen gegen Ende der 12. Dynastie einen zunehmend autoritären Verwaltungsstil erkennen, der auf die Kontrolle lokaler Gemeinschaften abzielt.

11. Amenemhet III. und die Zentralisierung der Staatsmacht

Kultureller Höhepunkt

Amenemhet III., unter dem das Mittlere Reich seinen kulturellen Höhepunkt erlebt, setzt die Außenpolitik seines Vaters konsequent fort, möglicherweise bereits als dessen Mitregent: Auf seiner Agenda stehen der Ausbau der Festungen in Nubien sowie der Grenzposten mit Wachen und die Intensivierung der Handelsbeziehungen. Daneben tut sich der Herrscher bei der Kolonialisierung des Fayums genauso hervor wie bei der Ausbeutung von Bodenschätzen, er lässt auch die Erschließung von neuen Steinbrüchen nicht aus. Neue Tempelbauten werden in Ägypten errichtet, insbesondere auch im Fayum, dessen Kolonisierung weiter voranschreitet und wo sich der Herrscher als Sobek-Horus verehren lässt. All diese Tätigkeiten mögen sich nachteilig auf die Finanzlage ausgewirkt haben, und offenbar verstärkt durch eine Abfolge niedriger Nilstände muss Ägypten wirtschaftliche Einbußen hinnehmen. Einfache Landarbeiter werden zum Arbeitsdienst herangezogen.

Q

Unfreiwilliger Arbeitsdienst

In einem Brooklyner Papyrus aus der Regierungszeit Amenemhets III. aus Theben haben sich Gerichtsnotizen erhalten, die von Menschen berichten, die vor der Schwere der ihnen zugemuteten Arbeit flüchteten und dabei bisweilen sogar die Landesgrenzen überschritten. Nicht alle Flüchtlinge wurden sofort gefasst, einige konnten sich über mehr als 30 Jahre hinweg dem Gesetz entziehen, andere wurden hingegen nie gefunden. Der Fall eines Bauernmädchens namens Teti, das zum Arbeitsdienst eingezogen wurde, ist besonders bezeichnend. Bis zu ihrer Auffindung wurde ihre gesamte Familie in Gewahrsam genommen: „Die Tochter des Saonuris, Teti. Des (zuständigen) Schreibers der Felder von This, Frau: Ein Befehl wurde ausgegeben an das Große Gefängnis im Regierungsjahr 31, dritter Monat der Schemu-Jahreszeit, Tag 9, um (ihre Angehörigen) frei zu lassen im Gerichtshof; ausgestellt um auszuführen gegen sie das Gesetz, das angewandt wird auf jemanden, der flüchtet ohne seinen Dienst zu erfüllen. Hier (d.h. die ausstellende Behörde). Bemerkung des Schreibers des Wesirs Deduamun: Es (d.h. das Dossier) ist vollständig. Fall abgeschlossen." Dokumente dieser Art wurden im Gefängnis in Theben aufbewahrt und unterstanden der Aufsicht des Wesirs.

E

Nilstandsmarken

Als Folge ausbleibender höherer Nilstände wurden bereits hinter dem Zweiten Katarakt in der Nähe der Nubischen Festungen von Semna und Kumma Hochstände dokumentiert, die Aufschluss geben sollten über die Schwankungen der Hochwasserstände, bevor diese das Mutterland erreichten. Diese Inschriften wurden mit größter Präzision angelegt. Leider jedoch sind nicht alle Regierungsjahre durchgängig bezeugt, sodass es unmöglich ist, den schwankenden Hochwasserstand in Nubien tatsächlich zu rekonstruieren. Aus dem Vorhandensein dieser Inschriften ist jedoch abzuleiten, dass den Ägpytern sehr wohl der Zusammenhang der Nilflut in Nubien mit der Fruchtbarkeit bringenden Nilüberschwemmung in Ägypten bekannt war, auch wenn der Mythologie zufolge der Nil im Bereich des Ersten Katarakts entsprang. Ein typischer Nilstandstext verzeichnet den erreichten Höchststand mit einer Marke: „Höhenmarke des Nils des Regierungsjahrs 23 unter der Majestät, des Königs von Ober- und Unterägypten, Ni-Ma'at-Re, Sohn des Re, Amenemhet, beschenkt mit Leben, Dauer und Glück wie Re immer und ewig."

Ungewöhnlicher Pyramidenkomplex

Seine erste Pyramide lässt Amenemhet III. in Dahschur errichten (‚Schwarze Pyramide'), die jedoch Konstruktionsfehler aufweist und wohl sehr früh bereits Risse zeigt. In der Nähe werden die beiden Königinnen bestattet, deren Gräber auch Ka-Kapellen (für die Stellvertreter ihres Selbst) aufwiesen. Amenemhet III. wurde schließlich im Südosten des Fayum bestattet, in Hawara, wo ein großzügig gestalteter Tempel mit ca. 1500 Räumen errichtet wurde, den Strabon (63 – ca. 20) als Labyrinth bezeichnete.

12. Amenemhet IV. und Königin Neferusobek am Ende der 12. Dynastie

Weiblicher Pharao

Amenemhet IV. ist der letzte männliche Herrscher der 12. Dynastie, seine Nachfolgerin auf dem Thron wird nach nur neunjähriger Regierungszeit seine Frau (oder Tochter?) Neferusobek. Nur wenige Bauten entstehen in seiner Regierungszeit, von denen einige wie beispielsweise der Bau des Tempels der Renenutet in Medinet Maadi noch unter seinem Vorgänger begonnen wurden. Die Zeugnisse der Neferusobek zeigen die Herrscherin mit weiblicher Königstitulatur. Wie ihr Vorgänger ist sie im Fayum bezeugt, aber auch in einer Nilstandsmarke bei der Festung von Kumma in Nubien. Statuen von ihr zeigen eine Vermischung weiblichen und männlichen Ornats; eine außergewöhnliche Statue, die sich heute in New York befindet, belegt eine ansonsten ungewöhnliche Krone im Zusammenhang mit einem Sedfest-Ornat. Wo die beiden Herrscher begraben wurden, ist nicht bekannt.

13. Niedergang während der 13./14. Dynastie

Wahlkönigtum als Ursache?

Die 13. Dynastie, während der 50 bis 60 Könige über einen Zeitraum von nur ca. 100 Jahren regieren, liefert im Vergleich zu der an Stabilität interessierten 12. Dynastie ein Bild rasanter Veränderungen und politischer Instabilität, wobei jedoch dezidierte Quellen, die auf innere Unruhen hindeuten würden, fehlen. Als einer der Hauptgründe für die rasche Abfolge von Königen kann möglicherweise das Außerkraftsetzen des erblichen Königsamtes angesehen werden, das während der großen ägyptischen Reiche und auch während der 12. Dynastie kennzeichnend waren. In der 13. Dynastie wird grundsätzlich die Politik der 12. Dynastie fortgesetzt, wobei das wirtschaftliche und administrative Leben kaum einer Veränderung unterworfen gewesen zu sein scheint: Nilstandsmarken bezeugen weiterhin die ägyptische Präsenz am Zweiten Katarakt und lassen den Schluss zu, dass der Außenhandel weiter funktioniert. Auch die erhaltenen Rechnungsbücher lassen keine Unregelmäßigkeiten erkennen. Selbst der Herrscher von Byblos bezeichnet sich als „Diener Ägyptens". Bis zur Regierungszeit des Neferhotep I. ist selbst der Kunststil kaum Veränderungen unterworfen. Die These, dass während der ca. 123 Jahre, welche die 13. Dynastie andauerte, Ägypten von Machtkämpfen heimgesucht worden wäre, ist vor dem Hintergrund dieser Kontinuität schwer vorstellbar. Es ist neuerdings sogar angenommen worden, dass die Herrscher einander in einer Art Rotationsprinzip ablösten.

Doch während viele der Herrscher der 13. Dynastie in der Turiner Königsliste zwar benannt sind, fällt es noch immer schwer, einzelne individuelle Züge der Herrscher festzustellen. Einer dieser schlecht fassbaren Herrscher ist Amenemhet V., dessen Denkmäler noch bis vor wenigen Jahren zwei gleichnamigen Herrschern zugewiesen wurden. Von ihm sind Zeugnisse in et-Tod, Semna, Elephantine und Athribis bezeugt. Sein Wesir Chenmes hinterlässt eine Inschrift am Ersten Katarakt sowie eine Statue, die beide keinerlei Anzeichen einer Krise erkennen lassen.

Unter den späteren Herrschern ragt insbesondere Sobekhotep II. heraus, aus dessen Regierungszeit ein Papyrus erhalten ist, der über einen Zeitraum von zwölf Tagen hinweg Einblicke in das höfische Leben der 13. Dynastie gewährt. Einer seiner Nachfolger war Sobekhotep III., von dem Zeugnisse aus Bubastis im Delta, aber auch aus Elephantine bekannt sind, wo er einen Torbau errichten lässt und von wo er vielleicht sogar stammt. Sein Nachfolger Neferhotep I., der möglicherweise nicht-königlicher Abstammung ist, hinterlässt zwar zahlreiche Monumente, es ist aber aus heutiger Sicht fraglich, ob er noch ganz Ägypten beherrschte.

E

Gehest, „die Gazelle"
In Dra Abul Nag^{c}a in Theben-West wurde vor kurzem ein nahezu unversehrtes Grab aus der 13. Dynastie freigelegt, das eine Familienbestattung barg. Die Mumie der Bestatteten befand sich in einem hölzernen Kastensarkophag, der in einen etwa 100 Jahre älteren, offenbar sekundär verwendeten Sarg eines Mannes eingepasst war. Den Sarginschriften zufolge handelt es sich bei der Bestatteten um eine gewisse Gehesti („die Gazelle"), die wohl eine Angehörige der thebanischen Oberschicht war. Anthropologisch-paläologische Untersuchungen zufolge sind die menschlichen Überreste einer 50 bis 60 Jahre alten weiblichen Person nubischen Ursprungs zuzuordnen. Ein solch hohes Alter ist ungewöhnlich, zumal der pathologische Befund einige Ungewöhnlichkeiten erkennen lässt: Die linksseitigen Zähne zeigen Spuren deutlich stärkerer Abkauung, entzündetes Zahnfleisch bei mangelnder Mundhygiene (jedoch keine Karies) und die am linken Kiefergelenk festgestellten Veränderungen könnten auf eine Lähmung der linken Kieferhälfte hindeuten. Gehests Handgelenk weist eine Abwinkelung von 90° auf, doch ist diese massive Beugestellung nicht auf eine Verletzung zurückzuführen. Daneben litt Gehest an Arthrose sowie an Kopfläusen. Die Tote, die nur den Titel „Herrin des Hauses" trägt, macht eindrücklich deutlich, dass sie trotz ihres fremden Ursprungs und ihrer körperlichen Behinderungen ein Leben in Wohlstand und Anerkennung genießen konnte.

Politische Fragmentierung

Unter Sobekhotep IV. lassen sich erste Anzeichen eines Aufstandes in Nubien erkennen, der von Herrschern in Kerma ausgeht. Die 13. Dynastie zeigt zu diesem Zeitpunkt bereits Anzeichen einer Fragmentierung, wodurch die Nordostgrenze fremden Herrschern ausgesetzt wird. Ein lokaler Führer namens Nehesi kann sich offenbar früh selbständig machen und einen Landabschnitt im östlichen Delta mit der Stadt Avaris unter seine Kontrolle bringen, das an der ehemaligen Handelsstraße nach Palästina liegt. Herrscher solcher Kleinstaaten werden in der heutigen Forschung mit den Potentaten der 14. Dynastie in Zusammenhang gebracht: Der Turiner Kanon aus der Ramessidenzeit, der nahezu 300 Könige aufführt, nennt allein für die 14. Dynastie mehr als 50 Könige. Mit dem Einfluss dieser Lokalführer in Memphis definiert sich der Wechsel vom Mittleren Reich zur Epoche der Zweiten Zwischenzeit.

14. Ausblick

Trotz der unvermindert starken Wirtschaft während der ersten Hälfte der 13. Dynastie blieben offenbar notwendige Investitionen in den Staat aus. Dies mag zum einen auf verminderte Einkommen zurückzuführen sein, zum anderen aber auch auf Günstlingswirtschaft. Bereits während der 12. und 13. Dynastie gelangen neben Volksgruppen aus Palästina auch Söldner und Handwerker nach Avaris, die im Auftrag des ägyptischen Staates arbeiten, aber an ihren eigenen Gebräuchen und heimischen Architektur festhalten. Während sich im Folgenden die Stadt auszudehnen beginnt, wird die Grundlage für die spätere Ausbreitung des Hyksos-Königreiches der 15. Dynastie geschaffen. Die zunehmende Schwächung des Staates führt dazu, dass während der 17. Dynastie eine nubische Invasion bis nach El-Kâb vorstoßen kann.

Avaris

VI. Die Zweite Zwischenzeit (Dynastien 14–17, 1773–1550)

Avaris	Unterägypten	Oberägypten
	14. Dynastie 1773–1650 lokale Fürsten	späte 13. Dynastie 1773–1650 siehe Kapitel V
15. Dynastie 1650–1550 Salatis, Chajan, Apophis etc.	16. Dynastie 1650–1580 von den Hyksos abhängige lokale Fürsten	17. Dynastie 1580–1550 Rahotep, Sobekemsaf I., Intef VI.–VIII., Sobekemsaf II., Seqenenre Tao, Kamose

1. Der Übergang vom Mittleren Reich zur Hyksosherrschaft

Forschungsfragen

Die sogenannte Zweite Zwischenzeit ist nicht eine dem Mittleren Reich folgende Phase der Auflösung, sondern das Resultat aus dessen Politik. Sie umfasst die 14. bis 17. Dynastie, die jedoch keine einheitliche Abfolge darstellen. Wie bereits während der Ersten Zwischenzeit sind der Süden und der Norden des Landes voneinander getrennt und lassen ein einendes Königtum vermissen. Zum ersten Mal in der Geschichte des Alten Ägypten wird das Land teilweise von Nicht-Ägyptern, den Hyksoskönigen der 15. Dynastie, regiert. Die Chronologie der Zweiten Zwischenzeit ist Gegenstand anhaltender Diskussionen, selbst die Länge dieser Epoche ist noch nicht zweifelsfrei rekonstruiert. Zwar sind aus Königslisten wie dem Turiner Kanon sowie durch Manetho einzelne Herrschernamen überliefert, doch für die Rekonstruktion der Chronologie der Zweiten Zwischenzeit stellt die Trennung in Königreiche im Norden und Süden ein maßgebliches Problem dar.

Geographische Einbindung

Bereits während der 12. und 13. Dynastie gelangen Fremdarbeiter aus dem palästinensischen Raum in den Norden Ägyptens, insbesondere in die Gegend um Avaris, die sich nur zögerlich assimilieren und rein asiatische Begräbnisse (mit Tierbestattungen) bevorzugen. Gegen Mitte der 13. Dynastie, als noch ägyptische Beamte die Geschicke der Stadt lenkten – ein gewisser Sobekemhat führte die Titel „Fürst der Fremdländer und Karavanenführer" –, bestanden Beziehungen zur Minoischen Kultur, bevor der örtliche Palast abgetragen wurde und das Gelände einem Handwerksbetrieb Platz machen musste. Gleichzeitig nahmen vermehrt levantinische Einflüsse zu, die an der Architektur und Gebrauchskeramik ablesbar sind. Mitte der 13. Dynastie verlagerte sich der Königshof nach Theben, wodurch die Kontrolle über nördlich von Abydos gelegenen Gebiete aufgegeben wurde.

Hyksos

Der Aufstieg der Hyksos – eine Bezeichnung, die auf Manetho zurückgeht und lautmalerisch das ägyptische Wort für ‚Herrscher der Fremdländer' (ägypt.: hekau hasut) nachbildet – und anderer Kleinkönige ist die Konsequenz aus dem Zusammenbruch der 13. Dynastie sowie der damals zahlreich vorhandenen Einwanderer aus der Levante, die das Vakuum der sich auflösenden ägyptischen Zentralgewalt für sich nutzen wollen. Die vorhandenen Quellen reichen allerdings aus, um die Annahme der Übernahme ägyptischer Traditionen und Konventionen durch die Hyksosherrscher zu erhärten. Ein wichtiges Artefakt ist in dieser Hinsicht eine Schreiberpalette, die der Hyksoskönig Apophis dem Schreiber Atju gibt. Auf ihr wird ein königliches Selbstbild der Zeit dargelegt, das ganz auf Ma'at ausgerichtet ist und auf den König als lebendiges Abbild des Sonnengottes Re. Daneben verwenden die Hyksos das ägyptische Schriftsystem und schreiben ihre Namen in Hieroglyphen, ungeachtet ihres westsemitischen Ursprungs. Die Mehrzahl der Zeugnisse über die Hyksos enstammt jedoch der 18. Dynastie. Eigenaussagen fehlen zumeist, weshalb sich die Beurteilung der Zweiten Zwischenzeit anhand nicht-thebanischer Quellen als äußerst schwierig erweist. Die jüngeren Ausgrabungen in Tell el-Daba[c] haben jedoch gezeigt, dass es *die* Hyksos nicht gegeben hat, auch ihr Ursprung ist im Detail bislang ungeklärt: Erstens bezieht sich dieser Ausdruck nur auf die Herrscher selbst und nicht auf die zeitgleiche Bevölkerung des Nordens von Ägypten und zweitens ist die Hauptstadt von einem Völkergemisch geprägt, das neben asiatischen Bevölkerungsgruppen auch ägyptische Einwohner aufweist und aufgrund weitreichender Handelsbeziehungen von einem ständigen Austausch geprägt ist. Gleichzeitig dringen im Süden Ägyptens Nubier ein, die die Herrscher der 12. Dynastie noch unter massivem Aufwand kontrolliert hatten. Diese Medjai genannten Einwanderer scheinen wenig bereit zur Assimilation und bringen ihre eigenen Bestattungssitten mit: Ihre Gräber bestehen aus einfachen, flachen Vertiefungen, die von der Forschung als *pan-grave*-Gräber bezeichnet werden, die sich von Kerma bis nach Memphis hin ausbreiten.

2. Die 14. Dynastie

Treffpunkt der Kulturen

Im Norden regieren in der sogenannten 14. Dynastie lokale Fürsten, die über nur beschränkte Gebiete herrschen. Es ist anzunehmen, dass sich diese Dynastie erst mit der Verlagerung der Hauptstadt nach Theben der zeitgleichen mittleren 13. Dynastie herausbildet. Wer diese Fürsten sind und woher sie stammen, entzieht sich unserer Kenntnis. Ihre Herrschaft ist jedoch spätestens dann beendet, als Avaris als Hauptstadt des Nordens etabliert wird. Während der nur schwer fassbaren 14. Dynastie wächst Avaris nun so weit an, dass die Stadt als Bezugspunkt der sich ausbreitenden palästinensischen Völker Raum gewinnt. Bereits zu Beginn der 14. Dynastie lässt sich die Errichtung eines syrischen Breithaustempels feststellen sowie eines ägyptischen Ka-Hauses, das aufgrund seiner Inschriften auf dem Türgewände König Nehesi zuzurechnen ist.

3. Die 15. Dynastie

3.1 Fürst Salitis und die Eroberung des Ostdeltas

Einwanderungswelle

Ausgelöst von politischen Umwälzungen in Syrien und Palästina, von denen das Tontafelarchiv aus dem Palast von Mari berichtet, das durch Hammurabi um 1760 zerstört wurde, trifft gegen Ende der 12. Dynastie in Ägypten eine Einwanderungswelle von ausländischen Siedlern ein. Es ist bezeichnend, dass zwar die Grenzen zu Nubien mit einem engmaschigen Sicherheitssystem gesichert sind, aber die nordöstlichen Grenzen offenbar Durchlass bieten, auch wenn sich bei Tell el-Habua eine Festung befindet. Die 15. Dynastie, die zeitlich mit der Mittleren Bronzezeit IIB in Syrien-Palästina korrespondiert, wird nach Manetho von einem gewissen Salatis gegründet, der möglicherweise Verbindungen zu einem memphitischen Priestergeschlecht hat. In Memphis bezieht er auch Residenz und gründet im Ostdelta die Stadt Avaris neu. Die ersten vier Herrscher der 15. Dynastie benutzen den Ausdruck ‚Herrscher der Fremdländer' (Hyksos) als Titel. Dieser Titel wird von König Chajan erst dann aufgegeben, als dieser sich als Herrscher über Ober- und Unterägypten betrachtet.

3.2 Avaris und die Hyksos

Herkunft der Hyksos

Textquellen über die ‚Herrscher der Fremdländer' der 15. Dynastie reflektieren fast ausschließlich die spätere ägyptische Sicht und sind daher nur mit äußerster Vorsicht zu bewerten (siehe dazu unten, S. 76–77). In archäologischer Hinsicht ist hingegen die Hyksosstadt Avaris (heute Tell el-Daba^{c}) mit ihrer reichen Hinterlassenschaft ein Glücksfall: Hier sind jüngst Tempel und Friedhöfe, aber auch Häuser zutage gekommen, die bisweilen einen von ägyptischen Praktiken abweichenden Blick auf kultische Vorgänge freigeben. In Avaris begegnete Ägypten den westlichen Asiaten, die bereits vor der Hyksoszeit Aamu genannt wurden, von hier aus weiteten sie ihren Einflussbereich graduell nach Mittel- und Oberägypten aus. Es besteht heute kein Zweifel mehr daran, dass die Hyksos ursprünglich aus der Region des heutigen Palästina stammten, mit der die in Avaris fassbare Kultur zahlreiche Gemeinsamkeiten aufweist, ohne jedoch eine politische Einheit erkennen zu lassen. In späterer Zeit werden hingegen weitere Unterscheidungen wichtig werden: In der Stele Amenophis' II. aus Amada (ca. 1415), werden die Hyksos parallel zu der Bevölkerung von Retenu genannt. Hierbei handelt es sich um einen Landstrich, der traditionell mit Palästina identifiziert wurde. Heute geht man insbesondere aufgrund archäologischer Daten davon aus, dass die Hyksos kanaanäischen Ursprungs waren, aber zunächst unter direkten Einflüssen Mesopotamiens standen, bevor sie Ägypten erreichten. Es gibt keinerlei Hinweise darauf, dass die Landnahme unter Anwendung von Gewalt erfolgt, obwohl die archäologischen Zeugnisse keinen Zweifel daran lassen, dass die Hyksos ein kriegerisches Volk sind: 80 % der Hyksos-Waffen, die in Avaris gefunden wurden, sind syro-palästinensischen Ursprungs und wurden in der Hälfte der Gräber mit männlichen Bestattungen gefunden. Möglicherweise hat Ägypten bereits in der 12. Dynastie von Söldnern aus dem syro-palästinensischen Raum profitiert. Es wird zudem angenommen, dass die Hyksos das Pferd in Ägypten eingeführt haben; die älteste Pferdebestattung auf ägyptischem Boden wird mit König Chajan in Verbindung gebracht. Trotzdem scheint ihre Anwesenheit in Ägypten nicht von kriegerischen Aktivitäten begleitet zu sein: Die Stadt Avaris wird erst gegen Ende der 15. Dynastie, als Schwierigkeiten mit Theben absehbar werden, zu einer Festung ausgebaut. Danach verstreichen ca. 20 Jahre, bevor eine Ausdehnung der Macht der Hyksos nach Süden gegen Abydos erfolgt.

4. Die 15. Dynastie in Unter- und Mittelägypten, die 17. Dynastie in Oberägypten

Neue Grenze

Die zeitgleichen Herrschaftsmonopole in Ägypten zwischen 1650 und 1550 finden in der Zählung der Dynastien einen deutlichen Widerhall: Kurz nachdem in Unterägypten die 15. Dynastie mit Salatis beginnt, endet die 13. Dynastie in Theben (nach 1650), worauf dort die 17. Dynastie folgt. Diese parallelen Zählungen machen deutlich, dass Ägypten in der Zweiten Zwischenzeit in zahlreiche Kleinstaaten zerfällt und mehrere, voneinander unabhängige Regierungszentren aufweist. Zwei dieser Zentren haben jedoch den Anspruch, die Beiden Länder erneut zu vereinen und ganz Ägypten zu beherrschen. Im Norden waren dies die Herrscher der 15. Dynastie in Avaris, im Süden die thebanische 17. Dynastie. Während ihrer 90-jährigen Herrschaft gelingt es den Hyksos, Militärkampagnen in Oberägypten durchzuführen und ihre Macht auf die thebanische Region auszudehnen. Doch erst unter Apophis, dem wohl sichtbarsten Hyksosherrscher, werden die neuen Grenzen definiert: Diese liegen bei Hermopolis im Süden und zwischen Tanis und Bubastis im Norden, während in Oberägypten einzelne Orte wie Gebelein (siehe unten) ebenfalls zum Machtbereich der Hyksos zählen. Erst der thebanische Versuch, die Hyksos nach Norden zurückzudrängen, kann als Schritt in Richtung auf die erneute Wiedervereinigung Ägyptens gewertet werden.

E

Blüte der Literatur und der Wissenschaften
Neben dem Fortschritt auf dem Gebiet der Waffentechnologie verdankt Ägypten der Zweiten Zwischenzeit auch eine Blüte der Literatur. Nicht nur wurden ältere Literaturwerke kopiert und tradiert, wie beispielsweise die Erzählungen des Papyrus Westcar aus dem Mittleren Reich. Auch der medizinische Papyrus Edwin Smith datiert in die Zweite Zwischenzeit. Der mathematische Papyrus Rhind entstand laut Selbstausweis im 33. Regierungsjahr des Apophis. Darüber hinaus pflegten die Hyksosherrscher diplomatische Beziehungen mit dem Nahen Osten, wie dies das älteste in Ägypten gefundene Keilschriftfragment bezeugt, das den letzten Jahrzehnten des Altbabylonischen Reiches (1600–1550) zuzurechnen ist.

5. Hyksospolitik in Oberägypten und Nubien

Bilaterale Verträge

In Ezbet Helmi, im äußersten Westen von Tell el-Daba[c], wo sich zwei Palastanlagen befinden, sorgen ab der späten Hyksoszeit Befestigungsanlagen für die Sicherung der Stadt, inklusive einer über einen 2,50 m tiefen Graben gewährleistete Wasserversorgung. Dadurch, dass sich spätere Vorstöße der thebanischen Angreifer auf diesen Bereich konzentrieren werden, wird man diesen Komplex als das späte Regierungsviertel der Hyksos ansprechen dürfen. Bereits früh waren einzelne Orte in Oberägypten eng an Avaris gebunden, so beispielsweise Gebelein, das möglicherweise als ein Brückenkopf für Handelsbeziehungen der Hyksos mit Nubien zu betrachten ist. Durch diese Vorgänge ist ein Ausbau an Außenkontakten sowie eine Residenzkultur deutlich erkennbar. Selbst die 17. Dynastie in Theben geht mit den Hyksos eine enge Verbindung ein, die möglicherweise sogar durch politische Heiraten verstärkt wird. Inschriften wie die sogenannte Kamose-Stele machen deutlich, dass wenigstens Apophis darüber hinaus enge Verbindungen zum kuschitischen Fürstentum pflegt und damit Einfluss auf einen Machtbereich besitzt, der zuvor lange Zeit unter ägyptischer Herrschaft gestanden hatte.

6. Die 17. Dynastie

6.1 Seqenenre lehnt sich gegen die Hyksos auf

Aufstand gegen Hyksos

Unter dem thebanischen Herrscher Seqenenre Tao II. begann um ca. 1545 ein Aufstand mit dem Ziel, die Hyksos aus Ägypten zu vertreiben. Dem aus der Ramessidenzeit stammenden Papyrus Sallier I ist zu entnehmen, dass Apophis dem thebanischen Herrscher bestellen ließ, dessen Nilpferde in Theben hielten ihn im Delta vom Schlaf ab. Obwohl die Distanz zwischen Theben und dem Delta diese Behauptung unrealistisch erscheinen lässt, wirft sie doch ein Licht auf die Verhältnisse der beiden Dynastien zueinander. Als Seqenenre daraufhin Apophis, dem er tributpflichtig ist, aus dem thebanischen Machtbereich vertreiben will, kommt es zum Krieg, in dessen Verlauf der thebanische Herrscher getötet wird. Untersuchungen seiner Mumie zeigen, dass er an der Folge mehrerer Kopfwunden verstorben ist, die auf Hyksoswaffen zurückzuführen sind.

Q

Der Streit zwischen Seqenenre und Apophis

Auch wenn die Historizität dieses fragmentarischen Berichtes eines Nachbarschaftsstreits angezweifelt werden darf, so geben die Unstimmigkeiten zwischen Seqenenre und Apophis einen aufgeheizten Zustand zwischen den beiden Dynastien im Norden und Süden wieder. Dieser gipfelte in einem Befreiungskrieg, der noch dreihundert Jahre später erinnert wurde. In Papyrus Sallier I heißt es: „Dann sagte einer (der im Palast Anwesenden, Anm. d. Verf.) zu dem Boten des Königs Apophis – Leben, Heil, Gesundheit – ‚Warum wurdest du zur Südlichen Stadt

(Theben, Anm. d. Verf.) gesandt? Weshalb bist du hierher gereist?'. Der Bote erwiderte ihm: ‚Es ist König Apophis – Leben, Heil, Gesundheit – der (mich) zu dir schickte, um zu sagen: ‚Veranlasse die Entfernung des Teiches der Nildpferde, der im Osten der Stadt ist, denn sie lassen keinen Schlaf zu mir kommen, weder am Tage, noch in der Nacht!', denn ihr Lärm ist (in) seinen Ohren.' Darauf war der Prinz der Südlichen Stadt erstaunt für eine ganze Weile, unfähig, dem Boten des Königs Apophis – Leben, Heil, Gesundheit – eine (Antwort) hervorzubringen." Möglicherweise ist die Erwähnung der Nilpferde als eine Metapher zu verstehen. Der mit dem Königtum assoziierte Horus kann die Gestalt eines Nilpferdes annehmen, wenn er gegen Seth in dessen Erscheinung als Nilpferd kämpft. Da die Hyksosherrscher vorrangig Seth verehrt haben, ist nicht auszuschließen, dass das thebanische Nilpferd als der um die Vormacht kämpfende Horus zu verstehen ist und die Auseinandersetzung um die Thronfolge einmal mehr auf eine mythische Ebene transponiert wird. So heißt es in dem ebenfalls ramessidisch datierten Papyrus Chester Beatty I *recto* (Erzählung vom Streit zwischen Horus und Seth): „Dann sagte Seth zu Horus: ‚Komm, lass uns in zwei Nilpferde verwandeln und in die Tiefe tauchen inmitten des Meeres. Und derjenige, der hervorkommen wird nach einem Zeitraum von ganzen drei Monaten, der soll das Amt nicht erhalten.' Also tauchten sie zusammen."

Q

Aus dem medizinischen Papyrus Edwin Smith

Papyrus Edwin Smith aus der Zweiten Zwischenzeit ist eines der wichtigsten medizinischen Handbücher aus dem Alten Ägypten und beschäftigt sich mit Chirurgie. Auffallend ist, dass alle beschriebenen Anwendungen insbesondere im Krieg von Belang sind und so liegt der Schluss nahe, dass dieses Wundbuch möglicherweise aus dem Umfeld der thebanischen Befreiungskriege gegen die Hyksos stammt. Die folgende Stelle ist die älteste medizinische Beschreibung des menschlichen Gehirns: „Wenn du einen Mann untersuchst, der eine offene Wunde an seinem Kopf (hat), die bis auf den Knochen reicht, die seine Schädeldecke zerstört und sein Gehirn offen legt, so sollst du (zunächst) seine Wunde ertasten. Du findest Bruchstücke in seinem Schädel (wie) die Verwerfungen, die auf geschmolzenem Kupfer im Schmelztiegel erscheinen und etwas darin pulsiert und flattert unter deinen Fingern wie die schwache Stelle an der Schädelkrone eines Kindes, bevor sie ganz wird (die Fontanelle, Anm. d. Verf.)".

6.2 Kamoses Kampf gegen die Hyksos in Avaris

Schlag gegen Avaris

Nach Seqenenres Tod auf dem Schlachtfeld wird der Kampf von seinem mutmaßlichen Sohn **Kamose** fortgesetzt, dem letzten König der 17. Dynastie. Über diesen Krieg berichten zwei Stelen des Kamose, die dieser im Tempel von Karnak errichteten lässt sowie die sogenannte Carnarvon-Tafel aus Dra Abul Nag^{c}a in Theben-West, die eine Kopie des Anfangs der ersten der beiden Kamosestelen bewahrt hat. Aus diesem Text wird deutlich, dass der thebanische Herrscher mit Hilfe nubischer Bogentruppen nach Norden vorstößt und vor Avaris seinen Widersacher Apophis verflucht und bedroht, ohne aber die Festungsstadt anzugreifen. Stattdessen gelingt es dem Geheimdienst des Kamose, einen Hilferuf des Apophis an dessen nubische Verbündete abzufangen. Da Apophis den Kampf verweigert, kehrt Kamose zunächst im Triumph nach Theben zurück.

Q

Kamose

In seinen historischen Texten beschreibt Kamose seine ausweglose Situation wie folgt: „Ein Fürst ist in Avaris, der andere in Kush und ich sitze (hier) gebunden an einen Asiaten und einen Nubier! Jeder Mann hat seinen Anteil und so ist das Land mit mir aufgestückelt. Niemand kann es durchfahren bis nach Memphis, (obwohl es doch) ägyptisches Wasser (ist). Schaut, er besitzt sogar Hermopolis. Niemand kann es auf die leichte Schulter nehmen, wenn sie von den Steuern der Asiaten gemolken werden. Ich werde mit ihm ringen, damit ich seinen Bauch zerquetsche, denn mein Wunsch ist es, Ägypten zu retten, das die Asiaten zerstört haben."

6.3 Ahmose und die Vernichtung der Hyksos

Überwindung der Hyksos

Nach Kamoses Tod in Theben führt sein Bruder Ahmose den Kampf gegen die Hyksos fort. Es gelingt ihm, Avaris in seinem 18./19. Regierungsjahr offenbar kampflos einzunehmen und Apophis' Nachfolger Chalmudy (früher Chamudy gelesen) in dessen 11./12. Regierungsjahr zur Aufgabe zu zwingen, worüber eine stark zerstörte Inschrift am Pyramidentempel des Ahmose in Abydos Auskunft gibt. Es ist nun der Weg frei für eine neue thebanische Dynastie. Ahmose gilt gemäß altägyptischer Geschichtsschreibung als der Begründer des Neuen Reiches.

7. Die Zweite Zwischenzeit im Rückblick

Sieger schreiben Geschichte

Die Erste und die Zweite Zwischenzeit eint nicht nur die Tatsache des Fehlens einer zentral operierenden Staatsmacht, sondern auch eine äußerst negative Beurteilung durch die jeweilige Nachwelt. Ganz eindeutig sind diese bewusst geführten Diskreditierungen als Bestandteil des Gründungsmythos nachfolgender Epochen und als wichtiger Aspekt der Staatsentstehung zu werten. Dies lässt darauf schließen, dass die scheinbar so deutlich nach außen tretende Kontinuität der ägyptischen Geschichte keineswegs von ihren Protagonisten als solche empfunden wurde und vielmehr von einem Ringen um nationale Sicherheit geprägt war, die darauf gründete, Staatsfeinde zu identifizieren und ihre geglückte Unterwerfung als Zeichen eigener Stärke zu interpretieren: So beschwören thebanische Textquellen ein Bild der Hyksos als marodierende Banden, die auf ihrem Weg nach Theben zerstörten, was ihnen in die Quere kam. Die Hyksosherrschaft wird mit einem Unwetter verglichen, „die Kapellen (der Götter) verfielen zu Ruinen im ganzen Land". In der Tat ist auch in der Forschung die Zweite Zwischenzeit lange Opfer der einseitigen Beleglage geblieben, da eine Evaluierung der nichtthebanischen Quellen unmöglich schien. Dabei ist übersehen worden, dass die auffallende thebanische Rhetorik unter dem Eindruck des Legitimationszwangs der Gründer des Neuen Reiches zu sehen ist, ähnlich wie die negative Bewertung der Ersten Zwischenzeit dem Legitimationsdruck der Könige der 12. Dynastie ausgesetzt war.

Q

Die Erinnerung an die Hyksos während der Herrschaft der Hatschepsut

Selbst 80 Jahre nach der Überwindung der Hyksos werden die Herrscher der 18. Dynastie nicht müde, die Schrecken der Hyksoszeit herauf zu beschwören. Dieser lange Zeitraum zeigt, dass die Erfahrung diese Epoche längst zum Bestandteil des kulturellen Gedächtnisses Ägyptens geworden war und als identitätsstiftend verstanden wurde. In ihrem unweit von Beni Hassan errichteten Felstempel, dem sogenannten Speos Artemidos, teilt Hatschepsut mit: „Ich habe restauriert, was zerstört war, ich habe aufgerichtet, was zerschlagen war seit die Asisten im Delta in Avaris waren, als die Nomaden unter ihnen umkehrten, was geschaffen worden war. Sie regierten (ja) ohne den Gott Re und verhielten sich nicht gemäß göttlicher Verordnung bis hinein in die Zeit Meiner Majestät. (...) Die Erde hat (nun) die Spuren ihrer Sandalen gelöscht."

Neue Quellen laden jedoch dazu ein, die einseitige Beurteilung der Zweiten Zwischenzeit aus der Perspektive der Siegermacht zu revidieren: Hier sind vor allem die Ergebnisse der Grabungen in Tell el-Daba[c] (seit 1966) zu nennen sowie die mutmaßliche, bildliche Darstellung des Kampfes gegen die Hyksos auf dem Kenotaph des Ahmose in Abydos. Auch in Elephantine hat sich äußerst qualitätvolle Keramik aus der Zweiten Zwischenzeit erhalten, die keine Rückschlüsse auf die Verknappung wirtschaftlicher Ressourcen erkennen lässt.

VII. Das Neue Reich I: Von der Gründung bis zum Ende der Amarnazeit (Dynastie 18; 1550–1295)

Ahmose	1550–1525
Amenophis I.	1525–1504
Thutmosis I.	1504–1492
Thutmosis II.	1492–1479
Thutmosis III.	1479–1425
Hatschepsut	1473–1458
Amenophis II.	1427–1400
Thutmosis IV.	1400–1390
Amenophis III.	1390–1352
Amenophis IV./Echnaton	1352–1336
Semenchkare	1338–1336
Tutanchamun	1336–1327
Eje	1327–1323
Haremhab	1323–1295

1. Ahmose und die Gründung des Neuen Reiches

Vereinigung der Beiden Länder

Das Neue Reich, das mit dem thebanischen Sieg über die Hyksoskönige im Delta seine Gründung erfuhr, ist von Ägyptologen bisweilen als das Goldene Zeitalter des Alten Ägypten beschrieben worden. Die effektive Propaganda der 18. Dynastie hat dazu geführt, dass in der Forschung bis ins 21. Jahrhundert n. Chr. der Rhetorik des frühen Neuen Reiches Glauben geschenkt wurde und die Hyksoszeit als Periode der ausländischen Eroberung und des Niedergangs gebrandmarkt wurde. Insbesondere die Ausgrabungen in Tell el-Daba[c] haben gezeigt, dass während der Zweiten Zwischenzeit von zwei rivalisierenden Herrscherklans auszugehen ist, von denen sich der thebanische Gegner einer zunehmenden Umklammerung ausgesetzt sah: Die Hyksosherrscher hatten erfolgreich diplomatische Kontakte mit dem mächtigen Königreich von Kerma aufgenommen, von deren Bündnis sich Theben offenbar bedroht fühlte. Somit ist die Geschichte der frühesten 18. Dynastie unter Ahmose noch eine Abfolge von Unterwerfungsstrategien, bevor die Einnahme der Festung von Avaris bei Ezbet Helmi gelang und das Palastviertel mit der Architektur der Siegermacht bebaut werden konnte, als dauerhaftes Sinnbild der Unterwerfung. Möglicherweise hätte sich die Geschichte dieser Kriege anders entwickelt, wenn Kerma den Hyksoskönigen beigestanden hätte, doch ein solches Eingreifen ist den Quellen nicht zu entnehmen. Stattdessen führt Ahmose, der Gründer des Neuen Reiches, einen Zweifrontenkrieg: Erstens ist er selbst in Nubien gegen Kerma kriegerisch tätig, zweitens erhöht er seinen Sieg über die Hyksos auf seinem Kenotaph in Abydos zu einem militärischen Glanzpunkt. Mit der sogenannten 18. Dynastie gründet Ahmose laut Manetho eine Dynastie, die sich nicht nur auf Thebaner wie

Seqenenre und Kamose berufen kann, sondern in Zukunft Könige aus diesem Herrscherhaus zu stellen in der Lage sein wird. Die frühe 18. Dynastie steht ganz im Zeichen der Konsolidierung der Machtverhältnisse, deren sichtbarstes Zeichen die Verlegung des Regierungssitzes nach Memphis ist. Ahmose ist der letzte König Ägyptens, der sich in einem oberirdischen Grab bestatten lässt: In Abydos-Süd lässt er eine Pyramide und einen Tempel erbauen sowie einen kleineren Schrein für seine Mutter Tetischeri.

2. Amenophis I. bis Thutmosis II.

Amenophis I.

Möglicherweise im Anschluss an eine Koregentschaft mit seinem Vater Ahmose kommt Amenophis I. auf den Thron und setzt die Politik seines Vaters fort, wahrscheinlich unter Mitwirkung seiner Mutter Ahmes-Nefertari. Am Tempel des Amun in Karnak führt er ein aufwendiges Bauprogramm durch, womit er den Grundstein legt für einen mehr als 1500 Jahre andauernden Kult für Amun. Dies wird möglich durch die militärischen Erfolge Amenophis' I. und die konstant einfließenden Erträge aus Nubien, die sich positiv auf die Wirtschaft Ägyptens auswirken. Um sein achtes Jahr gelangt ägyptischer Einfluss über den Zweiten Katarakt hinaus bis tief nach Nubien hinein, wodurch das von den Ägyptern als Kusch bezeichnete Land tributpflichtig gemacht wird und Gold und andere Produkte nach Ägypten fließen.

Zwar ist Amenophis' I. Grab trotz zahlreicher Bemühungen bis heute nicht sicher identifiziert worden, doch er erbaut einen separaten Totentempel, der seinem Kult dient und der eine Art Schablone für Kultpraktiken nachfolgender Herrscher des Neuen Reiches liefert. Bald nach seinem Tod werden er und seine Mutter Ahmes-Nefertari offenbar vergöttlicht und erfahren eine **kultische Verehrung** in Theben, insbesondere in der Arbeitersiedlung von Deir el-Medineh. Von großer Bedeutung für die Chronologie Ägyptens und damit der Nachbarländer ist der aus seiner Regierungszeit stammende Papyrus Ebers mit dem umstrittenen Sothisdatum aus seinem neunten Jahr.

E

Amenophis I.: Vom Pharao zum Heiligen

Unter Amenophis I. begann die kulturelle Blüte des Neuen Reiches: Religiös motivierte Literaturwerke und Rezitationstexte entstanden, Ritualabläufe wurden verschriftlicht und Prosatexte wie auch Zaubersprüche, die teilweise bereits in Theben während der Zweiten Zwischenzeit entstanden waren, wurden nun kanonisiert. Neben der Förderung der Medizin gingen schöpferische Impulse auch für die späteren Architekturprogramme aus, an denen die Größe des Neuen Reiches weithin sichtbar demonstriert werden konnte. Sowohl Amenophis I. als auch seine Mutter Ahmes-Nefertari wurden in der Ramessidenzeit als Schutzgottheiten Thebens verehrt, vor allem in der Arbeitersiedlung Deir el-Medineh, von wo aus der Kult Amenophis' I. bis in Orte wie Elephantine getragen wurde. Neben zahlreichen Amenophis-I.-Festen ist vor allem ein Opferritual erhalten geblieben, sowie Fragmente des auf seine Person zugeschriebenen Mundöffnungsrituals, die zusammen genommen ein lebendiges Bild seines bis weit in die Ramessidenzeit hinein reichenden Totenkultes nachzeichnen.

Thutmosis I.

Bei der Übernahme der Regierung durch Amenophis' I. Nachfolger Thutmosis I. (seine Regierungszeit ist nicht durch Inschriften gesichert) zeigte das

Neue Reich bereits alle Merkmale seiner später voll entfalteten Größe: Die Konzentration auf den Kult des Amun, eine expansive Außenpolitik, insbesondere gegenüber Kusch, sowie eine sich formierende Wirtschaftspolitik, die offenbar thebanisch geprägt war und insbesondere oberägyptische Städte wie El-Kâb, Edfu und Theben erfasst. Da für das früheste Neue Reich Privatmonumente jedoch weitgehend fehlen, ist eine differenzierte Beschreibung politischer und sozialer Verhältnisse derzeit nur ansatzweise möglich. Offenbar genießen nichtkönigliche Potentaten noch großen Einfluss in einem sich erst zögerlich formierenden Königtum: Von Thutmosis I. ist weder der Vater bekannt, noch kann die Abstammung seiner Mutter Seniseneb eingegrenzt werden. Es wurde vermutet, dass Thutmosis' I. Schwestergemahlin Ahmose mit der Familie Amenophis' I. verbunden war, was sich zum einen auf Thutmosis' I. Inthronisation positiv ausgewirkt hätte, zum anderen die Bedeutung der Abstammung vom Herrscherhaus der Gründer der 18. Dynastie unterstreichen würde. Vermutlich als Folge hiervon konnte sich Thutmosis I. nicht auf seine königliche Abstammung berufen, sondern auf eine göttliche Abkunft wie auf einer Stele aus Abydos, auf der ihn die örtlichen Priester als Abkömmling des Osiris feiern. Seine Regierung ist jedoch nur von kurzer Dauer: Während einer Regierungszeit von möglicherweise nur zwölf Jahren setzt er die Nubienpolitik seines Vorgängers fort. In seinem zweiten Jahr schlägt er einen nubischen Aufstand nieder und hängt den Anführer am Bug des Königsschiffes auf. Gemäß einer Grenzinschrift kann Thutmosis I. bis zwischen den Vierten und Fünften Katarakt vorstoßen. Daneben unternimmt er nur ca. 50 Jahre nach der Niederwerfung der Hyksos eine Expedition nach Syrien, die unter dem Motto „Vergeltung für das Böse" firmiert. Die Quellen hierüber stammen jedoch aus 60 bis 70 Jahre älteren Inschriften, zeitgenössische Zeugnisse fehlen. Falls diese Beschreibungen jedoch der Wahrheit entsprechen, wäre mit diesem Feldzug Ägypten erstmals auf der Bühne der politischen Auseinandersetzungen des Nahen Ostens aufgetreten, um in der Folge bis zum Ende der Späten Bronzezeit Ägyptens (bis ca. 1070) seinen Einfluss geltend zu machen. Als Bauherr tritt Thutmosis I. trotz seiner nur geringen Regierungszeit insbesondere in Karnak sichtbar auf: Hier baut er nicht nur den 4. und 5. Pylon als Eingang in den Tempel des Amun, sondern errichtet ein Obeliskenpaar zwischen diesen beiden Steinbauten. Unter Thutmosis I. bahnt sich erstmals – so scheint es – die synkretistische Verbindung der Götter Amun und Re an, die zu einem tragenden Element des Götterkultes im Neuen Reich werden sollte. Auch der im Gebiet des Ersten Kataraktes beheimatete, widderköpfige Gott Chnum geht etwa zeitgleich eine synkretistische Verbindung mit Re ein, wodurch bereits für das frühe Neue Reich ein erneutes Interesse an dem mit dem Sonnengott Re verbundenen Sonnenkult deutlich wird.

Auch wenn sein Grab nicht sicher identifiziert ist, so deuten Sargfragmente mit seinem Namen darauf hin, dass Thutmosis I. im Tal der Könige bestattet wird und er somit der erste, heute gesicherte König ist, der dieses Gräberfeld benutzte. Auch wenn Thutmosis I. offenbar keinen Totentempel errichtet, so wird er dennoch im Totentempel der Hatschepsut in Deir el-Bahari einen Kultraum erhalten und bis in die Ramessidenzeit hinein verehrt werden. In dem ebenfalls von Hatschepsut erbauten Tempel des Chnum auf Elephantine wird Thutmosis I. ebenfalls kultisch verehrt und zwar in einem

Raum, der ansonsten der Aufstellung der Kultbarke dient. Es kann jedoch ausgeschlossen werden, dass in Deir el-Bahari oder in dem fernen Elephantine Thutmosis I. einen Totenkult genoss. Hier handelt es sich vielmehr um eine Bezugnahme auf einen Vorfahren im Sinne eines Ahnenkultes. Bemerkenswert ist hierbei, dass sich Hatschepsut noch in den ersten Jahren ihrer Regierung auf ihren Gatten Thutmosis II. berufen wird und erst später das große Potential auszuschöpfen beginnt, das sich aus ihrer Abstammung von Thutmosis I. ergibt. Dieser Wandel lässt sich am Chnumtempel von Elephantine anhand einer Statuenstiftung deutlich ablesen.

E

Die Königsnekropole des Neuen Reiches
Waren noch in der Frühzeit die Königsgräber unterirdisch angelegt und die Mumie nach der Bestattung nicht mehr zugänglich, haben sich in späterer Zeit mehrere Grabmodelle abgelöst, wobei insbesondere während des Alten Reiches die Grabkammern zwar im Pyramidenkern, aber dennoch über dem Niveau des Nekropolenareals angelegt wurden. Im Neuen Reich wurden die Königsgräber als Felsgräber konzipiert, in denen lange, steil abfallende Korridore zu den Grabkammern und Nebenräumen führten. Erstmals als Begräbnisstätte unter Thutmosis I. genutzt, waren das Ost- und Westtal des heute als Tal der Könige bezeichneten Felsenareals über 400 Jahre hinweg das offizielle Gräberfeld für die Herrscher des Neuen Reiches und deren Familien. Westlich der Totentempel gelegen und von diesen nur durch eine Hügelkette getrennt, kann jedoch bezweifelt werden, dass das Tal der Könige in der Tat als geheimer Ort galt: Abgesehen vom später verschütteten Grab Tutanchamuns waren alle Gräber bereits in antiker Zeit von organisierten Verbrecherbanden geöffnet und geplündert worden. Einigen Grabräubern konnte ausführlichen Gerichtsakten zufolge der Prozess gemacht werden. Es kann aber nicht ausgeschlossen werden, dass sich auch der ägyptische Staat während des ausgehenden Neuen Reiches selbst an den Grabschätzen bereichert hat, beispielsweise um seine laufenden Kosten zu decken; während der 3. Zwischenzeit wurde dies sogar gängige Praxis. Zahlreiche Umbettungen der ihrer Grabschätze beraubten königlichen Mumien während des Neuen Reiches zeugen vom gebrochenen Vertrauen in die politische Stabilität Ägyptens, die gegen Ende der Ramessidenzeit nicht mehr gegeben war und eines der aufwendigsten Bestattungskonzepte des Alten Ägypten zum Scheitern brachte.

Thutmosis II.

Zusammen mit seiner nicht-königlichen Nebenfrau Mutnofret zeugt Thutmosis I. seinen späteren Nachfolger Thutmosis II., dessen Regierungsdauer ebenfalls nicht zweifelsfrei geklärt ist: Während man noch vor kurzem Thutmosis II. nur drei Jahre zurechnete, sind es heute 13. Ein früher Tod des Herrschers wird zunächst durch die dürftige Beleglage gestützt sowie die Tatsache, dass sein höchstes belegtes Regierungsjahr sein erstes ist. Die Ereignisse dieses Jahres sind auf einer Felsstele auf der Insel Sehel bezeugt, aus deren Inschrift ein effizientes und abschließendes Eingreifen gegen nubische Aufständische hervorgeht sowie die abschließende Unterwerfung des Königreiches von Kerma. In welchem Alter Thutmosis II. den Thron bestieg und wann er starb, ist zwar ungeklärt, doch es wird vermutet, dass er jünger war als seine Halbschwester und Gattin Hatschepsut, eine Tochter Thutmosis' I. mit Ahmose. Nach seinem Tod konnte Hatschepsut erwarten, den Thron zu besteigen, doch einem Orakelbeschluss zufolge sollte Thutmosis III. im Alter von sieben Jahren Pharao werden. Aufgrund seines jungen Alters darf Hatschepsut als Pharao zwar die Regierungsgeschäfte führen, was faktisch auf eine Koregentschaft hinausläuft, die von Hatschepsut gesteuert wird.

E

Königliche Frauen während der 18. Dynastie

Die mittlere 18. Dynastie kann als erste Epoche in der ägyptischen Geschichte gelten, in denen königliche Frauen wiederholt bedeutende politische Rollen spielten und sogar höchste Staatsämter begleiteten. Nicht alle waren jedoch königlicher Herkunft, so beispielweise Teje und Nofretete. Falls die Hinwendung zu bürgerlichen oder auch ausländischen Frauen befreundeter Länder Antwort auf die außergewöhnliche und im Rückblick negativ bewertete Machtfülle der Hatschepsut gewesen sein sollte, so kann der Versuch, intelligente und einflussreiche Frauen von Verantwortung fernzuhalten, als misslungen gelten. Zwar hatte noch Amenophis II. auf die Benennung einer offiziell anerkannten Hauptfrau verzichtet, weshalb die geneaologische Zuordnung seiner zahlreichen Nachfahren problematisch bis unmöglich ist. Doch durch die Heirat Amenophis' III. mit der aus einer Beamtenfamilie stammenden Teje ist es gelungen, eine tatkräftige und kluge Frau zu einer durchaus sichtbaren Mitregentin zu erheben. Auch wenn Teje ihrem Sohn Amenophis IV. zu einem ähnlichen Modell geraten haben sollte, so konnte dies nicht in der Absicht geschehen sein, mit Nofretete eine ebenso ernstzunehmende Königin für die Regierungsgeschäfte zu interessieren: Amenophis IV. wurde erst nach seiner Heirat zum Pharao gekrönt, als die für dieses Amt vorgesehenen Thronfolger überraschend gestorben waren.

E

Die Arbeitersiedlung Deir el-Medineh, ein Ausnahmefall

Ähnlich abgeschieden wie das Tal der Könige sollten auch die Arbeitsvorgänge in den Gräbern im Verborgenen ablaufen, ungestört von profanen Blicken Neugieriger. Man wird annehmen müssen, dass wenigstens bis in die fortgeschrittene Ramessidenzeit um das Tal der Könige ein maximaler Sicherungsaufwand betrieben wurde, der in ähnlicher Form auch an der dazugehörigen Arbeitersiedlung abgelesen werden kann. Der heute als Deir el-Medineh bezeichnete, in einem Wüstental in der Nähe gelegene Ort war neuesten Forschungen zufolge kasernenartig angelegt, und die Arbeiter wurden auf engstem Raum zusammengepfercht. Dem Wesir direkt unterstellt, war Deir el-Medineh administrativ völlig abgeschirmt. Waren mussten von Lieferanten einmal im Monat mit Eseln in die Siedlung gebracht werden, da die Bewohner keinen Zugang zu Feldern hatten. Die dort lebenden Künstler und Handwerker wohnten mit ihren Familien in äußerst komfortabel ausgestatteten Häusern, die wie die gesamte Siedlung planmäßig angelegt waren und spätere Erweiterungen zuließen. Wie auch andernorts nachweisbar, waren die Häuser den klimatischen Verhältnissen angepasst und verfügten beispielsweise über Lufteinlässe und begehbare Dächer, um den kühlenden Abendwind vorteilhaft nutzen zu können. Unscheinbare, temporäre Arbeiterhütten in der Nähe boten den Arbeitern Gelegenheit, die Woche über außerhalb Deir el-Medinehs zu verbringen, um den ohnehin schon kurzen Weg zum Arbeitsplatz noch weiter reduzieren zu können. Eine Besiedelung von Nekropolen – und sei es nur für die Zeit der Errichtung von Gräbern – hat es in Ägypten nie gegeben, die drei Bereiche Himmel (Götter), Erde (Lebende) und Nekropole (Tote) wurden streng getrennt. Neben prachtvollen Privatgräbern haben die Bewohner Deir el-Medinehs eine Fülle von religiösen Zeugnissen und Alltagstexten hinterlassen, die oft stratifiziert und daher für die Wissenschaft überaus aussagekräftig sind. Die seit den 1970er Jahren einsetzende Fokussierung auf Deir el-Medineh hat allerdings die außergewöhnliche Situation der Siedlung oft unterschätzt. Der abgeschiedene Makrokosmos Deir el-Medineh mit seinen ungewöhnlich gut ausgebildeten Arbeitern ist in jeglicher Hinsicht ein Ausnahmefall, weshalb die reichen Hinterlassenschaften auf geistigem, religiösem und sozialem Gebiet nicht unkritisch auf das zeitgleiche Ägypten übertragen werden können. Gegen Ende der Ramessidenzeit war ein kontinuierliches Arbeiten im Tal der Könige unmöglich geworden und Deir el-Medineh wurde aufgelöst.

3. Konsolidierung Ägyptens unter Hatschepsut

Legitimation Hatschepsuts

Nach dem Tod Thutmosis' II. werden seiner Halbschwester und Gemahlin Hatschepsut im Namen des minderjährigen Thutmosis' III. die Regierungsgeschäfte übertragen, dessen Stiefmutter und Tante sie ist. Bis dahin trägt sie lediglich den Titel einer Gottesgemahlin, den sie von Ahmes-Nefertari übernimmt. In den zeitgenössischen privaten Autobiographien derer, die entfernt mit diesem Vorgang vertraut sind, lässt sich keinerlei Unstimmigkeit entnehmen. So heißt es bei Ineni: „Sein (d.h. Thutmosis' II.) Sohn wurde an seinen Platz gesetzt als König der Beiden Länder auf dem Thron dessen, der ihn erzeugte. Seine Schwester, die Gottesgemahlin Hatschepsut, führte die Regierungsgeschäfte der Beiden Länder gemäß ihres Ratschlusses." Dabei kann außer Zweifel stehen, dass Hatschepsut früh sehr bewusst ihre Abstammung von Thutmosis I. hervorhebt, um ihre Legitimation zu untermauern.

Q

Der Legimationsanspruch der Hatschepsut

Hatschepsut liess sich zwischen dem 2. und 7. Jahr der Regierungszeit Thutmosis' III. zur Königin bestimmen. Dieser Anspruch war nicht leicht durchzusetzen, weshalb sich Hatschepsut dazu entschloss, den rechtmässigen, aber noch jungen Thutmosis III. zum Mitregenten zu ernennen und ihre eigene Legitimation mit großem Aufwand zu betreiben. Dieser neuerdings abschätzig sogar als „Legimationsoper" bezeichnete Vorgang beinhaltete sogar die göttliche Geburt der Hatschepsut: „(Es kam Amun…), nachdem er sich verwandelt hatte in die Majestät dieses ihres Gemahls, des Königs von Ober- und Unterägypten Thutmosis I. Sie fanden sie, wie sie in der Schönheit ihres Palastes ruhte. Sie erwachte wegen des Geruchs des Gottes: Sie lächelte vor Seiner Majestät. Da ging er zu ihr und wurde heiss gegen sie. Er gab sein Herz in sie, er liess sie ihn erkennen (in) seiner Gestalt als Gott, nachdem er vor sie gekommen war (…). Nun sprach die Königsgemahlin und Königsmutter Ahmose zu der Majestät dieses herrlichen Gottes, Amun, Herr der Throne der Beiden Länder, nachdem die Majestät dieses Gottes alles, was er wollte, mit ihr getan hatte: ‚Mein Herr, wie groß ist doch dein Ruhm. Herrlich ist es, dein Angesicht zu schauen (…).'"

Machtmensch Hatschepsut

Damit untermauert Hatschepsut offenbar über ein ihr zustehendes Maß hinaus ihren Regierungsanspruch gegenüber Thutmosis III., was seine späteren Maßnahmen gegen sie erklärt. Dies wird insbesondere im Barkenschrein des Chnumtempels von Elephantine deutlich. Zwar stammen das Tempelhaus und möglicherweise auch einzelne Planungsabschnitte des Tempels als Umgangstempel von ihr, doch hat erst Thutmosis III. den Tempel vollendet. Um den Tempel jedoch bereits vor Bauabschluss als Kultstätte nutzen zu können, ließ Hatschepsut alle Räume entlang der Kultachse dekorieren, noch bevor die Regierungsgeschäfte und damit das Bauprogramm von Thutmosis III. übernommen wurden. Hierzu gehörte auch der Barkenschrein. Zwar sind einzelne Bauabschnitte im Namen beider Koregenten dekoriert worden, doch die Verehrung des als verstorbenen König im Barkenschrein abgebildeten Thutmosis I. ist die alleinige Zutat der Hatschepsut, die ihren vergöttlichten Vater vor Anuket opfernd darstellen lässt. Ihr einflussreiches Amt der Gottesgemahlin könnte Hatschepsut ebenfalls angeführt haben, um sich als Pharao zu empfehlen. Es ist vermutet worden, Neferusobek, die Herrscherin am Ende der 12. Dynastie, habe Hatschepsut als Vorbild für ihren Wandel zum Pharao gedient, doch fehlen konkrete Hinweise auf eine solche Verbindung zu diesem 300 Jahre älteren, angeblichen Vorbild. Wie bereits Thutmosis I. vor ihr stützt sich Hatschepsut zum einen auf ihre königliche Abstammung von der Seite ihres Vaters, zum anderen auf Ahmes-Nefertari, die Gründungsmutter der Dynastie. Wichtiger allerdings ist die Rückführung ihrer Existenz auf die göttliche Weisung durch Amun: In ihrem Totentempel in Deir el-Bahari lässt sie verkünden, Thutmosis I. habe sie vor seinem Tod zum Erben ausersehen und seine Frau Ahmose habe von Amun-Re geschwängert den Auftrag erhalten, Hatschepsut als zukünftigen göttlichen Herrscher auszutragen. Aus nahezu allen Phasen ihrer Regierung finden sich Hinweise auf ihr Streben nach Legitimation; sich als männlichen Pharao darzustellen ist das wohl sichtbarste Zeichen.

Q

Die Ägyptenreise der jugendlichen Hatschepsut

Zur Legitimationsstrategie der Hatschepsut gehört auch ihr Verweis auf ihre frühen Jahre. In einer Inschrift aus Deir el-Bahari beschreibt sie, wie sie als junges Mädchen Ägypten bereiste, und zwar „hinter ihrem Vater, dem König von Ober- und Unterägypten Aa-cheper-ka-re (Thutmosis I.), er lebe ewiglich. (Sie) kommen zu ihrer Mutter Hathor an der Spitze von Theben, Wadjit von Buto, Amun Herrn-der-Beiden-Länder, Atum Herrn-von-Heliopolis, Month Herrn-von-Theben, Chnum Herrn-des-Kataraktengebietes, alle Götter die sich in Theben befinden und alle Götter in Ober- und Unterägypten." Diese Liste erwähnt nur die Haupttempel des Landes, die aufgrund der geringen Bautätigkeit zu Beginn des Neuen Reiches noch fast ausschließlich aus dem Mittleren Reich stammten.

Bauprogramm

Hatschepsut ist der erste Herrscher des Neuen Reiches, der sich dezidiert bemüht, ein Erneuerungsprogramm der Tempel durchzusetzen. Dabei kann als wenig wahrscheinlich gelten, dass sie an das Mittlere Reich anknüpfen, sondern vielmehr dass sie das Vertrauen einlösen will, das die abydenischen Priester einst ihrem zum Osiris ernannten Vater entgegenbrachten. Dadurch, dass sie qua ihres Amtes Bauprogramme durchführt, kann sie sich der Unterstützung der Beamtenschaft sicher sein und sich gleichzeitig im Land als rechtmäßiger Herrscher profilieren.

E

Persönliche Religiosität als Vorbereitung auf das Jenseits

Während der frühen 18. Dynastie wird die aus dem Alten Reich bekannte Anrufungsformel an die Himmelsgöttin weiter entwickelt und taucht nun an den Sarginnenseiten auf, wo sich Nut schützend über den Toten ausbreitet. Doch auch an den Decken der Gräber werden nun Inschriftenbänder angebracht, in denen sich der Tote erklärend und zweifelnd an die Himmelsgöttin wendet. Tenor ist nun die Suche nach Gottesnähe zu Lebzeiten, die nach dem Tode helfen soll, sich mit den Göttern zu sozialisieren. Es ist dies eines der Merkmale persönlicher Religiosität des Neuen Reiches, wie dies bei Useramun (TT 131) zum Ausdruck kommt: „Möge mein Name dauern dadurch im Munde der Lebenden, während die Erinnerung an mich gut ist bei den Menschen nach den Jahren, die kommen werden. Ein Weniges nur an Leben ist auf Erden, doch die Ewigkeit ist im Totenreich. Ein Gelobter Gottes ist der Edle, der für sich handelt hinsichtlich der Zukunft und mit seinem Herzen sucht, um für sich das Heil zu finden, das Bestatten seines Leichnams und das Beleben seines Namens, und der (auch) an die Ewigkeit denkt."

Das Talfest
Das „Schöne Fest vom Wüstental“ kann als das wohl wichtigste Prozessionsfest des Neuen Reiches bezeichnet werden, dessen Anfänge bereits im Alten Reich festzumachen sind. Während der Regierung Hatschepsuts stand im Zentrum dieses Festes das Bereisen der lokalen Tempel durch den aus Karnak kommenden Amun. Von Priestern wurde die Barke des verhüllten Amun zu allen wichtigen Tempeln der Westseite getragen, Höhepunkt war die Aufstellung der Barke im Totentempel der Hatschepsut. Dieses Fest hat zu einer Teilnahme nicht nur der örtlichen Bevölkerung geführt, sondern auch der in Theben bestatteten Toten, die von ihren Angehörigen Besuche empfingen und mit ihnen aßen und tranken. Einige Totenwünsche der Zeit sprechen dezidiert die Teilnahme an diesem Fest an und sind ein frühes Zeugnis für die Teilnahme der Toten am religiösen Leben der Hinterbliebenen. Bei diesem Ausdruck persönlicher Religiosität wundert es nicht, dass es Hatschepsuts Nachfolger Thutmosis III. nicht mehr gelang, dieses auf den Totenkult seiner Vorgängerin ausgerichtete Fest abzuschaffen. Selbst in der Spätzeit haben sich einflussreiche Beamte ihre Gräber nahe des Aufweges von Deir el-Bahari anlegen lassen, um an den jährlich stattfindenden Riten physisch anwesend zu sein.

E

Neue Aspekte des Re-Kultes
Seit dem Alten Reich war der Sonnenkult eng mit dem Königtum verbunden, im Neuen Reich kam es zu einer noch engeren Verschmelzung mit Osiris. Offenbar erfuhr der Sonnenkult unter Hatschepsut eine Neuerung, bei der Re aktiv in das tägliche Kultgeschehen eingebunden wurde. Hier ist zum einen der erstmals in Deir el-Bahari errichtete Sonnenaltar („Schatten des Re“) zu nennen, der in der Tempelarchitektur fortan zum festen Bestandteil gehören wird. Des Weiteren sind die vier, unter Hatschepsut und Thutmosis III. in Medinet Habu (‚Kleiner Tempel‘), Elephantine (Tempel der Satet und des Chnum) sowie in Buhen erbauten sogenannten Tempel mit Umgang zu nennen, die ein von einem wenigstens dreiseitigen Umgang umschlossenes Tempelhaus aufweisen. Die Umgänge aus Pfeilern oder Säulen erlauben einen indirekten Lichteinfall auf das Tempelhaus sowie ein vom Sonnenlauf erzeugtes, sich ständig erneuerndes Licht- und Schattenspiel, das die Fahrt der Sonnenbarke über den Tageshimmel inszeniert. Ob diese Neuerungen genügen, um von Vorläufern der erstmals unter Amenophis III. greifbaren Sonnentheologie sprechen zu können, wird die zukünftige Forschung zeigen müssen.

E

Fehlende Präsenz des Herrscherhauses im Norden Ägyptens
Kaum Bedeutung wurde bislang der Tatsache beigemessen, dass weder Hatschepsut noch einer ihrer Vorgänger den Quellen zufolge als Bauherren im Norden des Landes in Erscheinung trat: Ihr nördlichstes Bauwerk ist der Speos Artemidos südlich von Beni Hassan. Hier hat sich eine Inschrift erhalten, in der Hatschepsut darauf hindeutet, die erste gewesen zu sein, die nach der Hyksoserfahrung in diesem Gebiet Tempel erneuert habe. In der Tat war Mittelägypten in der Auseinandersetzung mit den Hyksos von strategischer Bedeutung gewesen. Da der Syrienfeldzug Thutmosis' I. zeitgenössisch nicht belegt ist, wird man angesichts der vorhandenen Quellenlage nicht umhin können, das Engagement der frühen 18. Dynastie nördlich des 16. oberägyptischen Gaues als auffallend zögerlich zu bezeichnen oder gar als Folge eines ‚Hyksossyndroms‘ zu interpretieren, bevor mit dem Bau von Tempeln in Hermopolis und Qusae auch materieller Wohlstand in ein vernachlässigtes Gebiet einzog. Offenbar mussten größere Abschnitte Ägyptens während des frühen Neuen Reiches neu kolonialisiert werden. Was sich in diesen Gebieten zu Zeiten fehlender pharaonischer Präsenz abspielte, ist völlig unbekannt.

E

Obwohl sich Hatschepsut als eine aktive Bauherrin profiliert und mit den sogenannten Umgangstempeln auch für kurze Zeit einen neuen Bautyp einführt, ist ihr herausragendstes Bauwerk ihr Totentempel in Deir el-Bahari in Theben-West. Wie bei den zeitgleichen Tempeln mit Umgang kreiert das Spiel von vorüber gleitendem Sonnenlicht (Re) und Schatten ein höchst eigenwilliges Architekturerlebnis, an dessen Entwicklung ihr Vertrauter Senenmut wohl keinen geringen Anteil hatte: In dem bereits von Mentuhoteps II. Totentempel besetzten Talkessel und von diesem inspiriert wird innerhalb von 15 Jahren ein in drei Terrassen angelegter Tempel nebst einem Aufweg geschaffen. Das Dekorationsprogramm, das die wichtigsten Stationen im Leben der Königin in Wort und Bild nachzeichnet, besticht durch seine sorgfältige Ausführung. Neben einer Kapelle für Thutmosis I. (der selbst wohl keinen Totentempel erbaute) sowie einem Sonnentempel und einer Amunkapelle verfügt der Tempel mit seinem Allerheiligsten über einen Ort, in dem während des Totenfestes „Das schöne Fest vom Wüstental" die aus Karnak kommende Barke abgestellt werden kann.

E

Obelisken während der Regierung der Hatschepsut

Aus der Anfangszeit der Regierung der Hatschepsut stammt eine Felsinschrift aus Assuan, in der ihr Architekt und Erzieher ihrer Tochter Neferure, Senenmut, davon berichtet, gekommen zu sein, „(…) um ein großes Obeliskenpaar zu brechen zum (Fest) der Millionen (Jahre)." Als Hatschepsut König wurde, ließ sie die beiden Obelisken in ihrem von Senenmut geplanten Totentempel in Deir el-Bahari abbilden. Ein zweites Obeliskenpaar wurde in Karnak zwischen dem 4. und 5. Pylon errichtet, das der Amtsnachfolger Amenhotep ebenfalls in Assuan brechen ließ, wo er gleich drei Felsinschriften anbringen ließ. Eine dieser Inschriften bringt ihn in Verbindung mit den Göttern von Elephantine, deren Tempel damals von Hatschepsut gerade erbaut beziehungsweise im Rohbau fertiggestellt wurden: „Der wahre Bekannte des Königs, der ihn liebt, Vorsteher der Arbeiten an den beiden großen Obelisken, Oberpriester von Chnum, Satet und Anuket, Amenhotep." Auf dem erhaltenen Obelisken in Karnak findet sich eine Sockelinschrift, derzufolge die Errichtung von Obelisken gründlich geplant war. Hatschepsut spricht hier in der ersten Person: „Ich saß in meinem Palast und gedachte des Schöpfers, mein Herz leitete mich, ihm (d. h. Amun-Re) zwei vergoldete Obelisken zu errichten, deren Spitzen sich mit dem Himmel vermischen sollten, in der erhabenen Pfeilerhalle zwischen den beiden großen Pylonen des Königs Thutmosis' I."

Puntexpedition

Ob der im Totentempel von Deir-el Bahari genannte Feldzug gegen Syrien-Palästina tatsächlich stattgefunden hat, ist nicht zweifelsfrei zu entscheiden. Sicher sind jedoch vereinzelte militärische Maßnahmen gegen Nubien belegt, hinzu kommt eine von der Forschung möglicherweise überbewertete (weil in allen Einzelheiten in ihrem Totentempel dargestellte) Expedition mit fünf Schiffen in das Weihrauchland Punt in ihrem neunten Jahr. Handelsverbindungen mit dem Mittelmeerraum und der Levante sind jedoch teilweise detailliert nachweisbar.

4. Ägypten wird Weltmacht unter Thutmosis III.

Imperialismus

Bereits im Jahre 1479 kommt Thutmosis III. auf den Thron, doch bis zum Tode Hatschepsuts 21 Jahre später kann er nicht als alleiniger Herrscher regieren. Zwar hat es während der Koregentschaft, die faktisch von Hatschepsut ausgeübt wurde, gemeinsame Projekte, insbesondere Bauvorhaben gegeben, doch setzt mit seiner Alleinherrschaft ein radikaler Wandel ein. Dieser war von zwei Merkmalen geprägt: erstens sich als rechtmäßiger Herrscher Ägyptens gegenüber Hatschepsut abzusetzen, sowie zweitens sich als Kriegsherr zu profilieren. Bereits in den frühen Jahren seiner Alleinherrschaft führt er nicht nur Bauprojekte aus der Koregentschaft weiter, sondern behält auch den Stil der aktuellen bildenden Kunst bei. Stilistisch sind während beider Regentschaften entstandene Kunstwerke daher nur sehr schwer anhand physiognomischer Details in der Behandlung der Körper zu unterscheiden. Nimmt man hinzu, dass die Verfolgung der Erinnerung an Hatschepsut – die Gründe hierfür liegen noch immer im Dunkeln – eine Entwicklung seiner spätesten Regierungsjahre darstellt, so kommt man zu dem Schluss, dass Thutmosis III. bei Regierungsantritt zunächst vornehmlich militärische Ziele im Auge hat. Während sich die Außenpolitik der Hatschepsut auf Nubien und Punt konzentriert hatte, wendet sich Thutmosis III. der Levante zu. Innerhalb der kommenden, von erfolgreichen Kriegskampagnen geprägten 17 Jahre gelingt es ihm, die etablierten Handelsverbindungen im östlichen Mittelmeerraum aufzubrechen und Palästina und Teile des südlichen Syrien unter seine Gewalt zu bringen. Finanziert von den großen Tempeln des Landes, insbesondere Karnak, fließen die Gewinne aus diesen Kriegen insbesondere den Tempeln zu, in denen Amun Kulte oder Gastkulte genießt. Daneben werden in einigen zeitgenössischen Gräbern, so beispielsweise in dem des Wesirs **Rechmire** in Theben, die Erfolge des Herrschers aus der Perspektive der involvierten Beamtenschaft geschildert, nebst der Zurschaustellung hinzugewonnenen Reichtums. Im Falle des Rechmire gehörten hierzu auch die bildliche Erwähnung von Tributbringern aus Punt, Nubien, Syrien und dem ägäischen Bereich.

E

Das Grab des Rechmire
Von den zahlreichen Gräbern der 18. Dynastie in der Nekropole von Scheich Abd el-Gurnah sticht insbesondere das des Wesirs Thutmosis' III. Rechmire (TT 100) durch seine detaillierte Dekoration und Ausdrucksfreude hervor. Das Grab, das einen T-Grundriss aufweist, hat eine Breite von 20 Metern und eine Tiefe von 26 Metern. In ihm entfalten sich auf einer Wandfläche von 300 Quadratmetern nicht nur ein biographischer Text sowie eine Kopie der ‚Dienstanweisung des Wesirs' (Querhalle), sondern auch Alltags- und Tributszenen, die offenbar wichtige Stationen des Lebens des Rechmire im Bild nachzeichnen. In der Längshalle sind Themen ausformuliert, die mit Rechmires Bestattungszug und der Ankunft vor seinem Grab zu tun haben, so zum Beispiel eine Version des Mundöffnungsrituals, die neben Rezitationstexten und Hinweisen auf Handlungsabläufe auch Illustrationen aufweist.

Die **Annalen** Thutmosis' III. berichten von einer ersten Kampagne in seinem 23. Regierungsjahr, während der er von Gaza aus gegen **Megiddo** vorstößt, das unter der Herrschaft des Herrschers von Qadesch steht. Bis in sein 42. Regierungsjahr hinein führt Thutmosis III. Kriege in der Levante, die dem holzarmen Ägypten den Zugriff auf libanesiche Zedern, Kupfer- und Zinnvorkommen sichern. Von den Thutmosiskriegen liegen detaillierte Berichte vor, so zum Beispiel zur Schlacht von Megiddo: Die Annalen berichten davon, dass nach siebenmonatiger Belagerung Streitwagen erbeutet werden, Rüstungen, darunter zwei aus Bronze, die dem Fürsten von Megiddo persönlich gehörten, daneben 2000 Pferde sowie 25000 Tiere. Die Thutmosidenkriege legen den Grundstein für die wirtschaftliche Blüte des Neuen Reiches.

Q

Der Schwur der Besiegten von Megiddo

Unterworfene hatten gängiger Praxis zufolge Schwüre zu leisten, um ihre Loyalität gegenüber den Siegern zu bekräftigen. Dieser Schwur wurde den Annalen Thutmosis' III. zufolge auch den Überlebenden von Megiddo abverlangt: „Sie standen auf ihren Mauern beim Lobpreis für meine Majestät, damit man ihnen den ‚Atem des Lebens' gibt. Da habe ich sie einen Eid leisten lassen mit den Worten: ‚Wir werden niemals wieder Schlechtes sagen gegen Mencheperre (Thutmosis III.), unseren Herrn, der ewig leben möge, solange wir leben, denn wir haben seine Macht erkannt. Er hat uns den Atem nach seinem Willen gegeben (...)'."

Krieg und Unterwerfung

Von Megiddo aus stößt Thutmosis III. gegen den Litani-Fluss im heutigen südlichen Libanon vor, während er ein Jahr später die levantinische Küste und Westsyrien einnimmt und wiederum reiche Beute davonträgt. Anders jedoch als bei der zeitgleichen Nubienpolitik wird in der Levante Nachhaltigkeit angestrebt: Kinder von besiegten Fürsten werden nach Ägypten gebracht, um dort erzogen zu werden. Dies zeigt, wie leicht es offenbar der ägyptischen Regierung fällt, sich an unterschiedliche politische Umfelder anzupassen: Anders als in Nubien hat es die Außenpolitik in Palästina und den angrenzenden Gebieten mit einer Vielzahl von unabhängigen und einflussreichen Fürsten zu tun, die mit Leichtigkeit Allianzen gegen Ägypten anstreben können. In der Levante trägt die Außenpolitik Ägyptens unter Thutmosis III. also nicht wie noch diejenige des Mittleren Reiches ausschließlich imperialistische Züge, sondern setzt langfristig auf eine Besänftigungspolitik, allerdings mit dem Ziel einer schleichenden Ägyptisierung.

Q

Die Kriegsberichte Thutmosis' III.

Der Kriegsbericht Thutmosis' III., die sogenannten Annalen, reicht vom 22./23. Jahr bis zu seinem 42. Jahr und ist im Tagebuchstil abgefasst. Daneben haben sich weitere Einzelzeugnisse erhalten wie die Stele vom Gebel Barkal, die sich derselben Sprache bedient und zeigt, dass eine sprachliche Vereinheitlichung der Kriege Thutmosis' III. angestrebt und geschaffen wurde. Die hier übersetzte Passage besteht aus Versatzstücken, die sich ähnlich auch in den Annalen an verschiedenen Stellen finden lassen: „Ich zerhackte ihre Städte und Siedlungen. Ich gab Feuer an sie. Ich machte sie zu Stätten, (als ob) sie noch nicht gegründet waren. Ich erbeutete alle ihre Menschen und nahm sie als Kriegsgefangene, ihre Herden – ohne Zahl – und ihre Güter ebenso. Ich nahm ihr Korn fort und riss ihr Getreide ab. Ich schnitt alle ihre Bäume ab und alle ihre Obstbäume."

Den Quellen zufolge taucht der Name Syriens (Naharin) nicht vor der Regierung Thutmosis' III. auf, dann jedoch auf Stelen bis hin zum Gebel Barkal (4. Katarakt), auf Obelisken und den Pylonen von Karnak und Elephantine: Der Höhepunkt seiner militärischen Karriere ist zweifellos sein Feldzug gegen Mitanni im 33. Regierungsjahr, der dadurch eine besondere Note erhält, dass Thutmosis III. berichten kann, den Euphrat hinuntergefahren zu sein. Nicht vom Herrscher selbst, sondern aus der Autobiographie seines Offiziers Amenemhab ist zu erfahren, dass der Herrscher bei seiner Jagd auf 120 Elephanten, von der auch die Gebel-Barkal-Stele berichtet, von seinem Offizier gerettet wird. Dass Thutmosis III. im weiteren Verlauf dieser Kampagne wiederum Qadesch erobert, zeugt davon, dass Siege nur zeitweise errungen werden können und sich nach dem Abzug ägyptischer Präsenz die ursprünglichen Verhältnisse wieder einstellen. Anders verläuft die Nubienpolitik, die wohl erst gegen Ende der Regierung Thutmosis' III. militärische Maßnahmen erforderlich werden lassen. In seinem 50. Regierungsjahr lässt er die versandende Schifffahrtsrinne am Ersten Katarakt, „das Tor des Südens", freiräumen, um den Warenverkehr aus Nubien sicherzustellen. Die Verwaltung Ägyptens unter Thutmosis III. ist gut erforscht, aber auch die zahlreichen Bauprojekte, insbesondere in Karnak. Hier lassen Hatschepsut und Thutmosis III. eine bewehrte Umfassungsmauer errichten, sowie Thutmosis III. das dem Königskult dienende Ach-menu, an das ein botanischer Garten anschließt, in dem den erhaltenen Reliefs zufolge von den Kriegen in Syrien importierte Pflanzen und Tieren gehalten werden. In Theben-West entsteht sein Totentempel und in Medinet Habu und Elephantine werden unter Hatschepsut begonnene Bauarbeiten fortgeführt. Von den in Nubien errichteten Tempeln sind insbesondere Buhen und Kumma zu erwähnen, in Letzterem wurde auch ein Kult für Sesostris III. eingerichtet.

E

Herrscherportraits
Trotz weitgehender Schematisierung der Herrscherbildnisse der frühen 18. Dynastie lassen sich Ansätze einer Individualisierung innerhalb der Thutmosidenkunst erkennen. Hierzu gehören ein breiter Mund mit leicht hervorstehender Oberlippe und dem Ansatz einer Okklusionsanomalie (Überbiss) sowie ein typisches Profil: Sowohl Thutmosis I. als auch Thutmosis III. werden mit einer langen Nase dargestellt, die zudem einen leicht angedeuteten Höcker aufweist. Weitere Merkmale sind ein abgerundetes Nasenende sowie ein breiter Nasenansatz.

5. Amenophis II. und Thutmosis IV.

Amenophis II.

In seinem 51. Regierungsjahr, zwei Jahre vor seinem Tod, ernennt Thutmosis III. seinen Sohn Amenophis II. zu seinem Nachfolger, der die Verfemung der Hatschepsut fortsetzt. Als Grund hierfür steht zu vermuten, dass die Erinnerung an die das Neue Reich gründende Familie, deren letztes Mitglied möglicherweise Hatschepsut war, ausgeschaltet werden sollte. Amenophis II., der in seiner Jugend noch im väterlichen Gestüt arbeitet, stellt sich selbst als athletischen Herrscher und geübten Bogenschützen dar. Obwohl seine Regierungszeit als stabil und relativ friedlich beschrieben werden kann, tut er sich als „Soldatenkaiser" hervor. Drei Kampagnen in Syrien sind bezeugt für die Jahre drei, sieben und neun, in seinem achten Regierungsjahr ist eine größere Militärkampagne in Nubien bezeugt. Zu seinem Hang zur Selbstdarstellung passt es offenbar, dass Amenophis II. wichtige Schlüsselpositionen mit Jugendfreunden und Familienmitgliedern besetzt. Über die immerhin 26-jährige Regierungszeit hinweg entstehen nur wenige Bauten, bei den meisten handelt es sich um Erweiterungsbauten bereits bestehender Anlagen, so zum Beispiel die Errichtung eines Festhofes mit Umgang am Chnumtempel von Elephantine sowie ein Torbau am Tempel der Satet. Die wichtigsten Bauprogramme werden in Amada, Karnak durchgeführt, von weiteren Bauprojekten unterrichten Inschriften. Sein 60 Meter langes Grab im Tal der Könige bleibt unvollendet, gibt aber aufgrund zahlreicher Vorzeichnungen wichtige Hinweise auf die Dekorationstechniken im Neuen Reich.

E

Fremde Götter
Während der Regierungszeit Amenophis' II. finden erstmals syro-palästinensische Gottheiten Aufnahme im ägyptischen Pantheon. So wird ein Baal-Tempel in Perunefer, dem Haupthafen der Thutmosiden, errichtet. Auch Reschef, Hauron und Astarte finden erstmals Verehrung. Selbst in dem abgeschiedenen Arbeiterdorf Deir el-Medineh finden fremde Kulte Aufnahme: So verfügte die Göttin Qedeschet dort über Kultgemeinschaften, die mit ihrer Verehrung betraut waren.

Thutmosis IV.

Von seinem Nachfolger Thutmosis IV. sprechen erstmals Quellen nach seiner Thronbesteigung, sodass man den Eindruck gewinnt, noch zu Amenophis' II. Regierungszeit habe sein späterer Nachfolger keine Rolle gespielt. Thutmosis IV. selbst beschreibt sich in der sogenannten **Traumstele** als Kommandant der memphitischen Streitwagentruppe. Während seiner nur kurzen Regierungszeit gibt es nur wenige militärische Auseinandersetzungen, offensichtlich begünstigt durch die Heirat mit einer Mitanniprinzessin. Abgesehen von Bauarbeiten in Karnak, darunter auch die Aufrichtung eines Obelisken Thutmosis' III., sind eigenständige Neubauten kaum nachweisbar. Thutmosis IV. beschränkt sich während seiner kurzen, nur neun Jahre dauernden Regierungszeit auf die Fertigstellung bestehender Bauten in Ägypten (so am Chnumtempel von Elephantine) sowie in Nubien (Umbauten am Tempel von Amada). Darüber hinaus ist er als Usurpator des Sachmettempels in Abusir bezeugt. Wie seine Vorgänger wird Thutmosis IV. im Tal der Könige bestattet, sein Grab bereits unter Haremhab restauriert und eine Neubestattung vorgenommen.

E

Die Traumstele Thutmosis' IV.
Seine zwischen den Pranken der Sphinx von Gizeh eingepasste, sogenannte Traumstele gilt als Legitimationsschrift des jungen Thutmosis IV.: „Seine Majestät (Thutmosis IV.) aber war ein Kind wie Horus, der ein Kind in Chemmis war, aber seine Vollkommenheit war wie die desjenigen, der seinen Vater rächt. Er (Thutmosis IV.) aber trieb Sport, indem er sich in der Wüste von Memphis vergnügte, (...) ohne dass es jemand wusste (...). An diesem Tage geschah es (...), der Schlaf und Schlummer hatte ihn ergriffen, mitten als die Sonne im Zenit stand (...)." Die Stele berichtet, wie der Gott Harmachis-Chepre-Re-Atum, der im Neuen Reich von der Sphinx verkörpert wurde, zu Thutmosis' IV. im Traum spricht: „Sieh mich an, blicke auf mich, mein Sohn Thutmosis. Ich bin dein Vater Harmachis-Chepre-Re-Atum, der dir das Königreich auf Erden an der Spitze der Lebenden gibt." Die Sphinx beklagt sich bei Thutmosis IV., zu versanden: „Der Sand der Wüste, auf dem ich mich befinde, nähert sich mir. Ich habe gewartet, dass du das machst, was sich in meinem Herzen befindet, wissend dass du mein Sohn und Schützer bist. Nähere dich, ich bin der, der dich führt." Nachdem er erwachte, ordnete der zukünftige Herrscher an, die offenbar bis zum Kopf versandete Sphinx auszugraben und erhielt dafür das Königtum.

E

Totenbuch und Unterweltsbücher
Im Neuen Reich erfahren die bis dahin bekannten Sammlungen funerärer Texte zwei maßgebliche Ergänzungen. Beim Totenbuch, dessen Vorläufer bereits zu Beginn des Mittleren Reiches fassbar sind, handelt es sich um einen Bestandteil der magisch wirksamen Grabausstattung. Während noch in den Pyramiden- und Sargtexten der Anteil der von Priestern in Götterrollen rezitierten Texte bedeutsam

war und sogar ganze Totenliturgien umfasste, tritt im Totenbuch der Aspekt der Versorgung mit im Jenseits nützlichem Wissen in den Vordergrund. Den Großteil dieser Texte soll der Verstorbene nun selbst lesen. Dabei handelt es sich wiederum nicht etwa nur um isolierte Sprüche wie Tb 1, 17 oder 125. Auf älteren Texten basierende Spruchfolgen zur Verwandlung (Tb 76–88) oder zum Übersetzen mit der Fähre (Tb 98–99) usw. erlaubten Einsichten in das modernisierte Jenseitsverständnis der Ägypter von der 18. Dynastie bis zur Ptolemäerzeit. Spruchfolgen konnten offenbar vom Kunden oder von der Werkstatt nach Bedarfslage im Voraus kompiliert werden. Das Amduat sowie andere Unterweltsbücher sind hingegen ganz dem königlichen Gebrauch an den Wänden der Königsgräber vorbehalten und entwerfen Phasenmodelle der Verjüngung und des Sonnenlaufes des Sonnengottes in seiner Barke durch die Himmelsgewässer. Ab der Dritten Zwischenzeit werden Totenbuch und Amduat miteinander auf Papyrushandschriften vereint, offenbar nachdem Königsgräber der frühen 18. Dynastie von Kopisten besucht worden waren, wie dies Besuchergraffiti verdeutlichen.

E

Karnak, das südliche Heliopolis
Unter Thutmosis IV. setzt eine Betonung des Nordens sowie der Heliopolitanischen Götter ein. Die Neunheit von Heliopolis und der dort ansässige Sonnenkult haben bereits früh Heliopolis zu einem wichtigen religiösen Zentrum werden lassen, das in der ersten Hälfte der 18. Dynastie in Karnak ein Gegenstück erhielt. Der wachsenden Rolle Amuns ist es zu verdanken, dass Karnak zu einem Heliopolis ebenbürtigen Zentrum ägyptischer Religiosität heranwuchs. Thutmosis IV. war jedoch darauf bedacht, die durch die Kriege Thutmosis' III. erstarkte Priesterschaft zu kontrollieren und setzte erstmals als Priestervorsteher einen Angehörigen des Militärs ein.

6. Amenophis III. individualisiert das ägyptische Königtum

Amenophis III. als Reformator

Während die Regierungen Amenophis' II. und Thutmosis' IV. als konsequente, aber offenbar an herausragenden Ereignissen arme Fortführungen der Politik Thutmosis' III. bezeichnet werden können, kommt mit Amenophis III. ein Herrscher auf den Thron, der in kultischer und politischer Hinsicht die Weichen bis tief hinein in die Ramessidenzeit stellen wird. Zum Zeitpunkt seines Regierungsantritts ist Amenophis III. noch ein Kind von zehn bis zwölf Jahren; zwei Jahre später heiratet er Teje. Obwohl Teje bürgerlicher Herkunft ist, werden ihre aus der Gegend von Achmim stammenden Eltern im Tal der Könige mit monarchischen Ehren bestattet. Teje, die bis in das 13. Regierungsjahr Echnatons lebt, wird im nubischen Sedeinga als Hathor verehrt.

Q

Der König als Sonnenpriester

Erstmals im Tempel von Luxor bezeugt, steht der sogenannte Text vom König als Sonnenpriester neben König Amenophis III., der die morgendliche Sonne vor der Sonnenbarke stehend anbetet. In der Forschung wurde angenommen, dieser Text könnte aus dem Mittleren Reich stammen, doch sind hier mit der Teilnahme am Sonnenlauf Themen angesprochen, die für das Mittlere Reich so nicht bezeugt sind. Auch Privatleute haben diesen außergewöhnlichen Text für den Gebrauch in funerärem Kontext adaptiert; die ersten Strophen genügen, um zu zeigen, warum dieser Text auch für Verstorbene als Verstetigung der Fahrt in der Sonnenbarke attraktiv war: „König N. N., er betet Re am Morgen bei seinem Auszug an, wenn er sein nehepu (?) öffnet, wenn er aufsteigt zum Himmel wie Chepri. Er tritt ein in den Mund, er kommt hervor von den Schenkeln bei seiner Geburt des Ostens des Himmels. Es hebt ihn sein Vater Osiris empor, es empfangen ihn die Arme von Huh und Hauhet und er lässt sich nieder in der Sonnenbarke."

Während der politisch ruhigen Regierungszeit gelingt es Amenophis III., einige religiöse Konzepte weiterzuentwickeln oder gar neu zu etablieren. Hierzu gehört zum einen die sogenannte Neue Sonnentheologie, die von Echnaton in radikaler Form umgestaltet werden sollte, aber in einer gemäßigteren Variante bis in die Ramessidenzeit hinein Bestand haben wird: In ihrem Zentrum steht eine explizite **Theologie**, die kosmische Phänomene nicht mehr nur götterweltlich erklärt, sondern – wie etwa im Falle der Sonne – aufgrund ihres sichtbaren Auftretens.

E

Theologie
Als wissenschaftliche Lehre der Götter, die in Ägypten nie eine kritische Mytheninterpretation einschloss, beschäftigt sich die Theologie mit den Gottesworten, wobei sich das Nachdenken oder „Sprechen über die Götter" in offiziellem Kontext auf die hymnische Rede erstreckt. Ab dem Mittleren Reich entfaltet sich in Götterhymnen nicht nur das Wesen einer Gottheit, sondern auch Beschreibungen der Physis und Gedanken über die Wirkmächte der Götter neben Titeln, Epitheta und Eulogien. Hymnen, die in größerer Zahl erst ab dem Neuen Reich erhalten sind, sind theologische Traktate, die bisweilen helfen, die aus der ‚Verborgenheit des Mythos' entstehende Wissenslücke zum Wesen der Götter zu füllen. Bedeutende theologische Abhandlungen aus pharaonischer Zeit sind jene für die Götter Amun, Atum, Aton, den Nil, aber auch Re und Osiris, wobei diese bisweilen geradezu literarische Züge annehmen. Außer auf Papyrus finden sich Hymnen aber auch an Tempelwänden oder, wie im Falle der Sonnenlitaneien, an den Wänden ramessidischer Gräber und Obelisken. Eine Theologie als systematisierte Rede von den Glaubensinhalten hat es indessen in Ägypten nie gegeben, anstelle der Argumentation auf Grundlage der Vernunft stand in Ägypten stets die auf Genauigkeit ausgelegte Listenwissenschaft.

Amarnakorrespondenz

Amenophis III. ist den vorhandenen Quellen zufolge zu Lebzeiten noch nicht in den Status eines Gottes aufgerückt, wohl aber avancierten alle Könige nach ihrem Ableben zu Göttern. Dennoch muss Amenophis III. wenigstens den Versuch unternommen haben, sich als kosmisches Phänomen zu präsentieren, wenn er nach seinem ersten Jubiläum in den Jahren 30–31 als Re in der Sonnenbarke fahrend dargestellt wird. Besonders als Bauherr tritt Amenophis III. hervor, was in der Forschung als Zeichen passiver Dekadenz, die angeblich mit Schwäche, Nachsicht und Selbstverherrlichung einher gegangen sein soll, gewertet wurde. Zwei Quellengattungen zeichnen jedoch ein detaillierteres und zuverlässigeres Bild eines aktiven Herrschers: Zum einen sind fünf Serien von Gedenkskarabäen zu nennen, die politisch brisante Ereignisse zwischen den Jahren 2 und 11 schildern. Daneben sind die Amarnabriefe zu erwähnen, bei denen es sich um einen Teil der diplomatischen Korrespondenz mit Herrschern orientalischer Reiche handelt, die bei der Aufgabe Amarnas nach dem Tod Echnatons in einer Schreibstube zurückgelassen wurde. Die ältesten Kanzleibriefe gehen bis in das Jahr 31 zurück: Sie enthalten weniger politische Informationen zur internationalen Außenpolitik als Freundschaftsbekundungen, wie sie in Friedenszeiten üblich waren. Im Gegensatz zu der hauptsächlich durch politische Heirat aktiv gestalteten Asienpolitik ist die Präsenz Amenophis' III. in Nubien kriegerischer Natur, im fünften Jahr stößt er möglicherweise bis hinauf zum Fünften Katarakt vor.

E

Die Feinde Ägyptens

Die Rundplastik des Alten Ägypten zeigt seit Djoser häufig Portraits von Herrschern, die auf neun Bögen treten. Diese symbolisieren die innenpolitischen und außenpolitischen Feinde Ägyptens. Mit Stadtringen versehen, werden diese Neunbogen seit Amenophis III. als Völker kanonisiert. Als Feinde Ägyptens werden, insbesondere in Privatgräbern, die folgenden Volksgruppen genannt: Mittelmeervölker, Obernubier, Oberägypter, Oasenbewohner, Unterägypter, Bewohner der Ostwüste, Libyer, Nubier und Asiaten. Die Erwähnung von Ober- und Unterägyptern wird sich wohl auf innenpolitische Feinde beziehen.

Bauprogramm

Nördlich von Kerma wird der Tempel von Soleb gegründet, der auffällige Gemeinsamkeiten mit dem sogenannten Luxortempel aufweist. Involviert in dieses in einem vergleichbaren Umfang nie dagewesene Bauprogramm ist Amenophis-Sohn-des-Hapu, der neben mehreren weiteren Aufgaben an der Fertigung und Errichtung der Kolossalstatue am 10. Pylon verantwortlich wirkt. Daneben leitet er die Bauarbeiten am Gebel el Ahmar und damit zu weiten Teilen die Herstellung der Memnonskolosse, deren Rohlinge aus dem Gebel Ahmar sowie Assuan stammen und durch die Herkunft ihres Materials die Vereinigung der Beiden Länder symbolisieren. Für seine Verdienste erhält Amenophis-Sohn-des-Hapu das einmalige Privileg, sich selbst einen Totentempel zu errichten. Die wohl wichtigsten architektonischen Leistungen finden sich in Karnak, wo er unter anderem den Mittelgang der großen Säulenhalle sowie den 3. und 10. (von Haremhab vollendeten) Pylon errichten lässt. Für die Abhaltung des Opetfestes sowie des Königskultes lässt Amenophis III. den Hauptbau des Luxortempels errichten, der von nachfolgenden Herrschern erweitert wird. In Theben-West errichtet Amenophis III. einen prunkvollen Palast, von dem heute nur noch wenige Spuren erhalten sind. Teil dieses Palastes ist ein Jubiläumshof, in dem sich Amenophis III. von bekannten und neu hinzutretenden Göttern wie ‚Der-Erhabene-der-Götter, Herr-des-Sedfestes' in seiner Regierung bestätigen lässt. Darüber hinaus sind von Amenophis III. über 1000 Monumentalstatuen bekannt, die ihn als König oder Gott zeigen, 45 davon sind über drei Meter hoch.

Q

Ein poetisches Gebet an Amun aus einem Grab

An der Türlaibung des Durchgangs zum gewundenen Abstieg in das Grab des Pairi (TT 139) in Theben aus der Zeit Amenophis' III. befindet sich dieses hymnische Gebet, das möglicherweise auf eine Petition vor Amun anspielt: „Mein Herz sehnt sich danach, dich zu sehen, Herr der Persea-Bäume, wenn dein Hals Blumenkränze empfängt. Mögest du Sättigung ohne zu essen geben, mögest du Trunkenheit ohne zu trinken geben. Mein Herz wünscht dich zu sehen, Freude meines Herzens, Amun, du Kämpfer des Armen. Du bist der Vater des Mutterlosen, der Gatte der Witwe. Das Aussprechen deines Namens ist angenehm, es ist wie der Geschmack des Lebens, es ist wie der Geschmack des Brotes für ein Kind (...). Wende dich uns wieder zu, du Herr der Ewigkeit, du warst hier, als noch nichts entstanden war, du wirst hier sein, wenn sie zu Ende sind. Du lässt mich die Finsternis sehen, die du gibst – erleuchte mich, dass ich dich sehe!"

E

Heilige Tiere
Das wohl sichtbarste Zeichen der von Amenophis III. präferierten expliziten Theologie war der Tierkult, der in zahlreichen Tierstatuen seinen Ausdruck fand. An ihnen konnte der Kult der irdischen Manifestationen von Göttern vollzogen werden, die sich mit heiligen Tieren identifizieren ließen. Hier sind zum einen die mehr als 500 löwenköpfigen Sachmetstatuen zu nennen, die er in Karnak aufstellen ließ, aber auch Statuen von liegenden Schakalen und Krokodilen, die einst im Totentempel des Herrschers aufgereiht waren. In der Spätzeit wurde dieses Konzept erweitert, wovon unzählige Bronzestatuetten zeugen sowie Katakomben, die mit Millionen von Tier- und Vogelmumien gefüllt waren.

7. Amenophis IV./Echnaton und die Amarnazeit

Amenophis IV.

Als zehnter König der 18. Dynastie folgt Amenophis IV. auf den Thron Ägyptens, der trotz seiner nur 17 Jahre währenden Regierung zu den in moderner Zeit am meisten diskutierten Pharaonen zu zählen ist. Grund hierfür ist gleichermaßen seine Abkehr von etablierten Religionsvorstellungen und Radikalisierung Jahrtausende alter Traditionen. Begünstigt wurde seine Neuinterpretation durch eine Zeit relativen Friedens ohne anstehende außenpolitische Gefahren; scheitern musste sein innovatives wie ehrgeiziges Projekt am Mangel einer Mehrheitsbildung. Insbesondere die durch die Thutmosidenkriege reich gewordene Oberschicht und Priesterschaft sieht sich als Verlierer angesichts der angestrebten Umwälzungen. So bleibt die Amarnazeit, benannt nach der neuen Hauptstadt in der Nähe des heutigen Tell el-Amarna, ein aus einer Einzelmeinung geborenes Unterfangen, das seiner Exklusivität zum Opfer fällt. Nichts davon zeichnet sich beim Regierungsantritt Amenophis' IV. ab, als er von Amun „erwählt" wird, obwohl der eigentliche Kronprinz bis zu dessen frühem Tod sein Bruder Thutmosis war. Bereits vor der Thronbesteigung heiratet der spätere König die wie seine Mutter aus Achmim stammende Nofretete, mit der er sechs Töchter zeugt. Zu Beginn seiner Regierungszeit werden traditionelle Bauprogramme im Osten von Karnak initiiert, vielleicht weil sich der neue König sich bereits seit Längerem mit der unter seinem Vater entstandenen Sonnentheologie beschäftigt. Obwohl sein Vater seinen Palastbezirk nach Aton benannte, weist nichts darauf hin, dass Echnaton seinen Vater als Sonnengott in der Gestalt des Aton verehrt. Ab seinem vierten Jahr lassen sich eindeutige Hinweise auf eine Umsetzung dieser Überlegungen erkennen, die zwischen dem sechsten und neunten Jahr deutlich greift. Seine Bauwerke sind nun nicht mehr dem Amun von Karnak gewidmet, sondern einer neuen Form des Sonnengottes, dessen offizielle Bezeichnung zunächst „Es lebe Re-Harachte, der im Horizont jubelt, in seinem Namen Schu, der Aton ist" lautete. Auf den Monumenten dieser Zeit wird Aton als Sonnenscheibe dargestellt, deren Strahlen in Leben spendenden Händen auslaufen, die den Herrscher und seine Familie segnen und Opfergaben empfangen. Der Herrscher selbst lässt sich geschlechtslos darstellen und fungiert mit der Königin als Kinder des Aton. Dadurch lassen sich bislang dem König vorbehaltene Machtbefugnisse auf Nofretete übertragen: In den genannten frühen Zeugnissen agiert sie ohne den König, präsentiert Ma'at und führt sogar das rituelle Erschlagen der Feinde durch.

Echnaton gründet Achetaton

Ohne dass die Quellen Vorzeichen hierfür erkennen lassen, entscheidet sich Amenophis IV. zu Beginn seines fünften Regierungsjahres dazu, Theben zu verlassen und eine neue **Residenz** in Mittelägypten, in einem unbewohnten Gebiet, das „keinen Göttern und keinen Göttinnen gehört", buchstäblich aus dem Boden zu stampfen. Das heutige, am Ostufer des Nils gelegene Tell el-Amarna nennt er Achetaton („Horizont des Aton"), er selbst trägt fortan den Namen Echnaton („Dem Aton nützlich"). Mit dem Fortzug nach Amarna kommt alle Bautätigkeit in Theben zum Erliegen, die Radikalisierung der Sonnentheologie nimmt ihren Anfang, ablesbar an dem neuen Namen des Gottes: „Es lebe Re, der horizontische Herrscher, der im Lichtland jubelt, in seinem Namen als Re der Vater, der Aton ist." Dass die neue Religion nicht geoffenbart, sondern von oben verordnet wird, lässt sich an den beiden Atonhymnen ablesen, wo die explizite Theologie ihren wohl markantesten Ausdruck erfährt: Anstelle des Mythos treten nun reale Bilder, lichtlose Welten wie die Nacht und die Unterwelt werden ignoriert oder verdrängt.

Q

Der ‚Große Atonhymnus' (Auszüge)

Im sogenannten Großen Atonhymnus des Echnaton heißt es: „Am Morgen bist du aufgegangen im Lichtland und du bist strahlend als Sonne des Tages. Du vertreibst die Finsternis und wenn du deine Strahlen gibst, dann sind die beiden Länder im Fest. Die Menschheit erwacht und steht auf den Beinen, (denn) du hast sie aufgerichtet. Sie reinigen ihre Körper und ziehen Leinengewänder an, ihre Arme sind in Gesten des Lobpreisens bei deinem Erscheinen und das ganze Land geht seiner Arbeit nach. (...) Wenn das Küken im Ei redet in der Schale, dann gibst du ihm Luft darin, um es zu beleben, du hast ihm seine Frist festgesetzt, um sie im Ei zu zerbrechen. Wenn es aus dem Ei herauskommt, dann spricht es zu seiner Frist; es läuft auf seinen Beinen, wenn es aus ihm herauskommt. (...) Die Erde entsteht auf dein Zeichen, wie du sie geschaffen hast: Wenn du aufgehst für sie, dann leben sie (...)."

Exklusiver Monotheismus

Die Tatsache, dass Aton nun zu einem „Gott ohne einen anderen außer ihm" erhöht wird, führt dazu, dass erstmals in der Religionsgeschichte von Monotheismus gesprochen werden kann. Echnaton und Nofretete haben alleinigen Zugang zu Aton und treten als Mittler auf, die in Hausaltären aus Amarna zusammen mit Aton dargestellt werden.

E

Internationaler Handel während der Amarnazeit

Die sogenannte Amarnakorrespondenz, bestehend aus keilschriftlichen Texten auf Tontafeln, die im Archiv von Tell el-Amarna zutage kamen (s. S. 92), zeichnen ein schillerndes Bild der auf diplomatischem Wege erreichten Friedenspolitik unter Echnaton. Der blühende Handel mit Mittelmeerländern ist möglicherweise noch eine der überaus positiven Folgen der weitsichtigen internationalen Politik Amenophis' III. Die zunehmenden Handelsbeziehungen mit dem mykenischen Griechenland haben möglicherweise ihre Wurzeln in den Tributzahlungen der während der Thutmosidenkriege verpflichteten Anrainerstaaten des östlichen Mittelmeerraumes: In den Gräbern des Rechmire (TT 100), Useramun (TT 131) und Mencheperaseneb (TT 86) sind Tributbringer, aber auch die Darstellung ausländischer Produkte Bestandteil der jeweiligen Autobiographien der Grabherren. Dabei war die Mittelmeerschifffahrt in der Antike ein waghalsiges Abenteuer: Im Juli eines jeden Jahres erlaubten zwar Strömungen und günstige Winde eine etwa zehntägige Reise über die Kyrenaika nach Ägypten, doch an eine Rückkehr auf dem gleichen Seewege war vor dem Herbst nicht zu denken. Um die Liegezeiten in Ägyptens Häfen zu nutzen, wurden die entladenen Schiffe mit ägyptischen Waren neu beladen, um gegen Oktober entlang der levantinischen Küste, vorbei an Zypern nach Griechenland zurückzukehren. Ein 15 Meter langes Schiff, das auf seinem Kurs nach Norden vor der Küste Kleinasiens in der Nähe des heutigen Bodrum sank – das sogenannte Schiffswrack von Ulu Burun – hatte neben griechischen Waren und Zahlungsmitteln auch ägyptischen Schmuck an Bord, darunter einen Skarabäus aus Gold, der den Namen der Nofretete trägt.

Ende der Amarnazeit

Über die letzten Jahre der Amarnazeit ist fast nichts bekannt, offizielle Berichte brechen mit dem zwölften Jahr ab. Ohne einen designierten Nachfolger bestimmt zu haben, verstirbt Echnaton in seinem 17. Regierungsjahr. Seine Mumie wurde im Jahre 2008 für Gentests freigegeben. Grabbeigaben zufolge wurde er in Amarna bestattet und offenbar nicht etwa im Tal der Könige, wie dies bisweilen vermutet wurde. Möglichweise wurde in seinen letzten Lebensjahren seine Tochter Meritaton zur Königsgemahlin, die entweder allein oder mit ihrem Gemahl (?) Semenchkare für höchstens drei Jahre regiert haben kann, jedoch offenbar vor Semenchkare verstirbt. Teil dieser zur Zeit unlösbaren Problematik ist die sogenannte Dahamunzu-Affäre (Dahamunzu steht für ägypt. Tahemetnesut, „die Königsgemahlin"), die aus hethitischen Quellen bekannt ist: Eine namentlich nicht genannte Königin (Nofretete?, Echnatons Nebenfrau Kia?, Meritaton?, Anchesenamun nach dem Tode Tutanchamuns?) lässt am hethitischen Hof anfragen, ob der regierende König Schuppiluliuma nicht einen hethitischen Prinzen entsenden könne, um diesen zum ägyptischen König zu machen, da sie selbst keine Söhne als Thronfolger habe. Auf dem Weg nach Ägypten wird der gesandte Prinz namens Zannanza jedoch von der Opposition getötet, hinter der entweder Eje oder Haremhab vermutet wurden.

E

Residenzstadt Tell el-Amarna

Von 14 Grenzstelen abgegrenzt, verfügte die am Reißbrett entstandene Stadt Achetaton über Paläste, zwei Atontempel, Werkstätten, Verwaltungseinrichtungen und Wohnquartiere. Im Osten wurde der Friedhof angelegt, wo sich die Elite Felsgräber anlegte. Die Größe der Privathäuser reichte von 25 m^2 bis zu 400 m^2 großen Einheiten, die als Landvillen beziehungsweise als Gehöfte anzusprechen sind. Zu ihnen gehörten Wirtschaftsbereiche, Werkstätten sowie Gärten und Personalunterkünfte. In ihrem Aufbau bestanden die Privathäuser aus einem dreistreifigen Grundriss, der aus einem Vorbereich, einem Wohnraum sowie einem privaten Bereich bestand. Diese Raumaufteilung ist bereits seit der Ersten Zwischenzeit bei großen Häusern voll etabliert (s. S. 44), ab dem Mittleren Reich sind ähnliche Grundrisse in leicht abgeänderter Form auch in der Tempelarchitektur zu beobachten, so beispielsweise am Tempel Sesostris' III. in Medamud. Die aktuelle Erforschung von Tell el-Amarna hilft, ein differenziertes Bild der Lebensbedingungen der Stadt zu entwerfen. Hierzu gehören Glaubensvorstellungen und Alltagsrituale unterer Schichten sowie deren Lebenstandard. Jüngsten Forschungsergebnissen zufolge war die durschnittliche Lebenserwartung der Bewohner Tell el-Amarnas in Folge von Mangelversorgung gegen Ende des Bestehens der Stadt weit unter den Landesdurchschnitt gesunken. Möglicherweise deutet dies darauf hin, dass Echnaton von einer aktiven Opposition isoliert wurde.

E

Amarna, „eine Revolution von oben"?
Die zahlreichen Fragen, die die Amarnazeit insbesondere im Hinblick auf ihre religionshistorische Einbettung in der ägyptischen Geschichte aufgeworfen hat, haben zu unterschiedlichen Interpretationen geführt und in den meisten Fällen fruchtbare Diskussionen ausgelöst. Im Lichte moderner Forschungsergebnisse sind jedoch einige bislang als etabliert geltende Lösungsvorschläge neu zu überdenken. Hierzu gehört die Ansicht, dass sich Echnatons Reformen (der Begriff der Revolution ist in diesem Zusammenhang unangebracht) auf Amarna beschränkten. Bautätigkeiten Echnatons sind auch in Karwa sowie in Assiut und möglicherweise Elephantine belegt. Unter Echnaton wurde ein kürzlich in Heliopolis entdeckter Tempel des Re geweiht, was der Annahme widerspricht, Echnaton habe nur Atontempel errichtet. Auch die Verfolgung anderer Götter kann nur wenig systematisch erfolgt sein, denn zahlreiche Götternamen sind in Tempeln wie Elephantine, aber auch am Totentempel seines Vorgängers Amenophis III. trotz weithin sichtbarer Anbringung nicht angerührt worden; Von einer dezidierten Verfolgung anderer Götter kann nur mit Einschränkung gesprochen werden. Jüngst konnte der Nachweis erbracht werden, dass mitunter die Tilgung des Namens des Amun erst in der Ramessidenzeit in der Absicht erfolgt ist, den Namen des Gottes umgehend wieder zu „restaurieren", offenbar um eine Quote zu erfüllen. Auch die Postulierung des erstmaligen Monotheismus in der Religionsgeschichte bedarf einer Neubeurteilung vor dem Hintergrund der Tatsache, dass es in Ägypten stets monotheistische Tendenzen, zum Beispiel in Form von Stadtgottheiten, gab. Schwerer wiegt jedoch der Umstand, dass auch Amun seit dem Beginn des Neuen Reiches als Souverän angesprochen wird, der in der Aussage „Einziger der Einzigen (Götter)" kumuliert, wie dies der Amunshymnus des Papyrus Boulaq 17 formuliert. Mehr als ein solcher Suprematsanspruch lässt sich auch für Aton nicht postulieren. Man wird nicht vergessen dürfen, dass das Bild der Amarnazeit in der Forschung lange Zeit von dem Irrtum geprägt war, die Restaurationsstele des Tutanchamun beschreibe tatsächliche Ereignisse. Im Hinblick des Legitimationsanspruches Tutanchamuns, der die Rückkehr zu den alten Traditionen untermauerte, musste die Amarnazeit zwangsläufig als eine „Zeit religiöser Intoleranz, Verfolgung und Polizeikontrolle" (Jan Assmann) erscheinen.

8. Tutanchamuns Versuch einer Rückbesinnung

Kulturelles Vergessen

Im Gegensatz zu der von Howard Carter medienwirksam inszenierten, spektakulären Entdeckung seines ungestörten Grabes im Jahre 1922, ist Tutanchamun als ein eher durchschnittlicher Pharao zu bezeichnen, der Ägypten an einem wichtigen Punkt seiner Geschichte mehr als Repräsentant dient, denn als entschlossener Entscheidungsträger: Seine historische Bedeutung ist als gering einzustufen. Die Abstammung Tutanchatons ist dank jüngst durchgeführter Untersuchungen der DNA geklärt. Er war leiblicher Sohn des Echnaton und seiner eigenen biologischen Schwester, möglicherweise die Mumie KV35YL. Mit acht Jahren wird Tutanchaton inthronisiert, doch um seine Gesundheit ist es nicht gut bestellt: Der König leidet an der Köhler-Krankheit, die sich durch belastungsabhängige Schmerzen an den Knochen bemerkbar macht, sowie an Malaria. Bis zu seinem Unfalltod in seinem 18. bis 20. Jahr übernehmen Eje und Haremhab de facto die Regentschaft. Wohl zeitgleich mit der Änderung seines Namens in Tutanchamun vollzieht sich vor dessen zweitem Jahr der Umzug von Tell el-Amarna nach Memphis und der erste Versuch einer Aufhebung der in der Amarnazeit etablierten Veränderungen.

E

Das Buch von der Himmelskuh
Unter der Regierung Tutanchamuns kann Ägypten an seine alte Blüte anschließen und sein Kulturschaffen, das möglicherweise gar nicht zum Erliegen kam, weiterführen. Ein außergewöhnliches Zeugnis ist in diesem Zusammenhang ein Unterweltstext, das erstmals unter Tutanchamun verschriftlicht wird und noch bis in die Regierungszeit Ramses' VI. Verwendung findet, in griechisch-römischer Zeit hingegen nur noch in Zitaten. Bisweilen als Sintfluterzählung bezeichnet, setzt sich dieser Text mit Gewalt in der Welt, dem Rückzug der Götter in den Himmel und der Bestrafung der Menschen auseinander. Zu Beginn des Textes, der in der Variante des Tutanchamun jedoch nicht erhalten ist, wird der gealterte Sonnengott vorgestellt: „Nun passierte es, dass Re erstrahlte, der Gott, der von selbst entstand, nachdem er im Königtum existiert hatte, als Menschen und Götter noch vereint waren. Da nun ersannen die Menschen Angelegenheiten gegenüber Re, denn Seine Majestät – Leben, Heil, Gesundheit – war ja alt geworden, seine Knochen bestanden aus Silber, seine Glieder aus Gold und sein Haar aus echtem Lapislazuli." Anders als im Alten Testament kann die Bestrafung der Menschen für ihre Gottlosigkeit jedoch nicht in einer Flut bestehen, da in Ägypten die Überschwemmung als Segen empfunden wurde. Stattdessen werden die Abtrünnigen von dem feurigen Sonnenauge verbrannt. Offensichtlich ist dieser Text, wie auch die Restaurationsstele, ein Bewältigungstext, der darauf abzielt, mit der Amarnazeit abzuschließen. Die Versionen der griechisch-römischen Zeit sprechen ganz allgemein von chaotischen Mächten und zeigen, wie unspezifisch dieser Text in Bezug auf Umstürzler gemeint sein konnte.

Forschungsdefizit

Diese Rückkehr verläuft jedoch zunächst nur schleppend und auch der persönliche Anteil des Herrschers an diesem Wechsel kann angesichts der Tatsache, dass neben einigen persönlichen Gegenständen auch die Rückenlehne seines zum Grabschatz gehörenden Thrones noch Atondekorationen zeigte, nicht ausschließlich als zielgerichtet bewertet werden. Vielleicht wird seine Grabausstattung auch eilig mit Alltagsgegenständen aus dem Palast von Amarna zusammengestückelt und einige der Grabfunde gehören überhaupt nicht Tutanchamun. Die eigentliche Quellenarbeit am Grabschatz ist längst noch nicht abgeschlossen, die zahlreichen Ausstellungen des Grabschatzes der letzten 40 Jahre haben keinen messbaren wissenschaftlichen Beitrag zu einer systematischen Aufarbeitung seiner einzigartigen Grabausstattung geleistet.

Q

Aus der Restaurationstele Tutanchamuns

Die später von Haremhab usurpierte, sogenannte Restaurationsstele Tutanchamuns kann als das politische Vermächtnis dieses Herrschers gelten und wird noch bis weit in die Ramessidenzeit hinein ihre Gültigkeit bewahren. In ihr spricht der König von den Wirren und der gottlosen Zeit unter Echnaton und beschließt, das in Verfall geratene Land wieder aufzubauen: „Als seine Majestät Tutanchamun als König erschien, da waren die Tempel der Götter und Göttinnen von Elephantine bis zu den Sümpfen des Deltas (...) im Begriff vergessen zu werden. Ihre Heiligtümer fingen an zu vergehen, indem sie zu Schutthügeln geworden waren, mit Unkraut bewachsen, und ihre Kulträume waren, als wären sie nie gewesen, ihre Hallen ein Fußweg. So machte das Land eine Krankheit durch, und die Götter kehrten diesem Land den Rücken."

9. Haremhab, Gründungsvater einer Militärdynastie

Der erste Ramesside

Nach dem unerwartet frühen Tod Tutanchamuns regiert für vier Jahre zunächst Eje, wobei vermutet wurde, dass er bereits zur Zeit seines Vorgängers faktisch die Regierungsgeschäfte innehatte. Als er in hohem Alter ohne Erben stirbt, übergibt er die Regierung an den General Haremhab, der die Restaurierung während der Nachamarnazeit nachhaltig fortsetzt. Trotzdem bleibt Haremhabs Regierung nach Außen hin relativ ereignislos, möglicherweise durchaus absichtlich: Bereits früh in seiner Regierung veröffentlicht Haremhab in Karnak ein Dekret, das sich gegen Missstände in der Administration, gegen Amtsmissbrauch und Korruption richtet sowie die Einhaltung der Gesetze festlegt. Außenpolitisch setzt ein neuer Konflikt mit den Hethitern über Gebiete im nördlichen Syrien ein, aber weder Amurru noch Qadesch können zurückerobert werden, ohne dass Ägypten hieraus ein Schaden entsteht. Bezeichnend für seine Führung ist sein geradezu bescheiden anmutender Umgang mit seiner nicht-königlichen Abstammung. Während im Neuen Reich die königliche Linie das verbindende Glied der Regierungsführungen war und noch im Mittleren Reich Könige alles daran setzten, sich als rechtmäßige Herrscher zu legitimieren, scheint Haremhab dieses Problem herunterzuspielen mit dem Hinweis, dass Horus von Hut-nesut, vielleicht der Stadtgott Haremhabs, ihn zum König Ägyptens erwählt habe und er unter Tutanchamun als Prinzregent gedient habe. So ist es auch Horus von Hut-nesut, der den letzten Pharao der 18. Dynastie während des Opetfestes Amun vorstellt und krönt. Hier zeigt sich, dass nicht der Reichsgott, sondern der persönliche Gott eingreift und die Geschicke Ägyptens beeinflusst. Die nach der Amarnazeit wieder auflebende Religiosität erfährt einen nachhaltigen Impetus durch die Tatsache, dass Haremhab in wiedereröffneten Tempeln Priester aus den Reihen der Armee einsetzt und diese mit Ländereien versieht. Offenbar versucht er dadurch, eine loyale Priesterschaft zu generieren. Als Bauherr tut sich Haremhab insbesondere durch die Mittelkolonnade des großen Säulensaales hervor, sowie durch die Errichtung beziehungsweise Fortführung der Bauarbeiten am 2., 9., und 10. Pylon. Daneben errichtet Haremhab Felstempel, so in Gebel el-Silsilah und im unternubischen Gebel Adda. In Avaris an der Nordostgrenze Ägyptens, das noch immer unter kanaanäischem Einfluss steht, beginnt Haremhab mit dem Ausbau einer Festung, die jedoch erst unter den Ramessiden ausgebaut und dauerhaft bedeutsam wird. Bestattet wird Haremhab nicht etwa in seinem mit reichhaltiger Dekoration in Saqqara angelegten Tempelgrab, sondern in einem neuen, im Tal der Könige geschaffenen Grab, das allerdings bis zu seinem Tod nicht abgeschlossen werden kann. Erstmals enthält ein Königsgrab nun nicht mehr das Unterweltsbuch Amduat, sondern das Pfortenbuch. Zusammen mit dem unter Tutanchamun erstmals verschriftlichten ‚Buch von der Himmelskuh' steht das Pfortenbuch als Zeugnis einer unmittelbar an die Nachamarnazeit anschließenden Zeit von herausragender kultureller Blüte.

VIII. Das Neue Reich II: Die Ramessidenzeit (Dynastien 19–20, 1295–1069)

19. Dynastie		20. Dynastie	
Ramses I.	1295–1294	Sethnacht	1186–1184
Sethos I.	1294–1279	Ramses III.	1184–1153
Ramses II.	1279–1213	Ramses IV.	1153–1147
Merenptah	1213–1203	Ramses V.	1147–1143
Amenmesse	1203–1200	Ramses VI.	1143–1136
Sethos II.	1200–1194	Ramses VII.	1136–1129
Siptah	1194–1188	Ramses VIII.	1129–1126
Tausret	1188–1186	Ramses IX.	1126–1108
		Ramses X.	1108–1099
		Ramses XI.	1099–1069

1. Die frühe Ramessidenzeit bis Ramses II.

Beginn der Ramessidenzeit

Durch die starke Betonung von Recht und Ordnung und der unverhohlenen Bevorzugung von Militärs in Schlüsselstellungen sowie die Gründung der später als **Ramsesstadt** bezeichneten Festung bei Avaris kann Haremhab als Gründungsvater der 19. Dynastie bezeichnet werden. Er ist das Bindeglied zur Ramessidenzeit, die ohne die von ihm gelegten Grundlagen nicht denkbar wäre: Durch die starke (Wieder-)Betonung Amuns nach der Amarnazeit hätte ohne Haremhabs Zutun bereits zu diesem Zeitpunkt Ägypten zu einer Theokratie werden können. Haremhab, der am Ende der 18. Dynastie vom General zum Pharao aufgestiegen war, ernennt jedoch zu Beginn des 13. Jahrhunderts Paramessu („Re ist es, der gebiert") zu seinem Nachfolger, der somit am Beginn der nach ihm und seinen Nachfolgern benannten Ramessidenzeit steht und eine Dynastie von Soldatenkönigenkönigen einleitet.

Ramses I.

Zu diesem Zeitpunkt hat der aus einer Militärdynastie stammende Ramses I. bereits eine Karriere in der Armee durchlaufen und unter Haremhab auch wichtige nicht-militärische Ämter innegehabt, darunter das des Wesirs und designierten Thronfolgers oder sogar eines Mitregenten. Obwohl dadurch der Übergang von der 18. Dynastie zur 19. Dynastie fließend ist, kommt Ramses I. dennoch die Rolle eines Ahnherrn der Ramessidenzeit zu, insbesondere in thebanischen Privatgräbern wie dem des Amenmesse. Dieses nennt neben Mentuhotep I./II. die Könige des Neuen Reiches in folgender Reihenfolge: Ahmose, Amenophis I., Thutmosis I.III., Amenophis II., Thutmosis IV., Amenophis III., Haremhab, Ramses I. und Sethos I. Dies ist kein Zufall: Die fünf wichtigsten monumentalen Königslisten aus pharaonischer Zeit entstehen allesamt unter Sethos I. und Ramses II. Es wäre zu kurz gegriffen, wollte man dieses Vorkommen alleine mit einem verstärkten Interesse an historischen Fakten abtun. Teil der Bewältigung der Amarnazeit ist ein staatlich verordnetes kulturelles Vergessen. Neben den Königslisten wird der Neubeginn nach der negativ beurteilten Amarnazeit insbesondere von Ramses' I. Sohn Sethos I. in dessen Denkschrift in der seinem Vater in Abydos geweihten Kapelle deutlich. Hatte Ramses I. noch zu Lebzeiten sein Grab in Gurob geplant, so wird er nun in einem kleinen Grab im Tal der Könige bestattet, das wie das seines Vorgängers eine Kopie des Pfortenbuches aufweist.

Sethos I.

Unter Haremhab war der spätere Sethos I., Sohn und Nachfolger Ramses' I., bereits Wesir und Kommandant in Sile und hatte einige priesterliche Titel inne. Dies lässt vermuten, dass Sethos I., als er den Thron Ägyptens besteigt, bereits ein Mann fortgeschrittenen Alters ist und seine militärische und priesterliche Karriere unter dem Vorgänger seines Vaters begonnen hatte, ganz wie dieser in seinem Krönungstext die Übernahme ziviler Ämter durch Militärs beschrieb. Hatte Ramses I. wohl aufgrund seines hohen Alters zu kurz regiert, um auf die Politik der kommenden Jahrzehnte Einfluss nehmen zu können, so gelingt es Sethos I., die Grundlagen für die gesamte Ramessidenzeit zu schaffen. Kaum ein anderer Pharao dieser Epoche war ähnlich einflussreich und wegweisend, was nicht nur aus seinen eigenen Worten deutlich wird. Hier sind insbesondere drei Faktoren wesentlich: der Abschluss der Restaurierungsmaßnahmen der Nachamarnazeit, der Ausbau des späteren Piramesse sowie die Kriege gegen die Hethiter. Die Verfemung Echnatons hatte bereits unter Tutanchamun eingesetzt, als Echnaton und Semenchkare für illegitim erklärt wurden. Unter Sethos I. werden Inschriften aus der Voramarnazeit restauriert, insbesondere dort, wo der Name des Amun ausgehackt wurde. Dabei geht man offenbar mit Übereifer vor: Selbst in Königskartuschen, die niemals den Namensbestandteil des Amun beinhaltet haben, werden wie in Elephantine Amunbelege ‚hineinrestauriert', was möglicherweise ein auf Erfolgsbasis beruhendes Restaurierungssystem erkennen lässt. Gleichzeitig werden in Verfall geratene Tempel wieder aktiviert und neue Tempel erbaut. Dass Sethos I. während seiner Regierungszeit nahezu überall im Land großflächige Bauprojekte durchführen kann, hat auch damit zu tun, dass er ehemalige Steinbrüche wieder öffnen lässt: Unter Sethos I. entstehen neben zahlreichen Restaurierungsarbeiten der Große Säulensaal in Karnak, der Totentempel in Abydos sowie die Kapelle für Ramses I. mit dem Osireion, der Totentempel in Gurnah als Vorbild für alle weiteren Totentempel der Ramessidenzeit, um nur einige wenige zu nennen. Selbst in Nubien wird ein ehrgeiziges Bauprogramm durchgeführt.

Ausbau von Piramesse

Während Memphis als Hauptstadt vollends etabliert wird, baut Sethos I. im Ostdelta die neue, unter Ramses II. Piramesse genannte Stadt maßgeblich aus. Sie liegt bei Avaris an der Straße zur Grenzfestung Sile, in der Sethos I. vor seinem Regierungsantritt gedient hatte. Damit wird erstmals in der Geschichte eine Stadt aus strategischen Gründen erbaut, nicht zuletzt deshalb, weil sich von der am pelusischen Nilarm logistisch günstig gelegenen Garnisonsstadt Truppen nach Palästina und Syrien verschieben lassen. In der Tat wird unter Sethos I. eine erfolgreiche kriegerische Auseinandersetzung mit den in Anatolien ansässigen Hethitern ein zentrales Anliegen der Außenpolitik: Bereits in seinem 1. Regierungsjahr beginnt der neugekrönte Herrscher mit einer Kampagne gegen die im Süden Palästinas lebenden Schasu, in der Folge gelingt es ihm, das von den Hethitern besetzte Qadesch einzunehmen.

Erneute Kriege

Amurru wechselt zwar auf die ägyptische Seite über, aber während des nun durchgeführten Syrienfeldzuges gehen beide Staaten erneut verloren und Sethos I. muss im 7. Jahr erneut gegen syrische Vasallenstaaten in den Krieg ziehen. An die Stelle der kriegerischen Auseinandersetzung tritt schließlich ein kurzzeitiger Friede. Bereits um das 6. Jahr wird Ägypten vom Westen her durch Scharen von Libyern bedroht, bei denen es sich offenbar in erster Linie um Wirtschaftsflüchtlinge handelt. Als Sethos I. in seinem 16. Regierungsjahr etwa 50-jährig stirbt, wird er im Tal der Könige im ersten vollständig dekorierten Königsgrab des Neuen Reiches bestattet.

Q

Lob auf die Ramsesstadt

Im Papyrus Anastasi II aus der Zeit Ramses' III. hat sich ein Hymnus auf die in der frühen Ramessidenzeit ausgebaute Residenz erhalten. Gegen Ende der Ramessidenzeit wird Piramesse eine Ausdehnung von 2 km^2 aufweisen. In diesem Lobpreis heißt es: „Seine Majestät hat sich ein Schloss gebaut, ‚Mit großen Siegen' ist sein Name. Es liegt zwischen Retjenu (Kanaan und Syrien) und Tameri (Ägypten), voll von Nahrung und Speise. (...) Die Sonne geht in seinen beiden Lichtbergen auf, sie geht unter in seinem Inneren. Alle Menschen verlassen ihre Städte und siedeln sich in seinem Bezirk an. Sein Westen ist ein Tempel Amuns, sein Süden ein Tempel des Seth. Astarte befindet sich in seinem Osten und Uto in seinem Norden. (...) Ramses II. ist in ihm als Gott, (der Kriegsgott) Month-in-den-Beiden-Ländern als Berichterstatter, Re-der-Herrscher als Wesir, der Ägypten freundlich gesinnt ist."

2. Ramses II.: Regierung durch erfolgreiche Selbstdarstellung

Leben Ramses' II.

Mit Ramses II. besteigt zweifellos einer der bedeutendsten Herrscher des Alten Ägypten den Thron, der seine Regierungszeit, seine Person sowie seine außenpolitischen (Miss-)Erfolge zum Mittelpunkt einer grandiosen Schau inszeniert. ‚Große Königsgemahlinnen' sind Isis-nofret, Nefertari sowie seine Töchter Bintanat, Meritamun, Nebettaui, Henutmire sowie die hethitische Prinzessin Ma'athorneferure. Mit ihnen zeugt Ramses II. 40 Töchter sowie 45 Söhne, unter denen sich zahlreiche designierte Nachfolger befinden, die jedoch alle vor dem Tod ihres über 67 Jahre hinweg regierenden Vaters versterben. Bis heute sind im Grab der Söhne Ramses' II. (KV 5) 95 Kammern freigelegt worden. Seiner außergewöhnlichen Persönlichkeit ist es zu verdanken, dass das Lebenswerk Ramses' II. im Rückblick späterer Generationen als Erinnerungsort verstanden wird, gleichbedeutend mit den Pyramiden von Gizeh. Auch wenn Pepi II. länger regierte, so hinterließ kein Pharao mehr Bauwerke als Ramses II. Bei genauerem Hinsehen fällt allerdings auf, dass die zumeist positive Beurteilung einem strahlenden Selbstdarsteller erliegt, der in einem mittlerweile multimedialen Zeitalter selbst Niederlagen als Erfolge zu vermitteln weiß. Ramses II. kommt einer späteren Darstellung zufolge möglicherweise mit bereits zehn Jahren an die Regierung, nur vier Jahre später erfolgt bereits der erste Syrienfeldzug.

Q

Das Lob verstorbener Dichter

Während der Ramessidenzeit wandte sich eine neu entstandene Form der Erinnerungskultur insbesondere herausragenden Literaturwerken des Mittleren Reiches

zu. Diese Entwicklung geht mit der Tatsache einher, dass wichtige literarische Werke wie die Erzählung des Sinuhe im Schulbetrieb Aufnahme fanden. Schüler hatten insbesondere Anfangsverse zu memorisieren und schrieben – wie im Bauschutt im Tal der Könige bezeugt – diese mit Tinte auf Kalksteinostraka, während sie Arbeiten an den Gräbern zu beaufsichtigen hatten. In einem Loblied des Papyrus Chester Beatty IV auf die Schreiber der Vergangenheit heißt es:
„Ist ein Mensch (erst) vergangen, sein Körper zu Staub (zerfallen) und seine Leute haben die Erde verlassen, dann ist es (nur) ein Buch, das seinen Namen erinnern lässt von Mund zu Mund: Effektiver ist eine (Papyrus-)Rolle als ein wohlgebautes Haus, (sogar) als Grabkapellen im Westen. Besser ist sie als eine fest gegründete Villa oder eine Stele in einem Tempel."
Der Text fährt fort, indem er tatsächlich bezeugte Dichter namentlich erwähnt: „Gibt es so einen wie Hordjedef? Gibt es einen Zweiten wie Imhotep? Nicht gibt es einen unter uns wie Neferti oder Cheti, der Erste unter ihnen. Ich erinnere dich an den Namen des Ptahemdjehuti und Chaperraseneb. Gibt es einen anderen wie Ptahhotep oder gar wie Kairsu?" Das Lob verstorbener Dichter lässt sich nicht nur aus dem Interesse der Ramessiden an der Vergangenheit heraus erklären. Aus der genannten Textstelle wird deutlich erkennbar, dass das literarische Schaffen des Mittleren Reiches nicht wiederholt oder gar gesteigert werden kann. Statt dessen wurde die literarische Produktion, abgesehen von der Verwendung der Klassiker als Schulstoff, auf Genres verlegt, die nie zuvor nach Außen traten: die Liebeslyrik oder satirische Handschriften wie die des Turiner satirisch-erotischen Papyrus.

Qadeschschlacht

Die herausragendsten außenpolitischen Ereignisse seiner Regierungszeit sind die mehrfachen Auseinandersetzungen mit den Hethitern. Bereits sein erster Syrienfeldzug ruft Muwatallis von Chatti auf den Plan. Im folgenden Jahr kommt es zu der berühmt gewordenen Schlacht um Qadesch. Zu diesem Zeitpunkt ist Ramses II. erst 15 oder 16 Jahre alt. Trotz sorgfältiger Planung seines Vorstoßes mit vier Divisionen fällt das ägyptische Heer einer hethitischen Kriegslist zum Opfer fällt und gerät in den Hinterhalt. Ägyptische wie hethitische Quellen sprechen davon, dass erstmals beide Armeen einander direkt gegenüber stehen, zu einem weiteren Male wird es nicht mehr kommen. Schnell sind die beiden ersten Divisionen des ägyptischen Heeres von hethitischer Kavallerie umzingelt beziehungsweise zerschlagen, bis der Ring um die Eingekesselten, darunter der Königs selbst, von einer von der Küste heraneilenden Hilfstruppe aufgelöst wird und den Eingekreisten die Flucht gelingt. Die beiden noch im Anmarsch befindlichen Divisionen kommen nicht einmal mehr zum Einsatz. Als am folgenden Tag die Entscheidungsschlacht ansteht, zieht sich Ramses II. zurück, wohl in der Annahme, der noch nicht eingesetzten und daher frischen hethitischen Infanterie nicht gewachsen zu sein. Diese Niederlage konnte jedoch Ramses II. in einen Sieg ummünzen durch den Hinweis, er habe alleine an der Seite Amuns gekämpft.

Friedensvertrag

Diese zunächst pathetisch anmutende Interpretation ebnet jedoch möglicherweise den Weg für einen Friedensvertrag mit den Hethitern, die durch eine als siegreich dargestellte ägyptische Armee vermutlich von Verhandlungen mit den Ägyptern abgeschreckt worden wären. Für die ägyptische Seite war diese Darstellung glaubhaft durch den Hinweis auf die persönliche Religiosität des Herrschers. Einer propagandistischen Verbreitung des persönlichen Sieges Ramses' II. stand somit nichts mehr im Wege und schriftliche und bildliche Medien der Qadeschschlacht wurden in insgesamt 13 Versionen in ganz Ägypten verbreitet. In seinem 21. Regierungsjahr unterzeichneten Ramses II. und der damalige Herrscher Hattuschili III. den ersten bilateralen **Friedensvertrag** der Menschheitsgeschichte. Durch diesen neu geschaffenen Frieden stellt sich umgehend eine stabile politische Lage an der ehemaligen Nordfront Ägyptens ein, die einem lebhaften Handel mit der Ägäis, dem Schwarzen Meer und dem Gebiet des Euphrat die Türen öffnet, wie er seit der Amarnazeit nicht mehr gegeben war.

Q

Friedensvertrag zwischen Ägypten und dem hethitischen Großreich

Der bilaterale Friedensvertrag zwischen Ägypten und Chatti wurde in mehrfachen Ausführungen verbreitet. Eine hethitische Version in babylonischer Keilschrift wurde in der Hauptstadt der Hethiter, Hattuscha, gefunden; die ägyptische Version in Hieroglyphen wurde auf einer Silbertafel und an den Wänden der Tempel von Karnak sowie des Ramesseums angebracht. „Was nun angeht die Zeit des Muwatallis, des Großen Herrschers von Chatti, meinen Bruder, er kämpfte mit (Ramses II.), dem Großen Herrscher von Ägypten. Nun aber, von heute an, schau Hattsil(...) (macht) einen Vertrag, um die Verbindung, die Re machte und die Seth machte, zu gründen – das Land Ägypten mit dem Land Chatti – um aufkeimende Feindseligkeiten zwischen ihnen zu verhindern, ewiglich." Es folgen die Vertragsklauseln, die von den Göttern beider Länder bezeugt werden: „Was diese Klauseln angeht, 1000 Götter der männlichen und weiblichen Gottheiten, die zu Chatti gehören mit 1000 Göttern der männlichen und weiblichen Gottheiten, die zu Ägypten gehören – sie sind mit mir als Zeugen, und sie haben diese Klauseln gehört (...)."

13 Jahre später kann die Verbindung mit dem hethitischen Königshof durch eine politische Heirat untermauert werden, zu der Hattuschili III. jedoch nicht erscheint: Er lässt mitteilen, dass „er heiße Füße" habe, tatsächlich mag er jedoch befürchten, in Ägypten als Vasall vorgeführt zu werden. Diese durch den Frieden mit Chatti freigewordenen Kräfte nutzend, wendet sich Ramses II. nunmehr der Westgrenze zu, um insbesondere durch einen groß angelegten Festungsgürtel am Deltarand das Problem zuwandernder Libyer zu bewältigen.

Q

Samut-Kiki schenkt sein Vermögen der Göttin Mut

Aus der zweiten Hälfte der Regierungszeit Ramses' II. stammt ein Text, der im Grab des Schreibers Samut, genannt Kiki (TT 409), angebracht wurde. In diesem biographischen Text wird der Grabbesitzer als frommer Wohltäter beschrieben, der der Göttin Mut sein Vermögen überschreibt (sein Name lautet übersetzt ‚Sohn der Mut'): „Der Gott kannte ihn schon als Kind, reiche Nahrung wurde ihm gegeben. Da dachte er über sich nach, um einen Beschützer für sich zu finden (und) er fand Mut an der Spitze der Götter (...). Er sagte: ‚Schau, ich gebe ihr mein Vermögen und all das, was (ich habe) entstehen lassen, denn ich erkenne ihre Nützlichkeit vor mir, ihre einzigartige Trefflichkeit. Sie hat mir die Angst genommen. Sie hat mich in einem schwierigen Moment verlassen und sie kam (zurück), den Nordwind ihr voraus, nachdem ich nach ihrem Namen gerufen habe. Ich war ein Schwacher ihres Dorfes, ein Armer und ein Herumtreiber ihrer Stadt. Ich habe (nun) Zutritt zu meinem Vermögen, damit sie reich wird und damit ich (dies) gegen Lebenshauch eintausche.'"

Bauprogramm

Während seiner langen Regierungszeit bewältigt Ramses II. ein groß angelegtes Bauprogramm, dessen herausragendste Bauten der große Peristylhof und Pylon des Luxortempels sind. Der heute stark zerstörte Totentempel in Theben-West, das Ramesseum, wird teilweise auf einem Friedhof des Mittleren Reiches gegründet. In Abydos erbaut er einen Tempel für Osiris, in Unternubien lässt er acht Felsentempel ausmeißeln. In Elephantine vervollständigt Ramses II. nicht nur das unter seinem Vater begonnene Erweiterungsprogramm für den Tempel des Chnum, sondern schafft eine monumentale Terrasse nebst einem weithin sichtbaren Pylon sowie eine in der Mitte der Insel liegende Stationskapelle. Kartuschen mit dem Namen Ramses' II. lassen sich nahezu überall in Ägypten finden, doch stammen nicht alle Werke tatsächlich aus seiner Regierungszeit: Mehrere hundert Statuen, insbesondere solche aus der Zeit Amenophis' III. und des Mittleren Reiches werden unter Ramses II. usurpiert, gegen Ende seiner Regierungszeit nimmt die Qualität der neu geschaffenen Statuen deutlich ab. Bestattet wird Ramses II. im Tal der Könige (KV 7).

Göttlicher Ramses II.

Unter Ramses II. wird Piramesse, die von seinen Vorgängern etablierte ‚Ramses'-Stadt, weiter ausgebaut, zahlreiche hohe Beamten werden dort angesiedelt. Insbesondere Inschriften an Türstürzen und -laibungen zeugen von seiner Verehrung durch eine loyale Beamtenschaft. In der Tat feiert Ramses II. nicht nur 14 Sed-Feste, sondern lässt sich bereits ab seinem 8. Regierungsjahr als ‚Ramses, der Gott' verehren. Diesen Beinamen tragen nicht nur vor Pylonen aufgestellte Statuen, sondern auch Kultstatuen; Reliefs zeigen Ramses II. vor seinem vergöttlichten Selbst opfernd. Wie für einen außergewöhnlich talentierten und aktiven Herrscher nicht anders zu erwarten, wirkt Ramses II. bis weit in seine Nachwelt hinein; er wird nicht nur für die 20. Dynastie richtungsweisend, sondern selbst noch in der späten Perserzeit erinnert wie auch bei Diodor und Tacitus erwähnt. Die ägyptologische Nachwelt hat jedoch das Bild Ramses' II. mitunter verzerrt und sich beispielsweise gefragt, was Ramses' II. wohl von der heutigen Zeit halten würde und ihn gar an der Stelle des Erzbischofs von Canterbury gesehen.

Q

Thotemhab: Gelebte Religion

Unter den autobiographischen Texten der Persönlichen Frömmigkeit der Ramessidenzeit nimmt die Traumoffenbarung des Thotemhab in seinem thebanischen Grab (TT 194) eine bedeutende Stellung ein. Der Grabbesitzer bezeugt seine Loyalität gegenüber der Göttin Hathor und weist darauf hin, dass seine Verbundenheit mit der Göttin bereits zu Lebzeiten bestand: „Während ich schlief, war die Erde im Schweigen in der Tiefe der Nacht. Am Morgen jubelte mein Herz, ich freute mich und ich begab mich zur Westseite, um das zu tun, was du mir gesagt hast. Du bist (nämlich) eine Göttin, deren Ausspruch man ausführt, eine Vornehme, auf die man hört. Ich habe deinen Spruch nicht missachtet, habe deinen Plan nicht übergangen. (...) Gib dein Gesicht, damit ich ihm huldigen kann. Schenke deine Schönheit, damit ich deine Gestalt im Inneren meines Grabes erblicken kann."

3. Die Nachfolger Ramses' II.

Merenptah

Nach dem Tode Ramses' II. folgen in nur 29 Jahren sechs Pharaonen in kurzen Abständen auf den Thron Ägyptens, bevor mit Ramses III. erneut ein einflussreicher Herrscher nachhaltigen Einfluss auf die Innen- und Außenpolitik nehmen kann. Merenptah kommt erst in hohem Alter auf den Thron, geht man von seiner Geburt im 15. Jahr Ramses' II. aus. Da er unter seinem Vater bereits als General gedient hat, ist er darauf vorbereitet, die aggressive Außenpolitik seiner Vorgänger fortzuführen: So ist Merenptah sowohl in Nubien als auch in Palästina als Aggressor belegt, wo er gegen einen Stamm namens ‚Israel' kämpft, der auf einer Siegesstele aus Merenptahs Totentempel erstmals belegt ist. Merenptah regiert in einer Zeit großen Umbruchs. Traditionelle Feindvorstellungen haben scheinbar ausgedient und so führt er gleichzeitig mit den üblichen Kampagnen in Grenzgebieten nun auch einen Verteidigungskrieg gegen die nach wie vor zahlreich ins Land einströmenden Libyer. Ägypten kann nicht mehr wie gewohnt die Geschicke der Region nach eigenem Willen lenken, sondern wird mittlerweile zur Reaktion gezwungen, nachdem der unter Ramses II. angelegte Festungsgürtel im westlichen Delta sich offenbar als wirkungslos erweist. Diese Völkerwanderung steht nicht allein: Offenbar durch Missernten verursacht, gibt es auch im ägäischen sowie im ionischen Raum sich auflösende Volksgemeinschaften. Merenptah schickt Getreidevorräte in das von Hungersnot betroffene Hattuscha, doch der Zerfall des offenbar durch innenpolitische Auseinandersetzungen geschwächten einstigen Großreiches lässt sich nicht mehr aufhalten. Etwa zur Regierungszeit Merenptahs hört das Hethiterreich auf zu existieren.

Seevölker

Gleichzeitig bahnt sich für Ägypten eine dritte Gefahr an, die sogenannten **Seevölker**. Ihrer Herkunft nach unbekannt, zerstören sie offenbar zunächst in der Ägäis das mykenische Griechenland und den westlichen Einflussbereich des Hethiterreiches, bevor sie mit einer Welle verbündeter Kleinstaaten, denen sich offenbar in Nordafrika auch die Libyer unter der Führung des Marijaui anschlossen, auf Ägypten vorstoßen. Die Tatsache, dass sich unter den 16000 Menschen auch Frauen und Kinder befinden, deutet auf Wirtschaftsflüchtlinge hin, nicht auf schwer bewaffnete Krieger. Innerhalb von nur sechs Stunden kann Merenptah dieses Aufgebot besiegen und siedelt die mehr als 9000 Überlebenden im Delta an. Während dem libyschen König die Flucht gelingt, wird eine nicht genaue Anzahl von Feinden in Memphis gepfählt, werden abgeschnittene Hände und Genitalien vor dem Palast Merenptahs aufgehäuft. Als Bauherr kann sich Merenptah durch seinen Totentempel in Theben profilieren, für den er große Teile des benachbarten Totentempels Amenophis' III. abtragen lässt sowie durch sein Grab, dessen Anlage bis zum Ende des Neuen Reiches maßgeblich sein wird: Es verfügt über einen repräsentativen Eingang, eine gerade Achse, weniger Nebenräume, vertiefte Reliefdekoration sowie eine astronomische Decke in der Sargkammer.

Q

Die Strategie der Seevölker

Im 8. Regierungsjahr hinterließ Ramses III. die sogenannte Große Inschrift am nördlichen Turm des 2. Pylons des Tempels von Medinet Habu. Diese beinhaltet eine Analyse der Herkunft der Seevölker sowie ihres Siegeszuges, der bis zur Zeit Merenptahs zurückreichte: „Die Völker der Meere schlossen sich auf ihren Inseln zu einer Verschwörung zusammen. Sie hatten den Plan, die Hand auf alle Länder der Erde zu legen. Kein Land hielt ihren Angriffen stand. Von (der Eroberung von) Chatti an wurden zu gleicher Zeit vernichtet: Qedi, Karkemisch, Arsawa und Alschija. Ihr Lager schlugen sie an einem Ort in Amurru auf. Sie zerstörten die Länder so, als ob sie nie existiert hätten. Sie kamen, bereiteten ein Feuer vor ihnen und sagten: ‚Auf nach Ägypten!'. Verbündet waren mit ihnen die Peleset, Tjeker, Schekelesch, Danu und Waschasch. Ihre Herzen waren voller Vertrauen: ‚Unsere Pläne gelingen (ja)'."

Sethos II. – Siptah – Tausret

Nach dem Tod Merenptahs brechen Streitigkeiten um die Thronfolge aus, aus denen zunächst Amenmesse siegreich hervorgeht. Doch regiert er nicht mehr als drei Jahre, bevor Sethos II. als möglicherweise ältester Sohn Merenptahs die Regierung an sich reißt, die Kartuschen Amenmesses aushacken lässt und dessen Namen mit dem Zeichen des ‚Feindes' versieht. In seiner nur sechsjährigen Regierungszeit entstehen einige Bauten beziehungsweise Erweiterungen sowie wichtigte Texte, darunter das sogenannte Zweibrüdermärchen. Obwohl nicht von seiner Hauptfrau Tausret abstammend, folgt Siptah als wohl einziger Sohn Sethos' II. auf den Thron Ägyptens. Seine nur fünfjährige Regierungszeit ist den Quellen zufolge als relativ ereignislos einzustufen, sieht man vom Bau seines undekoriert gebliebenen Grabes im Tal der Könige ab. Eine wichtige Stellung neben dem kränklichen und in jungen Jahren an Poliomyelitis leidenden Siptah nimmt offenbar dessen Schatzmeister Baj (Arsu) ein, der sich sogar ein Grab im Tal der Könige anlegen lässt, einen königlichen Totenkult beansprucht sowie königliche Titel und Beinamen. Nach Siptahs Tod übernimmt seine Stiefmutter Tausret gänzlich die Regierungsgeschäfte, nachdem sie offenbar schon während Siptahs Regierung im Hintergrund gewirkt hatte. Es ist nicht völlig auszuschließen, dass zu diesem Zeitpunkt Baj noch lebte. Mit ihrem Tod geht die 19. Dynastie zu Ende.

4. Die mittlere Ramessidenzeit: Ramses III. und Ramses IV.

Sethnacht

Mit Tausrets Nachfolger Sethnacht beginnt die 20. Dynastie, deren Anfänge jedoch weitgehend im Dunkeln liegen. Der Tatsache zufolge, dass Sethnacht Tausrets Andenken verfolgt und in seiner Stele in Elephantine für die Zeit vor seiner Regierungsübernahme von anarchischen Zuständen spricht, scheint um die Thronfolge über einen längeren Zeitraum hinweg und mit gewaltsamen Mitteln gerungen zu werden.

Q

Die Elephantinestele Sethnachts

Aus dem Chnumtempel des Neuen Reiches auf Elephantine stammt eine Stele, in der Sethnacht von der Bezogenheit seiner Regierung auf Gott berichtet. Sethnacht beschreibt sich selbstbewusst als „ausgewählt unter Millionen, zu dessen Gunsten Hunderttausende hintangesetzt wurden". Der Aufstellungszusammenhang ist der eines politischen Festes, in der die Staatsordnung auf die Vernichtung der Feinde zurückgeführt wird: „Es war seine Majestät wie sein Vater Seth, (als er) seine Arme (erhob), um Ägypten zu säubern, von dem, der sich an ihm verging, seine bannende Kraft als Bollwerk, das die Feinde von ihm (fernhält). Die Furcht vor ihm hat sie so sehr ihrer Sinne beraubt, dass sie dahin fliehen (wie) Kleinvögel und Federvieh, den Falken (= eine Anspielung auf den Herrscher selbst als Horusfalken) an ihrem Hals. (...) Im 2. (Jahr), 2. Sommermonat, Tag 10 gibt es (nun) weit und breit keinen Widersacher Seiner Majestät mehr (...)."

Ramses III.

Am Ende verbleiben Sethnacht bis zu seinem Tod nur noch zehn Monate für die Konsolidierung der Regierung. Dies fortzusetzen ist die Aufgabe Ramses' III., der den Thron zu einem Zeitpunkt besteigt, als Ägypten in innenpolitische Unruhen verwickelt ist, wie dies die Stele des Sethnacht verdeutlicht. Gleichzeitig wird Ägyptens westliche Grenze von Libyern, die nördliche von den Seevölkern bedroht. In der Außenpolitik wird sich Ramses III. während seiner dreißigjährigen Regierungszeit als letzter erfolgreicher Pharao durchsetzen, innenpolitisch schwächt er das Land durch zwei erstaunliche Fehleinschätzungen. Die eine betrifft sein ehrgeiziges Bauprogramm, mit dem er offenbar an die Außenwirkung Ramses' II. anknüpfen möchte, obwohl sich die finanzielle Situation zwischenzeitlich deutlich verschlechtert hat. Zweitens überschreibt Ramses III. zahlreiche in Staatsbesitz befindliche Ländereien, Herden und Arbeitskräfte an Opferstiftungen für Tempel, wodurch diese noch reicher werden und den Staat in seiner Manövrierfähigkeit einschränken. Am Ende der Regierung Ramses' III. sind ein Drittel des landwirtschaftlich nutzbaren Landes in den Händen der Tempelverwaltungen, drei Viertel davon gehören allein dem thebanischen Tempel des Amun. Tatsächlich bahnen sich erstmals deutliche Finanzkrisen als Folge der Umschichtungspolitik an, die möglicherweise auf einen Wunsch nach Legitimation durch die Götter zurückzuführen ist: Ausbleibende Lohnzahlungen an die Arbeiterschaft von Deir el-Medineh sowie Korruption sind nur wenige Indizien seiner verfehlten Innenpolitik. Im Gegensatz dazu steht Ramses' III. Verdienst, in seinem fünften Jahr seinen ersten Feldzug gegen die libyschen Stämme Libu, Meschwesch und Seped erfolgreich zu beenden, die bereits an den Nil vorgedrungen waren. In seinem 11. Jahr kämpft er erneut gegen die Libyer, das größere Problem stellen jedoch die **Seevölker** dar.

Q

Die Seevölker stehen vor Ägypten

Benannt nach ihrer Taktik, vom Meer aus die Küsten des nordöstlichen Afrika anzugreifen, hatten die Seevölker zum Zeitpunkt der Regierungsübernahme Ramses' III. bereits weite Teile des Mittelmeerraums in ihre Gewalt gebracht und stellten in ihrer Absicht, das ressourcenreiche Ägypten zu erobern, die wohl größte Gefahr dar, der sich das Alte Ägypten bis dahin zu stellen hatte. Einer Inschrift Ramses' III. zufolge lag ihr Ursprung in „einem Land auf den Inseln inmitten des Meeres", doch tatsächlich war ein Vielvölkergemisch entstanden. Die Peleset ließen sich in Palästina nieder, die Luka stammten aus Lykien in Südwestanatolien. Im Westen stammten die Turscha möglicherweise aus dem Schwarzmeergebiet und bewohnten später als Etrusker (Tusci) Mittel- und Norditalien, die Schardana lebten auf den Inseln Sardinien und Sizilien. Die auf ägyptischen Reliefs dargestellten Seevölker sind nicht in Heeren organisiert, sondern werden als Familien dargestellt, die mit ihren persönlichen Habseligkeiten ihre Ursprungsorte verließen, um einer ägyptischen Quelle zufolge als „Entwurzelte" eine neue Heimat zu suchen.

Abwehr der Seevölker

Möglicherweise aus dem Gebiet des heutigen Balkan und der Nordägäis stammend, zogen die Seevölker im gesamten Mittelmeerraum eine Spur der Verwüstung hinter sich her: Hattuscha, die Hauptstadt des hethitischen Großreiches in Anatolien, wurde gebrandschatzt und nivelliert und auch Zypern, Tarsos, Kilikien und Nordsyrien waren bereits gefallen, als es Ramses III. in seinem 8. Jahr gelingt, die vordringenden Seevölker im östlichen Mündungsgebiet des Delta in eine Seeschlacht zu verwickeln und zu zerschlagen. Um Ägypten vor einer Fremdherrschaft zu bewahren, führt Ramses III. weitere Schlachten in seinem 12. Jahr, deren Kriegsgefangene im ägyptischen Heer integriert werden. Obwohl die Seevölker weite Teile des östlichen Mittelmeerraumes dauerhaft besetzt halten, verzichten sie auf einen weiteren Zugriff auf Ägypten. Seine Erfolge lässt Ramses III. im Zuge seines umfassenden Bauprogramms feiern: In seinem größten Bauprojekt, dem bereits im 12. Jahr abgeschlossenen Tempel von Medinet Habu, werden die Außenwände mit Darstellungen der Seevölkerschlacht versehen. Mit diesem Projekt verfolgt Ramses III. offenbar die Absicht, seinen Vorgänger Ramses II. zu übertreffen, auch der Grundriss von Medinet Habu orientiert sich am Ramesseum.

Wirtschaftliche Krise

Die gewaltigen Bauprojekte der Zeit täuschen jedoch nicht darüber hinweg, dass die negativen Folgen der schwachen Vorgängerregierungen nun zum Tragen kommen: Amtsmissbrauch und Korruption sind allgegenwärtig. Das entstandene Ungleichgewicht zwischen Staat und Tempeln sowie eine Inflation des nun vielfach von den Tempeln und seiner machtorientierten Priesterschaft diktierten Getreidepreises führen zunächst zu Unruhen, bis im 29. Jahr der erste bezeugte Arbeiterstreik in der Geschichte losbricht. Gleichzeitig dazu führte das wiederholte Vordringen nomadisierender Libyer im thebanischen Raum zu einem Verlust an Sicherheit, zumal auch die Arbeiten an staatlichen Projekten unterbrochen werden müssen. Das nachlassende Vertrauen in die Staatsgewalt und die Person Ramses' III. macht am Ende nicht einmal vor seinen Vertrauten halt: Eine Haremsverschwörung, die zum Ziel hatte, den König zu töten und den Sohn einer seiner Frauen, einen gewissen Pentaweret, zum König zu machen, scheitert. Den Rädelsführern wird unter Ramses' III. Nachfolger Ramses IV. der Prozess gemacht.

Ramses IV.

Ramses IV. wird noch zu Lebzeiten seines Vaters zum Kronprinzen erhoben, nachdem vier ältere Brüder verstorben waren. Die innenpolitischen Unruhen dehnen sich während seiner Regierungszeit weiter aus. So kommt es in Deir el-Medineh zu Versorgungsengpässen und Ramsesnacht, Hohepriester des Amun in Theben, ist bei Auszahlungen zugegen, so als ob die eigentliche Staatsgewalt bei der Priesterschaft läge. In der Tat entzieht sich die Kontrolle der Priesterschaft immer mehr der Staatsgewalt, was offenbar eine Folge der großzügigen Überschreibungen ehemaligen Staatsbesitzes an die Tempel ist. Allem Anschein nach führt die ungleiche Machtverteilung zur Begünstigung von **Korruption**, was beispielhaft durch ein Gerichtsverfahren nach Außen tritt: Von einem Priester des Chnumtempels von Elephantine angezeigt, kommt ein Schiffskapitän namens Chnumnacht zur Anklage, dem mehrfacher Amtsmissbrauch vorgeworfen wird sowie Bereicherung am Tempelgut.

Q

Der Korruptionsskandal von Elephantine

In den Gerichtsakten Papyrus Turin 1887 hat sich eine unter Ramses V. verfasste Anklageschrift erhalten, in der ein Priester des Chnumtempels von Elephantine seine Vorgesetzten, insbesondere einen Schiffskapitän namens Chnumnacht, des Amtsmissbrauchs bezichtigt. Der erwähnte Chnumnacht ist auch durch ein Graffito auf einem Türpfosten eines Speicherraumes aus Elephantine bekannt, aus dem er zahlreiche Güter entwendete. Die Vorwürfe sind zahlreich und geben tiefe Einblicke in das von Willkür und Korruption geprägte Alltagsleben während der Regierungszeit Ramses' IV.: „Anklage betreffs einer schwarzen Kuh, die in seinem (des Tempels?) Besitz war. Sie gebar fünf Mnevis-Kälber und er nahm sie fort und er verteilte sie auf den Feldern. Er entfernte sich (dann) mit ihnen und er brachte sie fort in den Süden, wo er sie an wab-Priester verkaufte. Anklage betreffs des großen Mnevis-Kalbes, das sich in seinem Besitz fand. Er entfernte sich mit ihm und verkaufte es an verschiedene Polizeibeamte der Festung von Senmut. Er erhielt seinen Gegenwert von ihnen. (...) Anklageschrift betreffs seiner Verführung der Bürgerin Mutnemeh, Tochter des Pasechty. Sie war die Frau des Fischers Thotemhab, Sohn des Penataweret." An einer anderen Stelle im Papyrus werden genaue Aufzeichnungen über gestohlene Waren bekannt gegeben: „Regierungsjahr 5 (...), Gesamtsumme: Emmer des Tempels des Chnum, Herrn von Elephantine, den zu stehlen und für ihren eigenen Gebrauch abzuzweigen der Schiffskapitän mit den Schreibern, Inspektoren und Landwirten des Chnumtempels ein Komplott schmiedete: 5400 Säcke."

5. Die späte Ramessidenzeit und der Niedergang des Neuen Reiches

Ramses V.

Ramses V. folgt auf den Thron seines Vaters und regiert nur vier Jahre, bevor er offenbar im Alter von ca. 30 Jahren an Pocken stirbt. Er leitet mit seiner nur kurzen Herrschaft das Ende der Ramessidenzeit und damit des Neuen Reiches ein, das vom Verlust der Zentralgewalt gekennzeichnet ist. Aus seiner Zeit stammt der Papyrus Wilbour, eine der zentralen Quellen für das Verständnis der ägyptischen Wirtschaft. Die fragwürdige frühere Innenpolitik Ramses' III., die durch die Bestätigung der Landschenkungen an die Tempel durch seinen Nachfolger bestärkt wurde, trägt nun dazu bei, dass sich der über 78 Jahre hinweg andauernde kontinuierliche Fall des Neuen Reiches nicht mehr aufhalten lässt. Obwohl ab Ramses III. alle Pharonen bis zum Ende der 20. Dynastie Ramses heißen und damit programmatisch an die militärische und kulturelle Blütezeit Ramses' II. anknüpfen, kann sich ein Wille zur Erneuerung nicht mehr formen: Die wenigen Jahre, die die einzelnen, sich in rascher Folge ablösenden Herrscher regieren, garantieren nur noch eine Mangelverwaltung und können die um sich greifende Korruption nicht eindämmen.

Ramses VI.

An weiteren Einfällen von Libyern ist aus der Herrschaftszeit Ramses' V. zwar nichts bekannt, aber es scheint unwahrscheinlich, dass diese ausblieben: Bereits im ersten Regierungsjahr seines Nachfolgers Ramses VI. fallen als „Feinde" betitelte Libyer ein, derentwegen die Arbeiten im Tal der Könige ruhen müssen. Wie bei seinem Vorgänger sind nur einzelne Facetten seiner Regierung bekannt, die keine umfassende Beurteilung seiner Regierung zulassen. Zwar ist sein Grab sein wohl bedeutendstes Denkmal, doch wird es nur wenige Jahre nach seiner Inbetriebnahme bereits ausgeraubt.

Ramses VII.

Ramses VII., Sohn und Nachfolger Ramses' VI., ist nur ein weiterer Name austauschbarer, spätramessidischer Pharaonen, denen Visionen wie Durchsetzungsvermögen fehlen und die den unvermeidlichen Niedergang des Neuen Reiches nur noch verzögern. Trotz seiner sieben Jahre währenden Regierung sind nur wenige Denkmäler bekannt, sein Grab ist das herausragendste Monument. Anstelle von verdienter Loyalität werden nun Vertrauensbekundigungen eingefordert, die seine blasse Regierung als Heilszeit beschreiben. Ramses VII. ist ein Beispiel vom Wandel einer Person vom Verantwortungs- zum Sympathieträger einer zur Akklamation angehaltenen Gefolgschaft. Eine politische Vision Ramses' VII. tritt aus den Quellen nicht hervor.

Q

Lobrede auf Ramses VII.

Aus der späten Ramessidenzeit ist eine Reihe von Papyri mit Lobpreisungen auf die Könige Ramses V.–VII. (heute in Turin) bekannt. Sie sind geprägt von hohlen Phrasen, mit denen der Herrscher offenbar umschmeichelt sein wollte. Im Gegensatz zu der bereits auszugsweise zitierten Hymne auf Sesostris III. (s. S. 62) sind diese Texte schwülstig und legen Zeugnis von einem Königtum ab, dem in Zeiten sozialer Unruhen daran liegt, den Schein zu wahren. Eine dieser Hymnen auf Ramses VII. macht dies exemplarisch deutlich: „,Wie schön du bist, der du den Tag in der Sonnenbarke verbringst, der schön ist beim Hervorkommen aus der Zeder (?...), vor dem sich die Bäume verneigen, oh, Hellgesichtiger, der den Palast betritt (...). Oh, Sohn des Re, oh, Ei des Atum, Hirte (Deiner) Herde, Ramses VII. (Leben, Heil, Gesundheit).' ,Wie schön du bist!', sagt sie, die Neunheit: ,Deine Flotte ist am Kanal (...) sie lassen Geschenke fließen während der Sed-Feste. Ihre Peilstäbe sind in Freude. ,(...) zum Opet wegen Deiner Landung, Ramses VII.', sagen sie, Deine beiden geliebten Länder, die Amun Dir anvertraut."

Ramses VIII. – Ramses IX.

Sein Nachfolger ist ein überraschend ein Sohn Ramses' III. und Onkel Ramses' VII., der als Ramses VIII. nur drei Jahre lang regiert und weder ein Grab noch eine Grabausstattung hinterlässt.

Offenbar führt der Mangel an männlichen Nachfolgern der nur kurze Zeit verwaltenden Pharaonen dazu, dass mit Ramses IX. ein Herrscher unklarer Abstammung den Thron besteigt. Er regiert zwar 16 Jahre lang, doch abgesehen von seinem 86 Meter langen Grab im Tal der Könige werden nur wenig bedeutende Denkmäler geschaffen. In seiner Regierungszeit blüht die Korruption ungehindert, organisierte Verbrecherbanden plündern systematisch königliche wie private Gräber. Einige der Schuldigen können gefasst, in **Grabräuberprozessen** überführt und gepfählt werden, doch eine verständliche Botschaft scheint sich hieraus nicht abzuleiten; die Plünderungen dauern an.

Q

Aus den Grabräuberpapyri

Papyrus Abbott enthält einen Bericht über eine Feldbegehung der Behörden anlässlich eines Prozesses gegen Grabräuber im 16. Regierungsjahr Ramses' IX. Das hier exemplarisch herausgegriffene Grab ist das Intefs V., König der 17. Dynastie und Zeitgenosse Salatis': „Das Pyramidengrab des Königs Nubcheperre, Sohn des

Re Intef, Leben, Heil, Gesundheit. Es wurde gefunden in angebohrtem Zustand durch die Hand der Räuber, die einen Tunnel gemacht hatten von 2,5 Ellen an seiner nördlichen Seite, ausgehend von der äußeren Halle des Felsgrabes des Vorstehers der Opfergaben Iuri des Tempels des Amun, der tot ist. Es wurde intakt gefunden: Den Dieben ist es nicht gelungen, in es einzudringen."

Zusammenbruch

Das einstmals so große Reich Ägypten wird zunehmend reduziert: Während Besitzungen in der Levante stückweise aufgegeben werden, liegt die Südgrenze Ägyptens nun wieder am Zweiten Katarakt. Kontinuierlich strömen unbehelligt **Libyer** nach Ägypten ein und gründen unter Ramses IX. bereits Kolonien, nachdem sie als Parallelgesellschaften in dem von bürgerkriegsähnlichen Zuständen geprägten Ägypten zuvor schon geduldet wurden. Die Nekropolenarbeiter legen wiederholt ihre Arbeit nieder, da sie ihren Lohn verspätet oder überhaupt nicht erhalten, ihre Parole lautet: „Soll der Wesir doch die Kleider Ramses' IX. und die Zedernbretter (selber) tragen!".

Ramses X. – Ramses XI.

Ramses X. ist entweder der Sohn oder der Schwiegersohn Ramses' IX., der vielleicht nur vier oder höchstens neun Jahre lang regiert. Dies genügt offenbar, um im Tal der Könige ein Grab anzulegen, wobei während seines letzten Jahres dort kaum noch gearbeitet werden kann. Statt jedoch dort bestattet zu werden, ist sein Leichnam möglicherweise in Piramesse beigesetzt worden, wie dies vielleicht auch für Ramses VIII. anzunehmen ist.

Sohn und Nachfolger Ramses' X. ist Ramses XI., mit dem das Neue Reich und damit die Ramessidenzeit endet. Wie nicht anders zu erwarten, setzen sich Krisen und Hungersnöte fort, es wird sogar von Zeitgenossen vom „Jahr der Hyänen" gesprochen.

E

Umgang mit den Libyern unter Ramses XI.

Während der Regierungszeit Ramses' III. wurden die als Wüstenvölker oder Meschwesch bezeichneten Libyer zu einer Gefahr, mit der man täglich zu rechnen hatte und die die Abwicklung alltäglicher Geschäfte oder Arbeiten insbesondere auf der Westseite nachhaltig behinderten. Insbesondere die für die Arbeiten im Tal der Könige angelegten sogenannten Nekropolentagebücher geben genaue Auskunft über die Libyereinfälle. Offenbar wurden Essensrationen an die hungernden Meschwesch ausgegeben, mit denen man den ungestörten Fortgang der Arbeiten an den Königsgräbern erwirkte wollte, wie dies der ungewöhnliche Brief aus den letzten Jahren der Regierungszeit Ramses' XI. zeigt: „Der General des Pharao – Leben, Heil, Gesundheit – (schreibt) an den Nekropolenschreiber Tjary: Was ist los mit den -?- der Nekropole, die den Meschwesch in der Nähe Brotrationen ausgeben, dass du ihnen jetzt (plötzlich) keine Brotrationen (mehr) austeilen lässt? Sobald dich mein Brief erreicht, wirst du den, der Brotrationen den Meschwesch in der Nähe ausgegeben hat, sehen und sie dem Ach-menu anvertrauen, um ihn die Brotrationen für die Meschwesch von ihnen abholen zu lassen. Bitte nimm hiervon Kenntnis."

„Wiederholung der Geburten"

Zwar ist Ramses XI. gleichermaßen hilflos wie seine Vorgänger, jedoch weniger passiv: Um die Sicherheit in Oberägypten aufrechtzuerhalten, schickt er den Vizekönig von Nubien zu Hilfe, wo dieser jedoch durch einen Interessenskonflikt mit dem thebanischen Hohepriester Amenophis einen Krieg auslöst und den zur Festung ausgebauten Tempel von Medinet Habu einnimmt. Erst Pianchi gelingt es, im 19. Regierungsjahr Panehsi aus Ägypten zu vertreiben. Ramses XI. ruft daraufhin den symbolischen Neuanfang in

Form einer neuen Ära aus, die „Wiederholung der Geburten" genannt wird und als Jahr 1 zählt. Doch gegen Ende seiner Regierung, im Jahre 1069 v. Chr. führt im Norden Smendes die Regierungsgeschäfte, in Theben der General Pianchi und nach ihm Herihor. Ab diesem Zeitpunkt ist Ägypten wieder geteilt.

6. Das Ende des Neuen Reiches

Überfremdung und Staatsbankrott

Die Auflösungserscheinungen des ausgehenden Neuen Reiches sind in der Wissenschaft oft diskutiert worden. Einigkeit herrscht darüber, dass insbesondere äußere Einflüsse wie etwa das Eindringen der Libyer sowie der Seevölker den Niedergang auslösten, als es Ägypten offenbar nicht gelang, der neuen Gefahr hinreichend zu begegnen. Für das Ende des Neuen Reiches sind somit Überfremdung und das Fehlen wirtschaftlicher Ressourcen verantwortlich gemacht worden. In der im Anschluss an das Neue Reich beginnenden Geschichte der Dritten Zwischenzeit findet dieser Ansatz eine willkommene Bestätigung, als es gelang, mittelfristige Lösungsansätze für ein im Zerfall befindliches, gespaltenes Land zu schaffen. Jüngst ist jedoch überraschend ein weiterer Grund für den Auflösungsprozess des Neuen Reiches namhaft gemacht worden: Die Entwicklung dessen, was allgemein als Persönliche Frömmigkeit bezeichnet wird. Diesem Ansatz ist jedoch nur bedingt zuzustimmen: Zwar ist es richtig, dass bereits unter Thutmosis III. Manifestationen persönlicher Religiosität, so beispielweise während Prozessionsfesten unterstützt wurden, eine Privatperson wie Amenophis-Sohn-des-Hapu einen eigenen Tempel zugestanden bekam und auch in Karnak eine Kultstätte für Amun-der-die-Gebete-erhört offizialisiert wurde. Doch sind dies stets Tendenzen, die vom Staat geduldet oder gefördert wurden und keinesfalls als subversiv oder die Staatsräson gefährdend eingestuft wurden. Die persönliche Religiosität, die nicht nur bei Privatpersonen, sondern auch bei Königen wie etwa im Qadeschpoem in der Rede Ramses' II. deutlich nach Außen tritt, hat sich stets in offiziell akzeptierten Bahnen entfaltet und wurde ingeniös und produktiv entwickelt, bis sich in der Dritten Zwischenzeit die tanitischen Könige sogar in der Nähe des Amun bestatten ließen. Es ist nur schwer vorstellbar, dass religiöse Neuerungen in Ägypten von der verantwortlichen Klasse so fehlinterpretiert wurden, dass hiermit der Untergang des Neuen Reiches beschleunigt worden wäre. Die zur Verfügung stehenden Quellen lassen diesen Schluss nicht zu.

IX. Die Dritte Zwischenzeit (Dynastien 21–25; 1069–655)

21. Dynastie	
Smendes	1069–1043
Amenemnesu	1043–1039
Psusennes I.	1039–991
Amenemope	993–984
Osorkon der Ältere	984–978
Siamun	978–959
Psusennes II.	959–945

22. Dynastie	
Scheschonk I.	945–924
Osorkon I.	924–889
Scheschonk II.	ca. 890?
Takelot I.	889–874
Osorkon II.	874–850
Takelot II.	850–825
Scheschonk III.	825–773
Pami	773–767
Scheschonk V.	767–730
Osorkon IV.	730–715

23. Dynastie
Verschiedene Könige regieren gleichzeitig mit dem Ende der 22., 24. und 25. Dynastie

24. Dynastie	
Bakenrenef	720–715

25. Dynastie	
Alara	780–760
Kaschta	760–747
Pije	747–716
Schabaka	716–702
Schabitko	702–690
Taharqa	690–664
Tanutamani	664–656

1. Der Beginn der Dritten Zwischenzeit

Paralysierte Herrscher

Ähnlich wie bei den beiden vorangegangen sogenannten Zwischenzeiten ist auch während der 413 Jahre dauernden Dritten Zwischenzeit das Fehlen einer Zentralregierung das Hauptcharakteristikum: Abermals wird die Überwindung eines paralysierten Königtums angestrebt. Bereits die späten ramessidischen Herrscher sahen sich außer Stande, vom Ostdelta aus Ägypten in seiner gesamten Ausdehnung zu verwalten. Könige ohne Visionen sowie ausbleibende wirtschaftliche Verbesserungen haben in Ägypten stets dazu geführt, dass unter Verzicht auf bürokratische Strukturen vor Ort Ideallösungen geschaffen werden konnten, die stets der ägyptischen Kultur zu neuer Blüte verhalfen. Die Dritte Zwischenzeit ist hier keine Ausnahme; sie gehört zum Neuen Reich, dessen Fortsetzung sie ist, und nicht zur Spätzeit, die durch sie nicht eingeleitet wird. Abermals findet sich bestätigt, dass Zeiten ohne Zentralgewalt gleichwertig neben den großen Reichen stehen, deren jeweiliges Ende im Ausgang der unmittelbar nachfolgenden Epoche definiert wird, in der sich zusammenfassend das Potential der Reiche letztmalig erkennen lässt. Ebenso zeigt sich, dass das Ende der Staatsgewalt nicht das Ende der Staatsidee bedeutet, wie dies früher angenommen wurde. Das Gegenteil ist der Fall. Ausnahmslos alle nach dem Neuen Reich herrschenden Fürsten und Könige lassen sich im Königsornat darstellen und nehmen eine

Königstitulatur an oder lassen sich diese von der ägyptischen Elite auf den Leib schreiben. Das Pharaonentum steht selbst nach dem Neuen Reich ikonhaft für Ägypten und wird selbst von Fremdherrschern niemals in Frage gestellt.

Zwischenzeiten sind Folgen vorangegangener Epochen, nicht Auslöser neuer Reiche, auch wenn dies der Sichtweise altägyptischer Propaganda entspricht, die von unter Legitimationszwang stehenden neuen Herrschern ausgegeben wurde. Die Errichtung neuer Reiche ist zwangsläufig von der Konstruktion negativer Erinnerungen geprägt, die den von schwachen Königen angeführten historischen Perioden nachträglich zugewiesen werden. Zeitgenössische negative Beschreibungen aktueller ägyptischer Lebensverhältnisse sind thematisch nicht auf Zwischenzeiten beschränkt, sondern finden sich noch zahlreicher während der Reiche. Aus den rückblickenden Schriftzeugnissen späterer Epochen Anarchie und Zügellosigkeit vorausgehender Perioden abzuleiten, hat den Blick auf das kulturelle Schaffen der Zwischenzeiten verstellt, das sich zweifelsfrei in zeitgenössischen schriftlichen und archäologischen Quellen fassen lässt.

2. Die 21. und 22. Dynastie

Geteiltes Ägypten

Die Herkunft des Smendes, des Begründers der 21. Dynastie, ist umstritten. Sicher scheint indes, dass er nach dem Tode Ramses' XI. Piramesse aufgibt und Tanis zur Hauptstadt macht, wobei der Übergang als unproblematisch gelten kann. Dies darf jedoch nicht darüber hinwegtäuschen, dass zu Beginn der 21. Dynastie, die nicht nur als Beginn der Dritten Zwischenzeit, sondern auch als erste Dynastie der bis in die 24. Dynastie dauernden Libyerzeit verstanden wird, Ägypten geteilt ist. Im Süden regieren Militärs in ihrer Funktion als Hohepriester des Amun, die noch immer auf die reichen Tempelschätze zurückgreifen können, welche sich die Priesterschaft seit Ramses III. gesichert hatte. Bei diesen Herrschern handelte es sich sehr wahrscheinlich um Libyer, die sich als Stellvertreter des Gottes verstanden. Bezeichnend ist jedoch die Bindung des religiösen Amtes an das einer Militärführers, mit dessen Autorität der schleichende Wandel von einer Fremdherrschaft zur ägyptischen Herrschaft untermauert wird. Zum wichtigen politischen Mittel während der libyschen Gottesherrschaft wird das bereits aus dem Neuen Reich bekannte Orakelwesen, das den unmittelbaren Einfluss und Entscheidungswillen des Amun sinnfällig ausweist. Da die Entscheidungen des Amun nicht in Frage gestellt werden, kann mithilfe seiner Orakel die neue Dynastie legitimiert werden. Der Name des Amun wird konsequent in Königskartuschen eingeschrieben. Somit wird die Theokratie zur Antwort auf die misslungene Autokratie menschlicher Herrscher und eines der bestimmenden Merkmale der Dritten Zwischenzeit, die es Amun erlaubt, auch in andere Lebensbereiche wie den Totenglauben einzudringen. Während Theben durch Beschluss Amuns zum religiösen Zentrum des Landes wird, kann Tanis seine Bedeutung als Königsresidenz immer mehr ausbauen, wobei die **Bestattungen** der Könige im Vorhof des dortigen Amuntempels eine wichtige Rolle spielen. Doch neben dieser Neuentwicklung auf religiösem Gebiet bleibt die politische Aktivität der Herrscher im Norden nur spärlich dokumentiert. Die hohe Zahl der Regierungsjahre des Smendes stützt sich ausschließlich auf ein einzelnes Dokument, das jedoch mittlerweile Pinudem I. zugeschrieben wird. Möglicherweise lässt sich Smendes in Tanis bestatten.

Der Staat plündert Königsgräber

Gleichzeitig regiert mit Herihor eine der wichtigsten am Übergang von der 20. zur 21. Dynastie maßgeblich beteiligten Personen in Theben. Herihor diente zunächst unter Ramses XI., bevor er nach dessen Tod die Regierung an sich reißt. Mit Pianchi verwandt und von libyscher Abstammung, ernennt Herihor sich selbst zum König und beginnt nach seinen eigenen Regierungsjahren zu zählen. Eine durch eine Festung verstärkte, wenngleich nur formale Grenze wird in el-Hibeh, am südlichen Ausläufer des Fayum, festgesetzt. Als Bauherr ist Herihor nur in Theben bezeugt. Die öffentlichen Kassen werden mit dem systematischen Plündern der Königsgräber aufgefüllt, man macht selbst nicht davor halt, von den Särgen der Herrscher des Neuen Reiches das Blattgold abzukratzen. Dies geschieht im Tempel von Medinet Habu, offenbar dem einzigen Ort Thebens, der gesichert werden kann. Es liegt offen auf der Hand, dass diese Epoche von sozialen Unruhen geprägt ist. Der unter dem Titel „A Tale of Woe" bekannte, sogenannte Moskauer Literarische Brief aus der 21. Dynastie enthält einen beklemmenden Bericht über die Zustände der Zeit.

E

Der königliche Friedhof in Tanis

Obwohl die religiöse Verwaltung des Landes nach wie vor in Theben verortet war, ließen sich die Herrscher nicht mehr im Tal der Könige bestatten und verzichteten auch auf die Anlage von Totentempeln in Theben. Als Gründe hierfür werden in der Forschung vor allem mangelnde Sicherheitsvorrichtungen verantwortlich gemacht. Die Könige der Dritten Zwischenzeit weichen stattdessen auf Tanis aus, wo sie mittelformatige Bestattungen im Hof des Tempels des Amun anlegen. Neben verbesserter Sicherheit ist jedoch die Tatsache der Anwesenheit des Amun als ausschlaggebender Faktor zu sehen: Nur im Tempel des Gottes kann sich der Verstorbene der Nähe zu Gott sicher sein und nur hier kann er an den Opfergaben und Gebeten anlässlich der großen Prozessionen teilnehmen. Diese Neuerung ist einmal mehr die Folge aus persönlicher Religiosität, wie sie sich insbesondere seit dem Neuen Reich abzeichnete. Dabei ist Tanis kein Einzelfall: Dasselbe Phänomen lässt sich auch in den Tempelvorhöfen von Medinet Habu, Sais und Mendes beobachten.

Psusennes I.

Die Nachfolge Smendes' und Amenemnesus, der nur kurz regiert, tritt im Norden Psusennes I. an, bei dem es sich um einen Sohn des thebanischen Militärs Pinudem I. handelt. Sein Bruder Mencheperre regiert gleichzeitig in Theben, was jedoch trotz innerfamiliärer Heiraten keineswegs zu einer Zentralisierung der Staatsgewalt führt – offenbar sind die negativen Erinnerungen nur eine Generation nach dem Ende der 20. Dynastie noch zu frisch. Zwar kommt mit Osorkon (früher Osochor oder Osorkon der Ältere genannt) eine neue libysche Familie zur Herrschaft im Delta, bei der es sich um Abkömmlinge der Meschwesch handelt. Doch nur wenig später kann mit Psusennes II. erneut ein thebanischer Militär an die Regierung im Norden kommen, der sich jedoch als tatsächlicher Herrscher kaum messbar hervortut.

E

Königliche Totentexte während der 21. Dynastie
Offenbar werden die Königsgräber des Neuen Reiches während der thebanischen Gottesherrschaft nicht nur nach Grabschätzen durchkämmt, sondern auch die Texte an den Grabwänden werden dokumentiert. Graffiti von Schreibern in den Gräbern deuten nicht nur darauf hin, dass das Tal der Könige und mit ihm die Gräber offen zugänglich waren. Auch den Unterweltsbüchern wurde großes Interesse entgegengebracht. Einstmals ein Privileg königlicher Bestattungen, tauchen getreu abgezeichnete Unterweltsbücher nun auch als Anhang von Totenbüchern auf.

Die 22. Dynastie

Mit Scheschonk I., dem Gründer der 22. Dynastie und offenbar Neffe Osorkons besteigt ein Meschweschführer aus Bubastis den Thron, der die Tanitische Dynastie ablöst. Die Chronologie seiner Regierung ist jüngst mithilfe astronomischer Daten angezweifelt und ca. 100 Jahre vordatiert worden. Ob diese Neudatierung sich mit anderen vorhandenen Daten in Einklang bringen lässt, wird die Forschung der nächsten Jahre erst zeigen müssen. Sein Sohn Osorkon I. ist verheiratet mit Psusennes' II. Tochter Maatkare, die in Theben Ländereien besitzt. Die Tatsache, dass sich während der 21. Dynastie wenige Familien in wechselnder Folge die Oberhoheit über Ober- und Unterägypten unter sich aufteilen, nutzt Scheschonk I., um den politischen Einfluss des Königs nach dem Modell des Neuen Reiches wieder herzustellen. Erstmals seit Ramses III. wird eine aktive Außenpolitik betrieben sowie ein ehrgeiziges Bauprogramm durchgesetzt. Durch politische Heiraten gelingt es Scheschonk I., lokale Potentaten an das Königshaus zu binden, während die einflussreichsten Posten an seine nächsten Verwandten gehen. Scheschonk I. tritt insbesondere in der Levante als Aggressor auf. Als „Schischak, König von Ägypten" findet er Eingang in das Alte Testament (1 Könige 14,25–26) als er Jerusalem erobert, offenbar mit 1200 Streitwagen bewaffnet und Libyern und Nubiern in seiner Armee. Diesem Krieg ist jedoch nur ein kurzer Erfolg beschieden, denn bald darauf stirbt Scheschonk I. und Ägypten kehrt zu Wirtschaftsbeziehungen mit der Levante zurück. In Karnak gehört die sogenannte Bubastidenhalle mit seinem grundsätzlich stereotypen Siegesbericht zu Scheschonks I. herausragenden Leistungen als Bauherr.

Partikularismus und Bürgerkrieg

Obwohl seine Nachfolger die Einheit Ägyptens weiter vorantreiben und sich kulturell immer mehr der einheimischen Kultur anpassen, können die durch Einheirat ins Königshaus und erbliche Ämter erstarkten Provinzherrscher ihre Macht bewahren. Eine Vereinigung von Ober- und Unterägypten wird zugunsten der Fortsetzung der an einer Feudalstruktur interessierten libyschen Lokalherrscher verhindert. Somit wird die 22. Dynastie zu einer Periode der Dezentralisierung und ein Rückschritt in eine Epoche des Partikularismus. In Theben ernennt sich der Hohepriester Harsiese selbst zum König und lässt sich ganz in tanitischer Tradition im Vorhof des Tempels von Medinet Habu bestatten. Davon aufgeschreckt, versucht das nördliche Königshaus Hoheit über Theben zu gewinnen, wie dies der Prinz Osorkon, Sohn des Takelot II., in seiner in Karnak am Bubastidentor angebrachten Chronik erläutert, die von einem zehn Jahre dauernden Bürgerkrieg spricht.

Q

Die Chronik des Osorkon

Während des in Theben tobenden Bürgerkrieges werden sogar rituelle Tötungen vorgenommen, wie dies die Chronik des Prinzen Osorkon ausführt: „Dann wurden die Gefangenen gebracht, als Bündel zusammengeschnürt. Dann schlug er sie vor ihm (d.h. Amun) nieder und ließ sie entfernen wie Ziegen in der Nacht des Festes des Bandopfers beim Erscheinen der Sothis. Ein jeder wurde im Feuer verbrannt an der Stätte seines Verbrechens."

3. Die lokalen Dynastien 23 und 24

Pattsituation

Unter Scheschonk III. etablieren sich im Delta Lokalfürsten, die mitunter der 23. Dynastie zugeordnet wurden, von der auch Manetho spricht. Von einer eigenen Dynastie wird aber nur bedingt auszugehen sein, am Ende der 22. Dynastie, die mit Osorkon V. zwischen 730 und 715 ausklingt, ‚regieren' insgesamt vier Könige und damit vier Dynastien gleichzeitig: einer in Bubastis (Osorkon V., 22. Dynastie), einer in Leontopolis (Iupet II. und Scheschonk VI.?, 23. Dynastie), einer in Sais (Tefnacht und später Bakenrenef, 24. Dynastie) sowie Pije und Schabaka (25. Dynastie). Daneben spielen jedoch auch die Festungen von Hermopolis (Namilt III., um 730) und Herakleopolis (Pajeftjauemauibastet, ab ca. 749) eine bedeutende Rolle in einer Situation, die zu verfahren ist, um ein verbindliches Herrscherhaus hervorzubringen. Erst mit dem Auftreten Pijes kann der Knoten gelöst werden.

Nubier in Oberägypten

Pije gilt als Initiator der Kuschitenzeit, die mit der 25. Dynastie identisch ist. Bereits sein Vater Kaschta hatte 728 von Nubien aus Teile Ägyptens erobert und damit erstmals afrikanischen Einfluss geltend gemacht. Nach seinem Tode wird Pije von Amun zum Thronfolger im Reich von Kusch eingesetzt und kann seine Macht bis nach Oberägypten ausdehnen, wo er Garnisonen einrichtet und damit seinem Anspruch auf ganz Ägypten Ausdruck verleiht. In Theben setzt Pije seine Schwester Amenirdis I. als Gottesgemahlin des Amun ein, woraus deutlich wird, dass die neue Dynastie mit den Verhältnissen und Traditionen Ägyptens bestens vertraut ist. Gleichzeitig blüht im Norden unter Tefnacht und insbesondere unter seinem Nachfolger Bakenrenef die 24. Dynastie. Besser bekannt unter dem Namen Bokchoris, gelingt es Bakenrenef im gesamten Delta an Einfluss zu gewinnen. Insbesondere in der griechischen Tradition wird Bokchoris als kluger und weissagender Gesetzgeber erinnert und steht vielleicht sogar hinter der reichen Bildtradition des weisen Richters.

Q

König durch Eingreifen Gottes

In der Siegesstele des Pije entwirft dieser seine Vorstellung eines auf Gott basierenden Großkönigtums: „Amun von Napata hat mich zum Herrscher eingesetzt, so wie ich zu jemandem sage: „Sei König!" und er ist es, oder „Du wirst nicht König sein!" und er ist es nicht. (...) Wer immer von mir geschützt wird, der läuft nicht Gefahr, dass seine Stadt erobert wird, soweit ich es verhindern kann. Die Götter machen einen König, die Menschen machen einen König – ich aber bin ein König, den Amun gemacht hat."

Pije erobert Ägypten

Bald setzt ein Vorstoß des Tefnacht von Sais und verbündeter Fürsten ein, der sich jedoch nicht gegen die hoffnungsvoll auftretenden Kuschiten richtet, sondern gegen das Reich von Herakleopolis. Pije mischt sich in diese Auseinandersetungen ein und trifft dabei auf Namilt III. von Hermopolis als Hauptgegner. Als Tefnacht und die ihm unterstellte Nordkoalition nachhaltig zu siegen beginnt, rückt Pije über Theben nach Hermopolis vor, das angesichts seiner Belagerung kapituliert. Da sich Namilt III. unterwirft, kann die Belagerung des von Pajeftjauemauibastet regierten Herakleopolis beendet werden, wodurch Pije weiter nach Norden vorrücken kann und in Memphis im Tempel des Ptah und in Heliopolis im Tempel des Amun Opfer darbringt. Schließlich unterwerfen sich alle vormaligen Kriegsgegner dem ganz in ägyptischer Tradition stehenden und frommen Pije und werden in seinem Palast vorstellig. Dort angekommen wird jedoch nur Namilt III. zugelassen, der als rituell rein gilt; die anderen Fürsten werden als „Fischesser" und unbeschnitten und damit als unrein beschrieben. Die vielen unvorhersehbaren Entwicklungen dieser Kampagne haben es Pije sehr wahrscheinlich unmöglich gemacht, seinen Krieg vorauszuplanen, weshalb davon auszugehen ist, dass sich die Erfolge erst im Verlauf dieser Auseinandersetzungen und mit Hilfe diplomatischer Intervention einstellten. Dennoch kann Pije nach langer Zeit als der erste Machtpolitiker gelten, dem es gelingt, Ägypten einzunehmen, noch dazu in einer äußerst schwierigen Ausgangslage. Mit den vor Pije vorgetragenen loyalistischen Reden seiner ehemaligen Kriegsgegner kann die sogenannte Libyerzeit, die auf politischer Bühne die Kleinstaaterei fortgesetzt hatte, die den libyschen Stammesstrukturen seit dem ersten Eindringen in Ägypten während der frühen Ramessidenzeit zu Eigen war, als beendet gelten.

E

Die Gottesgemahlinnen des Amun
Bereits Ahmose hatte das Amt der Gottesgemahlin für seine Frau Ahmes-Nefertari eingerichtet. Während der Libyerzeit wurde diese Stellung zu einem dem Pontifikat ähnlichen politisch-religiösen Amt, das an Ansehen dem Königtum nahezu gleichkam. Inhaberinnen mussten immer Prinzessinnen sein, im Neuen Reich waren sie die Mütter zukünftiger Könige. Als wichtigstes Ressort übersahen sie die Durchführung der Orakel des Amun. Während der Dritten Zwischenzeit lebten die Gottesgemahlinnen im Zölibat, ihr Lebensgefährte war Amun. Den Pontifikat mit einer Frau zu besetzen, die als Gemahlin des Gottes jungfäulich sein musste, macht durchaus Sinn, denn so wird die Gefahr erblicher Rangfolgen und Herrscherdynastien ausgeschlossen. In der Konsequenz jedoch herrschen Beamtendynastien. Unter Osorkon IV. wird eine seiner Töchter, Schepenupet I., Gottesgemahlin des Amun, mit der Führung des Gottesstaates betraut. Bei seinem Vorstoß nach Norden setzt Pije seine Schwester Amenirdis I. als Adoptivtochter Schepenupets I. und als zweite Gottesgemahlin in Theben ein. Ihre Grabkapelle liegt im Vorhof von Medinet Habu und setzt damit die in Tanis eingeführte Bestattungssitte von Gräbern entlang der Tempelachsen fort. Ihre Kapelle ist mit Szenen aus dem Mundöffnungsritual sowie einer Liturgie zur Investitur im Jenseits, bestehend aus Pyramidentexten, dekoriert.

4. Die 25. Dynastie (Kuschitenzeit)

Kuschitenherrscher

Ausreichend finanzielle Mittel sowie politisches Kalkül und der Respekt vor Ägyptens religiöser Tradition lassen Pije zum herausragendsten Herrscher der Dritten Zwischenzeit werden. Pije tut sich fast nur militärisch in Ägypten hervor, seine Bauprogramme konzentrieren sich ganz auf Nubien und insbesondere die Hauptstadt Napata. Auch er lässt sich in einem Pyramidengrab in el-Kurru bestatten, der ursprünglichen Machtzentrale der Kuschiten. Die Blüte Nubiens, die durch die Unterwerfung Ägyptens ihren wohl deutlichsten Ausdruck findet, geht insbesondere auf das Ende der ägyptischen Kolonialherrschaft im 12. Jahrhundert zurück. Offenbar geprägt von der jahrhundertealten ägyptischen Leitkultur, stehen die Kuschiten Ägypten sehr nahe, dessen Religion, Regierungsform und Schrift sie übernehmen. Analogien mit aktuellen postkolonialen Erfahrungen machen es jedoch eher unwahrscheinlich, dass sich die Kuschiten kulturell als Ägypter fühlen, ihr afrikanischer Hintergrund und ihre unverfälschte Identität ist unverwechselbar zu erkennen. Zwar treten sie formal als Militärmacht auf, doch möglicherweise aufgrund der starken Bindung an das Mutterland unternehmen die Kuschiten keinerlei Anstrengungen hinsichtlich eines vereinigten Ägypten. Der Umstand, dass die libyschen Fürsten weiterhin eine relative Autonomie genießen und königliche Titel annehmen, charakterisiert die 25. Dynastie als eine der Dritten Zwischenzeit zuzuordnende Epoche. Dazu kommt mit dem Ausbau des Amtes der **‚Gottesgemahlin des Amun'** ein überaus wichtiges politisches Amt mit großem örtlichen Einfluss hinzu. Andere Neuerungen betreffen den Königsornat mit dem Doppeluräus an der Stirn des Königs sowie der Kappe als wichtigste Kennzeichen kuschitischer Herrscher. Auch das Amt des Königs ist nun offenbar nicht mehr zwingend erblich, sondern kann auf den Bruder übergehen. Die alte Königsstadt Memphis wird wieder zur Residenz. In einem theologischen Kommentar auf einem von Schabako in Auftrag gegebenen Denkmal (s. unten), das vorgibt, ursprünglich auf einem Papyrus niedergeschrieben worden zu sein, wird nicht nur Ptah, der Hauptgott von Memphis, als Schöpfer der Welt (und der Hieroglyphen) ausgewiesen, sondern auch das Grab des Osiris in Memphis angesiedelt. Gleichzeitig werden Amun in Heiligtümern, aber auch Nefertem im Königsnamen des Taharqa hervorgehoben, der sich als Schützling des Nefertem-Re bezeichnet.

Altes Reich als goldenes Zeitalter

Eine für die folgende Epoche weitreichende Entwicklung ist jedoch die Rückbesinnung auf das Alte Reich, die in Ägypten in der Verortung des Königtums in Memphis ihren deutlichsten Ausdruck findet, in Nubien hingegen in den königlichen Pyramidengräbern. Offenbar erstreckt sich das Interesse an dieser 1600 Jahre früheren Epoche auch auf ranghöchste Privatpersonen: Durch den Pontifikat der Gottesgemahlinnen zu Herrschern avanciert, können sich die ‚Vorsteher von Oberägypten' die prachtvollsten Beamtengräber anlegen, die es je in Ägypten gegeben hat. In Gräbern wie dem des Harwa in Theben (TT 34) werden im Vorhof Reliefszenen angebracht, die den memphitischen Stil des Alten Reiches kopieren.

E

Vergangenheit in der religiösen Gegenwart

Das Alte Ägypten hat zu allen Zeiten ein lebhaftes Interesse an seiner eigenen Vergangenheit gezeigt. Während der 25. Dynastie erreicht die Auseinandersetzung mit Vergangenem sowie der ‚Urzeit' eine Dimension, die auch die Religion nicht länger ausschließt. Götter werden nun nicht mehr nur als Erschaffer der Welt angesehen, sondern als Vorfahren, die im Verborgenen die Welt in Gang halten und daher einen eigenen Kult verdienen. Die Erfahrung mit Osiris hat bereits seit der 4. Dynastie die Existenz toter Götter als Kultempfänger etabliert. Von der Welt, die Osiris als noch lebender, mythischer Herrscher geschaffen hat, sah man sich in der Kuschitenzeit allerdings getrennt und begann diese Lücke durch einen Vergangenheitskult zu schließen. Genauso wie auf dem sogenannten Denkmal memphitischer Theologie Osiris überraschend in Memphis lokalisiert wird, so wurden nun Stätten des Totenkults für Götter eingerichtet, die in Festprozessionen aufgesucht wurden. So ist es kein Zufall, dass sich gerade die Tiernekropolen, in denen tote Götter bestattet wurden, als solche Orte anboten. Das wohl eindrücklichste Beispiel ist das thebanische Dekadenfest, während dem einmal die Woche (alle zehn Tage) Amun zum sogenannten Kleinen Tempel in Medinet Habu zieht, um dort seine Ahnen zu besuchen. In der Spätzeit, in der ein regelrechter Vergangenheitskult entsteht, hat sich hieran ein Totenfest mit eigener Priesterschaft angeschlossen, das während des sogenannten Rituals von Djeme Wasserspenden für die Toten bereitstellte.

Taharqa

Doch mit dem Interesse an der Kultur Ägyptens ist es für die Kuschiten nicht getan: Der 26 Jahre lang regierende Taharqa sieht sich in seinem Kampf gegen die Assyrer einer neuen, schnell erstarkenden Macht gegenüber, die unter Asarhaddon mit dem Einmarsch in Ägypten die Kuschitenherrschaft vorläufig beendet. Obwohl der Norden Ägyptens unter den Assyrern neu geordnet wird und Deltastädte neue Namen erhalten, nimmt Taharqa den Abzug Asarhaddons zum Anlass, seine Herrschaft neu zu formieren. Asarhaddon sieht sich genötigt, erneut gegen Ägypten vorzugehen, stirbt aber auf dem Feldzug, noch bevor Kampfhandlungen einsetzen. Sein Nachfolger Assurbanipal schlägt daraufhin das ägyptische Heer bis hinein nach Theben, wo sich ägyptische Fürsten umgehend gegen die Fremdherrscher auflehnen und auch der Bürgermeister von Theben, Montuemhat, verwickelt wird. Nach der Aufdeckung der Rebellion werden die ägyptischen Rädelsführer in Niniveh und einigen ägyptischen Orten hingerichtet. Nur Necho von Sais wird in seiner Führung bestätigt und sein Sohn Psammetich I. unter assyrischem Namen in Athribis zum Herrscher ernannt. Trotz dieser Kriege kann Taharqa die umfassendste Bautätigkeit nach dem Neuen Reich durchführen seine Bauten reichen vom Delta bis hinein nach Nubien. Diese enorme Anstrengung sowie sein steter Kampf gegen die assyrische Fremdherrschaft machen ihn zum sichtbarsten König der Dritten Zwischenzeit. Dabei beschreibt sich Taharqa selbst als von Amun begünstigt.

E

Die Königsstele des Taharqa
In der Königsstele des Taharqa wird eine Reihe glücklicher Ereignisse mythologisch ausgedeutet, so beispielsweise eine Nilüberschwemmung, die Ägypten auf den Wunsch Pharaos hin an seine Uranfänge zurückführt: „Wunder geschahen in der Zeit Seiner Majestät im 6. Jahr seiner Thronbesteigung, dergleichen nicht gesehen wurden seit der Zeit der Vorfahren, weil sein Vater Amun-Re ihn so sehr liebte. Seine Majestät erbat eine Überschwemmung von seinem Vater Amun-Re, Herrn von Karnak, um zu verhindern, dass in seiner Zeit eine Dürre eintritt. Da verwirklichte sich nun alles, was von den Lippen Seiner Majestät hervorging, auf der Stelle. Es kam die Zeit der Regenfälle, und der Nil stieg an allen Orten Tag für Tag (…). Das Land lag träge im Urwasser, man konnte das Land nicht vom Fluss unterscheiden. (…) Da ließ sich Seine Majestät die Annalen der Vorfahren bringen, um die Überschwemmung ihrer Zeit nachzusehen, und man fand nichts dergleichen in ihnen."

Tanutamani

Taharqas Nachfolger wird der nur acht Jahre regierende Tanutamani, bei dem es sich möglicherweise um einen Sohn des Schabako handelt. Ihm gelingt es, seinem auf einer Stele verzeichneten **Traum** folgend, von Nubien aus einen Vorstoß gegen Ägypten zu entfachen, dem der den Assyrern treue Necho von Sais zum Opfer fällt.

E

Die Traumstele des Tanutamani

In der sogenannten Traumstele berichet Tanutamani, wie er von den Göttern beauftragt wurde, in einer religiös begründeten Mission gegen die Assyrer vorzugehen: „Im Jahre 1 seiner Thronbesteigung (...) sah Seine Majestät nachts ein Traumbild: Zwei Schlangen, eine zu seiner Rechten, eine andere zu seiner Linken. Da erwachte Seine Majestät und konnte sie nicht finden. Seine Majestät sagte: „Was hat das für mich zu bedeuten?". Da verkündeten sie ihm: „Dir gehört Oberägypten, erobere dir Unterägypten. Die Beiden Herrinnen sind an deinem Haupt erschienen, denn das Land ist dir gegeben in seiner Länge und Breite, und kein anderer wird es mit dir teilen können."

Assyrer beenden Kuschitenzeit

Abermals gehen die Assyrer gegen Ägypten vor und gelangen bis nach Nubien, was faktisch die Beendigung der Kuschitenzeit und damit der Dritten Zwischenzeit zur Folge hat. Im anschließenden Beutezug wird Theben zwar geplündert, doch nicht zerstört, offenbar lässt das assyrische Truppenkontingent eine nachhaltige Besetzung der Stadt nicht zu. Dem erfahrenen Montuemhat gelingt es, die dortigen Verhältnisse neu zu ordnen ohne einen erneuten Schlag der Assyrer zu provozieren. Stattdessen bleibt das Delta unter assyrischer Herrschaft, bis es im Jahre 655 Psammetich I. gelingt, die Assyrer abzuschütteln und auch das Delta zurückzuerobern. Tanutamani ist zu diesem Zeitpunkt wohl bereits nach Nubien zurückgekehrt, sein weiteres Schicksal ist unbekannt.

X. Die Spätzeit (Dynastien 26–30; 672–332)

26. Dynastie	
Necho I.	672–664
Psammetich I.	664–610
Necho II.	610–595
Psammetich II.	595–589
Apries	589–570
Amasis (Ahmose II.)	570–526
Psammetich III.	526–525
27. Dynastie	
Kambyses	525–522
Dareios I.	522–486
Xerxes I.	486–465
Artaxerxes I.	465–424
Xerxes II.	?
Sogdianos	424
Dareios II.	424–405
Artaxerxes II.	405–359
28. Dynastie	
Amyrtaios	404–399
29. Dynastie	
Nepherites I.	399–393
Muthis	393
Achoris	393–380
Nepherites II.	ca. 380
30. Dynastie	
Nektanebos I.	380–362
Teos	362–360
Nektanebos II.	360–343
Artaxerxes III.	343–338
Arses	338–336
Dareios III.	336–332
Chabbasch	

1. Ägypten zu Beginn der Spätzeit

Rückbesinnung auf Traditionen

Ab der mittleren Ramessidenzeit war es nicht mehr die Frage, ob, sondern nur noch wann Ägypten unter Fremdherrschaft geraten würde. Die Fruchtbarkeit des Niltals, seine günstige Infrastruktur sowie die an Ressourcen reichen Wüstengebiete verfügten seit jeher über eine große Anziehungskraft für weniger begüterte Völker und Nationen und solche, für die eine Expansion ihrer Religion oder strategische Überlegungen ausschlaggebend waren. Ab der Regierungszeit Ramses' III. hatten für das folgende halbe Jahrtausend ägyptische Herrscher, Pharaonen wie Lokalfürsten, Einfälle der Libyer, der Seevölker, der Nubier und zuletzt der Assyrer abzuwehren, bis mit der Spätzeit letztmalig Ägypter selbst das Land kurzzeitig, aber mit Unterbrechungen beherrschten. Einst Kolonialmacht mit Einfluss bis zum Vierten Katarakt, hatte Ägypten bis zum Regierungsantritt von Gamal Abd el-Nasser im Jahre 1954 n. Chr. wie kaum ein anderes Land der Erde 2000 Jahre lang unter wechselnden Kolonialmächten zu bestehen. Die sogenannte Spätzeit ist die letzte Phase eines „Ägypten der Pharaonen", bis mit Alexander dem Großen endgültig Fremdherrscher die Macht übernehmen.

Zwar hatte der natürliche Reichtum des Landes die einzigartige Kultur des Alten Ägypten begünstigt und überhaupt erst entstehen lassen. In einem Land jedoch, in dem hohe Nilstände, wie in Taharqas Jahr 6 geschehen, als Wunder gefeiert wurden, musste die Wirtschaftspolitik zwangsläufig hinter den kulturellen Errungenschaften zurückbleiben. Der fromme Gottesstaat der

Dritten Zwischenzeit hatte seine nationale Aufgabe, die Wirtschaft des Landes als Garant für seine Unabhängigkeit zu konsolidieren, verfehlt und keine nachhaltige Politik etablieren können. Dies lässt den Schluss zu, dass das Alte Ägypten nicht an der Stärke seiner Invasoren, sondern zuletzt an seiner eigenen politischen Schwäche scheiterte, die es zum Spielball fremder Reiche werden ließ. In diesem Zusammenhang ist die Spätzeit als eine Zeit der Besinnung, oder besser sogar Rückbesinnung auf das nationale Interesse und die glorreiche Vergangenheit als letzte Vision einer keimfreien, ägyptischen Nationalideologie zu werten, die für 140 Jahre Gültigkeit haben sollte, bevor die erste sogenannte Perserherrschaft im Jahre 525 einsetzte.

2. Die 26. Dynastie (Saitenzeit)

Psammetich I.

Wie bereits bei der Darstellung der ägyptischen Zwischenzeiten ausgeführt, gehört die Dritte Zwischenzeit historisch gesehen zur vorangehenden Epoche, in diesem Fall der zweiten Hälfte des Neuen Reiches, und nicht zur Spätzeit, die mit der 26. Dynastie beginnt und eine ernstzunehmende, eigenständige Prägung aufweist. Nach der stark von Partikularismus geprägten Dritten Zwischenzeit und dem Verlust des Ideals eines vereinigten Ober- und Unterägypten erfolgt der Wandel zu verbindlicher pharaonischer Kontinuität langsam und offenbar wohl überlegt. War noch Necho I., Herrscher von Sais, von Tanutamani für seine Allianz mit den Assyrern getötet worden, gelingt es seinem Sohn Psammetich I., mit Unterstützung der Assyrer an die Macht zu kommen. Zunächst beherrscht Psammetich I. von Sais aus weite Teile des Deltas. Doch als sich die Assyrer von Ägypten lösen, kann Psammetich I. eine Allianz mit Gyges von Lydien schmieden und ionische und karische Söldner ins Land holen, offenbar um den Abzug der Assyrer zu beschleunigen. Es gelingt ihm, mittelägyptische Verbündete zu gewinnen und schließlich nach Theben vorzustoßen, wo noch immer Mentuemhat regiert. Assyrien, das in Kriege gegen Babylon verwickelt ist, muss Psammetich I. als „König von Ägypten“ anerkennen, der in seinem 9. Regierungsjahr die Regierung übernimmt und in Theben seine Tochter Nitokris als Gottesgemahlin des Amun sowie unterägyptische Beamten einsetzt. In seinem 11. Jahr widersetzt er sich weiterhin einfallenden Libyern und sichert gleichzeitig die Grenzen durch Garnisonen. Hierbei spielen die griechischen und phönizischen Söldner eine entscheidende Rolle, denn sie stellen ein Gegengewicht zu den sonst hauptsächlich ägyptischen Streitkräften dar, die mehrheitlich aus Libyern bestehen. Mit der starken militärischen Präsenz stellt sich bald eine blühende Wirtschaft ein. Kennzeichen dieser Blüte war ein lebendiger Außenhandel mit Völkern des östlichen Mittelmeerraumes, insbesondere den Griechen.

E

Demotisch
Nachdem bereits während der 25. Dynastie kurzfristig eine neue Schrift, das sogenannte Abnormhieratisch, aufkommt, wird nun mit dem Demotischen eine gänzlich neue Schrift entwickelt und in der 26. Dynastie etabliert. Demotisch findet parallel zur Hieroglyphenschrift und dem Hieratischen insbesondere im alltägli-

chen Schriftverkehr Verwendung. Wie bei dem Hieratischen, in dem fortan zusehends religiöse Texte verfasst werden, handelt es sich bei Demotisch um eine aus den Hieroglyphen entwickelte Kursive. Gegenüber dem Hieratischen ist das Demotische eine weitere Verflüssigung; durch die Verwendung zahlreicher Ligaturen war es auch eine Schnellschrift. Grundsätzlich Papyri und Ostraka vorbehalten, wird Demotisch insbesondere in der Ptolemäerzeit auch auf den mehrsprachigen Dekreten auf steinernen Stelen verwendet. Den Griechen mutete die Tatsache, dass die Ägypter gleichzeitig über drei Schriften verfügten, verständlicherweise als Luxus an.

Q

Zeitzeuge Herodot

Neben den sogenannten Amarnabriefen und der Korrespondenz mit den Königen Chattis sind die ‚Historien' Herodots (ca. 484-431) die wichtigste nicht-ägyptische historische Quelle zum Alten Ägypten. Im zweiten seiner neun Bücher beschreibt Herodot Ägypten unter persischer Besatzung. In 2,30 heißt es: „In Elephantine sowohl wie in Daphnai (heute Tell el-Deffeneh) findet man Perser, die die Grenze des Landes schützen", doch er erwähnt nicht, wovor die Perser Ägypten beschützen. Sein Bild von den Ägyptern, deren Alltagsleben er ebenso beschreibt wie Religion und technische Errungenschaften, ist das einer verkehrten Welt (2,35–36): Ihre „Sitten und Gebräuche (sind) in fast allen Belangen denen der übrigen Völker entgegengesetzt. So gehen in Ägypten die Frauen auf den Markt und treiben Handel, und die Männer sitzen zuhause und weben. (…) Die Männer tragen die Lasten auf dem Kopf, die Frauen auf den Schultern. Die Frauen lassen ihr Wasser im Stehen, die Männer im Sitzen. (…) Der Teig wird mit den Füßen geknetet, der Lehm mit den Händen (…)" usw. Gleichermaßen als ‚Vater der Geschichte' sowie als ‚Vater der Lügen' bezeichnet, kontrastiert Herodot den am Rand der Welt lebenden Wilden Ägypten als ein Land, das an Kultur, Alter und Wissen überlegen ist.

E

Serapeum

Tierkulte erhielten eine tragende Bedeutung unter Amenophis III., doch es dauerte bis hinein in die Spätzeit, bis die Verehrung heiliger Tiere zu einem Phänomen der Massen wurde. Der wohl berühmteste Kult war der des Stieres, der bereits seit frühdynastischer Zeit eng mit dem Königtum verbunden war. Stierkulte sind in mehreren Orten Ägyptens bezeugt, so in Theben (Buchisstier) und Heliopolis (Mnevis). In Memphis erhielt der heilige Stier den Namen Apis, der nach seinem Tod zu einem Osiris Apis wurde. Mnevis und Apis hatten regelrechte Lebensläufe mit Geburts- und Todesdatum und Festen.

Das unter Psammetich I. begonnene Serapeum, der Ort, an dem die Apisstiere begraben wurden, befindet sich nordwestlich des Djoserbezirks. Die Prozessionsstraße, die zu den Apisgalerien führt, wurde während der 26. Dynastie angelegt und insbesondere ab der 30. Dynastie immer wieder erweitert. Hunderte von königlichen Stelen enthalten wichtige Informationen über den Kult des Apis, so zum Beispiel Festdaten, ihre Einführung im Ptahtempel in Memphis und wann die jeweilige Trauer angesetzt war. Ab der Saitenzeit wurden Apisstiere in riesigen Granit- oder Basaltsarkophagen in den unterirdischen Gewölben des Serapeums in Saqqara begraben. Das Serapeum wurde bald zu einem Ort, an dem sich insbesondere Touristen gegen Bezahlung Träume deuten lassen konnten.

Kurz darauf überschlagen sich die Ereignisse im Nahen Osten, in deren Verlauf sich die Assyrer neuen Fronten gegenüber sehen. Offenbar um die bestehenden Machtverhältnisse zu bewahren und dadurch zu verhindern, dass Ägypten selbst in den Strudel kriegerischer Auseinandersetzungen gerät, entschließt sich Psammetich I., den Assyrern zur Seite zu stehen. Der Untergang Assurs und Ninivehs ist jedoch nicht mehr aufzuhalten. Als Bauherr betätigt sich Psammetich I. vom Mittelmeer bis nach Elephantine, einer der herausragenden Bauten der Zeit ist jedoch die Erweiterung des im Neuen Reich begonnenen **Serapeums** in Saqqara in seinem 52. Jahr. Psammetich I. wird nach seinem Tod in seinem 54. Jahr in Sais begraben.

E

Anfänge und Verbreitung des Kultes von Isis und Serapis
Die ägyptische Göttin Isis, deren Ursprünge bis heute noch nicht eindeutig geklärt sind, hat früh im Totenglauben Bedeutung erlangt. Als die über den Tod hinaus treu sorgende Gattin und aufopfernde Mutter wurde Isis nicht nur zu einer der vertrautesten Gestalten des ägyptischen Pantheons, sondern konnte aufgrund ihrer Volksnähe auch stets eine erhebliche Schar von Gläubigen gewinnen, etwa anlässlich prächtiger Bestattungszüge, während der ihre mythische Rolle nachgespielt wurde. Durch ihre Bedeutung als nicht nur vom Tod, sondern auch von Krankheit heilende Gottheit hat Isis in magische Praktiken Eingang gefunden, wo sie als Inkarnation des gesprochenen magischen Wortes verehrt wurde. Diese Bedeutungsfülle, aber auch ihre Fähigkeit, sich mit anderen weiblichen Gottheiten gleichzusetzen, hat spätestens durch die in der Ramessidenzeit entstandene Universalgottidee dazu geführt, dass Isis als „die Eine" (ägypt. ta wat) angerufen wurde. Ihre Verehrung verbreitete sich insbesondere in der frühen Ptolemäerzeit von Alexandria über die Grenzen Ägyptens hinaus, nachdem Figürchen der Isis, allerdings mit fraglichem kultischen Hintergrund, bereits während der ägyptischen Spätzeit zu den griechischen Inseln gelangt waren. Als in Ägypten unter Psammetich I. stationierte griechische Söldner Tempel des Apis aufsuchten, um an dessen Prophezeiungen teilzuhaben (ägypt. ser-apis), bevor dieser Gott offenbar nur wenig später als Osiris-Apis Gestalt annahm, führte diese Entwicklung in der Folge zu einer Verbindung von Isis und dem ägyptisch-griechischen Serapis. Neuerer Forschung zufolge war Serapis nicht etwa eine Erfindung der Ptolemäer, um die griechische und ägyptische Bevölkerung Ägyptens miteinander auszusöhnen, wie dies antike Schriftsteller (und mit ihnen heutige Wissenschaftler) noch vermuteten, sondern ist während der Spätzeit bereits entstanden. Zusammen mit Isis und Harpokrates („Horus, das Kind") gelangte am Ende des 4. Jahrhunderts auch der griechisch geprägte Serapis von Alexandria aus in griechische Hafenstädte wie Piräus und Halikarnassos. Von hier aus ist die Verbreitung der Isiskulte, die oft fälschlich als Ägyptische Mysterien bezeichnet werden, als eine griechische Erfindung in mehreren Schüben erfolgt. Um 220 v. Chr. gelingt es ausgehend von Delos, Isis und Serapis auch in Italien einzuführen, wo sich ein Siegeszug fortsetzt, der im Folgenden über Rom auch erneut auch die römischen Provinzen in der Ägäis nachhaltig beeinflusst. Im 2. Jahrhundert n. Chr. gelingt so nicht nur die maximale Ausdehnung der Kulte vom heutigen Sudan bis nach Köln und vom heutigen Pakistan bis Yorkshire, sondern Dichter und Philosophen, allen voran Plutarch von Chaironeia (um 120 n. Chr.), sind bestrebt, eine Kanonisierung der Kulte herbeizuführen, die an unterschiedlichen Orten verschiedentlich verhandelt wurden. Während der unaufhaltsame Niedergang der Isisreligion im 3. Jahrhundert n. Chr. einsetzt und auch durch die Errichtung von Prachtbauten wie dem *Iseum Campense* in Rom, der Roten Halle in Pergamon und dem Helios-Serapis-Tempel in Milet nicht mehr aufzuhalten ist, findet der Gott Serapis in Alexandria bei dem Sturm eines aufgebrachten christlichen Mob gegen das Serapeum gegen Ende des 4. Jahrhunderts n. Chr. sein offizielles Ende.

Aktive Außenpolitik

Necho II., Sohn und Nachfolger Psammetichs I., hat zu Beginn seiner Regierung die Auseinandersetzungskriege mit den vorderasiatischen Nachbarländern weiterzuführen. Er geht zunächst erfolgreich gegen Syrien vor und bestimmt Karkemisch als Ort seines Hauptquartiers. Drei Jahre später versucht ein babylonisches Heer, das nahegelegene Kimuhu einzunehmen und wird zum Rückzug gezwungen. Die Freude über diesen Erfolg währt jedoch nur kurz: Bereits im folgenden Jahr kann das babylonische Heer und Nebukadnezar das ägyptische Heer besiegen, das in der Folge völlig vernichtet wird; Syrien-Palästina entgleitet Ägypten erneut. Vier Jahre später (601) bereits stößt erneut ein babylonisches Heer gegen Süden vor, kann aber an der Ostgrenze Ägyptens gebremst werden. Offenbar reichen die Kräfte jedoch nicht, dem babylonischen Heer nachzusetzen. Unter Necho II. dehnen sich internationale Handelsbeziehungen aus und schließen nun auch Unternubien mit ein. Der Handel mit östlichen Nachbarn wird unter Necho II. dadurch gesichert, dass ein Kanal gegraben wird, der vom pelusischen Nilarm bis zum Golf von Suez reicht.

E

Sais

Von der im westlichen Delta gelegenen ehemaligen Königsresidenz Sais hat sich nur wenig erhalten, wofür drei Hauptfaktoren verantwortlich gemacht werden können: erstens das im Nildelta hoch anstehende Grundwasser, das insbesondere Lehmziegelarchitektur mit den Nilsedimentablagerungen seiner Umgebung zu einer homogenen Masse verschmelzen lässt, zweitens örtliche Bauern, die nach den in den Lehmziegeln enthaltenen und für ihre Felder als Dünger verwendbaren organischen Ablagerungen (sebach) gruben sowie drittens die zügellose Überbauung der Stadt in moderner Zeit. Wie in Tanis und Medinet Habu zu beobachten, ließen sich die Könige der Saitenzeit im örtlichen Tempel der Neith bestatten, der jedoch größtenteils verloren ist. Laut Herodot verfügte dieser Tempel über einen See, an dessen Ufer die Auffindung und Bestattung des Osiris inszeniert wurde. Bereits die sogenannte Saisfahrt, Bestandteil von Bestattungsriten seit dem Alten Reich, verdeutlicht die Bedeutung Sais' als Wallfahrtsort Unterägyptens. Heiliger Ort des Osiris in Oberägypten war Abydos.

Erfolglose Militarisierung

Nach dem Tode Nechos II. kann sein Sohn und Nachfolger Psammetich II. die bestehende und kriegsentscheidende Mittelmeerflotte ausbauen und auch die Landarmee weiter festigen. Bereits in seinem 3. Regierungsjahr gelingt von Elephantine aus ein Vorstoß gegen Nubien bis zum Dritten Katarakt. Offenbar wird die Erinnerung an die Kuschitenzeit bekämpft. Da zu gleicher Zeit das babylonische Reich von den Medern bedrängt wird, verstärkt Psammetich II. nun auch die ägyptische Präsenz in Palästina, sodass seine Regierung als eine Fortsetzung der Politik seines Vaters verstanden werden kann. Sein Sohn und Nachfolger Apries setzt offenbar andere Akzente, indem er sich zunächst mehr auf das Kernland beschränkt und in Memphis einen festungsartigen Palast errichtet. Über die Außenpolitik des Apries ist aus den ersten 18 Jahren seiner Regierung nur wenig bekannt, doch dann überschlagen sich die Ereignisse: Der ebenfalls libysche Fürst Adikran ersucht Apries um Unterstützung gegen die griechische Kolonie Kyrene. Da der erhoffte Erfolg gegen Kyrene jedoch ausbleibt und das ägyptische Heer vernichtend geschlagen wird, meutert die Armee und erhebt den General Amasis zum Gegenkönig, den Apries zuvor als Schlichter entsandt hatte. Unter Apries revoltieren griechische Söldner auch in Elephantine, möglicherweise der südlichsten Machtbasis. Wenngleich die Einzelheiten der weiteren Entwicklung noch umstritten sind, so steht wenigstens so viel fest, dass das Truppenkontingent, das Apries im Folgenden gegen Amasis mobilisiert, geschlagen wird. Kurz danach stirbt Apries und 570 folgt **Amasis** auf den Thron Ägyptens.

E

Archaismus
Das Interesse der 25. Dynastie an der ägyptischen Vergangenheit, insbesondere des Alten Reiches, wird in der Saitenzeit fortgesetzt und auf das Mittlere Reich ausgedehnt. Der Umgang mit den Jahrtausende alten Originalen ist aber vielfach zu Unrecht als bloße Kopistentätigkeit abgetan worden. So zeigt das thebanische Grab des Ibi (TT 36) auffällige Gemeinsamkeiten mit dem Grab des Ibi aus der 6. Dynastie aus Deir el-Gebraui: Nicht nur die Namen der beiden zeitlich und räumlich voneinander getrennten Grabbesitzer sind identisch, sie tragen auch dieselben Amtstitel. Ibi, der unter Psammetich I. lebte, kopierte eine Handwerkerszene sowie eine Wüstenszene und ließ diese in seinem thebanischen Grab anbringen. Hier handelt es sich nicht um eine generelle Imitation des Stiles des Alten Reiches, sondern um punktuell erinnertes beziehungsweise erarbeitetes Wissen. Auch Totentexte älterer Epochen finden sich in hoher Zahl in Gräbern aus der Saitenzeit, was vielfach auf Kopisten zurückgeführt wurde, die sich in Gräbern des Alten und Mittleren Reiches Zugang verschafft haben sollen. Diese pauschale Vermutung muss jedoch insbesondere hinsichtlich einiger Totenliturgien revidiert werden, die seit dem Alten Reich in Form von Papyrushandschriften tradiert wurden und einen Zutritt zu älteren Gräbern unnötig erscheinen lassen. In der Saitenzeit verschmelzen somit auf einzigartige Weise kulturelle Erinnerung mit tradiertem Wissen.

Griechen siedeln in Ägypten

Die unter Apries vorangegangen Kämpfe scheinen keinen Einfluss auf die Wirtschaft zu haben der Handel, insbesondere der Außenhandel mit Griechenland, blüht bis nach Zypern und Ephesos. Die Basis dieser Entwicklung bilden allerdings Bündnisse mit Lydien, Samos und Kyrene, offenbar um sich gegen die aufstrebenden Perser abzusichern. Weihgeschenke an die griechischen Verbündeten, beispielsweise an den Heratempel von Samos, sprechen für die beabsichtigte Nachhaltigkeit dieser Beziehungen. Bereits im mittleren bis ausgehenden 7. Jahrhundert hatten Siedler aus Milet am kanopischen Nilarm eine Handelsniederlassung gegründet, doch unter Amasis etablieren sich nun auch Händler aus anderen griechischen Regionen, die Naukratis zu einem auch in kultureller Hinsicht wichtigen griechischen Außenposten in Ägypten werden lassen: Griechischen Göttern geweihte heilige Bezirke sowie eine Werkstatt, in der für den Export bestimmte Skarabäen produziert wurden, sprechen für erfolgreiche Handelsabkommen. In der Tat wird möglicherweise schon mit Beginn der Regierung des Amasis jeglicher Handelskontakt mit Griechenland über Naukratis abgewickelt. Wie bereits vor ihm andere Herrscher der Saitenzeit, entfaltet auch Amasis ein ehrgeiziges Bauprogramm, das sich von Sais über die Oasen bis hin nach Elephantine erstreckt, wo Amasis dem Tempel der Satet einen Stationstempel vorsetzt. Nachdem kurz zuvor insbesondere Stiftungen an das Osirisheiligtum von Biggeh durchgeführt wurden, baut Amasis am gegenüberliegenden Tempel von Philae, der später abgerissen wird, um einer Kolonnade sowie einem Pylon Platz zu machen.

Ende der Saitenzeit

Amasis' Sohn und Nachfolger Psammetich III. hat keine Zeit mehr, sich als Herrscher einzuführen. Nur sechs Monate nach seiner Thronbesteigung und ausgelöst durch eine Lücke im ägyptischen Sicherheitsdienst, sieht sich der neue König bereits einem persischen Heer unter Kambyses gegenüber, das zudem mit phönizischen und zypriotischen Schiffen aufwartet. Das ägyptische Heer wird bei Pelusium vernichtend geschlagen, der Festungspalast von Memphis eingenommen und Psammetich III. bei einem Aufstand im folgenden Jahr getötet. Doch bereits mit seiner militärischen Niederlage endet die Saitenzeit und Ägypten kommt im Jahre 525 erstmals unter persische Herrschaft.

Q

Herodot über Amasis

Im zweiten Buch, Kap. 177 seiner Historien berichtet Herodot über Amasis, an dem einem griechischen Publikum ganz besonders gelegen haben dürfte: „Unter dem König Amasis soll Ägypten den größten Reichtum besessen haben. Der Strom spendete dem Lande, und das Land spendete den Menschen. Zwanzigtausend bewohnte Städte soll es damals in Ägypten gegeben haben. Auch traf Amasis die Einrichtung, dass jeder Ägypter dem Verwalter seines Gaues jährlich sein Einkommen angeben musste. Wer es nicht tat und keine rechtmäßigen Einkünfte nachweisen konnte, wurde mit dem Tode bestraft. Solon übernahm dies Gesetz von den Ägyptern und führte es in Athen ein. Noch heutigen Tages gilt es, weil es ein vorzügliches Gesetz ist."

3. Die 27. Dynastie (Erste Perserherrschaft)

Kambyses

Dem Großkönig des Persischen Reiches und Sohn des Kyros Kambyses gelingt es nach erheblichen Vorbereitungen und mit Unterstützung durch einen Überläufer, Ägypten einzunehmen, allerdings unter großen Verlusten. Auf dem Schlachtfeld bei Pelusium will Herodot noch 70 Jahre später die Gebeine der gefallenen Soldaten gesehen haben. Udjahorresnet, der ägyptische Flottenvorsteher, übergibt die ägyptischen Schiffe ohne Gegenwehr und kann sich während seiner letzten Lebensjahre des Wohlwollens der Perser sicher sein. Als Wiedergutmachung bringen die Perser reiche Beute, darunter Steinsärge nach Persepolis, Susa und Sidon; Ägypterinnen werden mitsamt ihren Kindern als Sklaven verkauft. Bereits ein halbes Jahr nach seinem Sieg lässt sich Kambyses in Sais zum ägyptischen König erheben und erneut ist es Udjahorresnet, der Kambyses beisteht und ihm eine ägyptische, wenngleich wenig originelle **Königstitulatur** entwirft. Bedeutend ist dieses Ereignis dennoch, da es zeigt, dass die Perser in Ägypten nicht als Fremdherrscher auftreten, sondern wie vor ihnen die Kuschiten und nach ihnen die Griechen und Römer als legitime Pharaonen. Offenbar im Gegenzug erhält Udjahorresnet die Erlaubnis, den durch fremde Siedler entweihten Bezirk der Neith zu säubern, womit er sich während des „Sturmes" als Retter Ägyptens feiert. In der Tat scheint das spätere Ägypten ihn in dieser Rolle zu bestätigen: Im 4. Jahrhundert wurde er offenbar in der Gegend um Memphis als eine Art Heiliger verehrt. Sein Grab liegt in Abusir-Süd. Während Udjahorresnet also in der ägyptischen Erinnerung positiv besetzt ist, wird Kambyses die Rolle des Frevlers zugewiesen, der nicht einmal davor zurückschreckt, den heiligen Apisstier zu töten und die Mumie des Amasis auspeitschen zu lassen. Dass dieses negative Bild nicht der Wahrheit entspricht, lässt sich an der Tatsache ablesen, dass Kambyses noch kurz vor seiner eigenen Inthronisation dem Apisstier einen Sarg stiftet und in Sais religiösen Festen beiwohnt; der Text, der Kambyses misskreditiert, ist nach dessen Tod entstanden und scheidet als Zeitzeugnis daher aus. Zwei mögliche, verlustreiche Schlachten in Nubien und bei Siwa mögen genauso zu der ungünstigen Betrachtung beigetragen haben wie die Neuregelung der Tempelerträge.

E

Widerstand gegen Perser – ein Konstrukt?
Niemals zuvor in seiner Geschichte hatte Ägypten mit einem Feind wie den Persern zu tun: Zum einen verstand sich das riesige Persische Großreich als ein Völker- und Kulturengemisch, in dem fremde Einflüsse toleriert statt nivelliert wurden. Auch wenn sich die Perser den Gegebenheiten vor Ort anpassten und in Syrien als syrische Könige auftraten, in Ägypten als Pharaonen, so war doch die Einsetzung von Statthaltern (Satrapen) ein Merkmal ihrer Außenpolitik. Das Ausmaß des Widerstandes, der sich in Ägypten den Persern entgegensetzte, ist nur sehr schwer zu beurteilen: Einerseits ist die Quellenlage dürftig, andererseits entstammen die meisten Quellen einer griechischen, und damit antipersischen Tradition. Auch wenn dies hauptsächlich in eigenem Interesse geschah, haben sich die Perser in Ägypten sehr um den Ausbau der Infrastruktur bemüht, so etwa durch den Bau eines Kanals zwischen dem Ostdelta und dem Roten Meer unter Dareios I., die Anlage unterirdischer Wasserreservoirs oder die Ansiedlung von Menschen in der Westwüste. Falls es überhaupt einen ägyptischen Widerstand gab, so war dieser möglicherweise nur unzureichend organisiert und daher wirkungslos. Die heutige Forschung geht jedoch davon aus, dass Aufstände von libyschen Kleinfürsten angeregt wurden und nicht von der ägyptischen Bevölkerung: Als Amyrtaios eine neue Dynastie gründen wollte, fehlte es ihm offenbar an Unterstützung durch die Ägypter. Unter der Präsenz der Perser hatten wohl ausschließlich die oberen Klassen durch den Verlust über Generationen hinweg vererbter Ämter zu leiden. Die niederen Bevölkerungsschichten dürften hingegen während der Perserzeit von blühendem Handel und einer erstarkenden Wirtschaft, basierend auf einer gesetzlichen Grundlage, profitiert haben.

Q

Ein König wird definiert

In der Inschrift der Statue des unter Amasis und Psammetich III. lebenden ‚Vorstehers der königlichen Byblos-Schiffe' Udjahorresnet, die dieser im Neithtempel in Sais aufstellen ließ, heißt es: „Der große Fürst aller Fremdländer, Kambyses, kam nach Ägypten, indem die Fremden aller Fremdländer mit ihm waren. (...) Seine Majestät wies mir das Amt eines Oberarztes zu und er veranlasste, dass ich neben ihm als ‚Freund' und ‚Leiter des Palastes' an seiner Seite war und (für ihn) seine Königstitulatur in seinem Namen Mesuti-Ra (‚Kind des Re') machte."

Dareios I.

Kambyses' Nachfolger Dareios I. wird hingegen als gütiger und weiser Herrscher dargestellt, da es einer von ihm eingesetzten Kommission offenbar gelingt, ein neues Gesetzeswerk zu verfassen und damit die Verwaltung zu reformieren. Die von Kambyses eingeleiteten Beschränkungen der Tempeleinkünfte hebt Dareios I. auf und führt weitreichende Bauprogramme durch, so in der Oase El-Chargeh durch einen Tempel für Amun-Re sowie in Memphis und Heliopolis, El-Kâb und Busiris. Daneben gelingt es ihm, den unter Necho II. begonnenen Bau des Verbindungskanals mit dem Roten Meer abzuschließen, um die Verbindung mit Persien zu erleichtern. Entlang dieses Kanals werden Stelen in ägyptischer, elamischer, akkadischer und altpersischer Sprache aufgestellt. Letztere Sprache wurde, wie dies Dareios I. in seinem Rechenschaftsbericht der Bisitun-Inschrift erklärt, erst unter seiner Regierung erfunden. Kurz vor Dareios' I. Tod im Jahre 486 findet ein Aufstand unklaren Ursprungs statt, dem es jedoch nicht gelingt, die Perserherrschaft in Theben und Memphis abzuschütteln.

Xerxes I.

Sein Nachfolger Xerxes I. bindet als Folge der Aufstände das zuvor relativ unabhängige und eigenständige Ägypten nun als Satrapie nur noch mehr an Persien und die Tempel verlieren ihre staatliche Unterstützung. Vier Jahre nach dem Aufruhr in Ägypten muss Xerxes I. einen Aufstand in Babylon niederringen. Sein Versuch, Griechenland in den Schlachten im Saronischen Golf bei Salamis und bei Plataä zu bezwingen, scheitert.

E

Aramäische Texte

Abgesehen von griechischen Zeugnissen und der keilschriftlichen Amarnakorrespondenz, bilden aramäische Schriftzeugnisse die größte Gruppe fremdsprachiger Dokumente in Ägypten. In diesen Texten entfaltet sich der Alltag der unteren Schichten während der Perserzeit, da das leicht zu erlernende Aramäisch die Rolle einer *lingua franca* in dem während der Perserzeit angesiedelten Vielvölkergemisch einnahm. Die meisten Zeugnisse stammen aus Oberägypten, insbesondere aus Elephantine, wo in der Oberstadt Familienarchive mit aramäischen Papyri entdeckt wurden.

Aufstand des Inaros

Kurz nach dem Regierungsantritt Artaxerxes' I. beginnt erneut eine Erhebung gegen die Besatzung der Perser. Diesmal ist es Inaros, Sohn Psammetichs III., der schnelle Erfolge vorweisen kann. In Kürze wird der Nordwesten des Deltas bis nach Memphis eingenommen und Athen erklärt sich offenbar unter dem Eindruck der Erfolge bei Salamis 20 Jahre zuvor bereit, den Ägyptern 200 Schiffe zur Verfügung zu stellen. Der Erfolg scheint sicher, als in der Schlacht bei Papremis das persische Heer geschlagen werden kann und sein Führer, der Bruder Artaxerxes' I., getötet wird. Der persische Satrap in Syrien, Megabyzos, eilt jedoch nach Ägypten, wo er Memphis erobert und nach 18-monatiger Belagerung der griechischen Flotte den Krieg für sich entscheiden kann. Für die Griechen endet ihre Intervention in einer Katastrophe, Inaros, der die Nachfolge seines Vaters auf dem Thron Ägyptens antreten wollte, wird 454 in Persien gekreuzigt.

Amyrtaios

Auf Artaxerxes I. folgt sein Bruder Xerxes II., der jedoch nach 45 Tagen bereits ermordet wird. An seine Stelle tritt Sogdianos, der aber kurz danach von Dareios II. abgelöst wird, weshalb Ägypten im Jahre 424 in rascher Abfolge von vier Königen regiert wird. Dareios II. gelingt es offenbar noch, ganz Ägypten unter persischer Kontrolle zu halten, doch Quellen über seine Regierung sind nur in aramäischen Papyri aus Elephantine erhalten, die von Plünderungen des Tempels des Jahwe sprechen. Diesen Papyri zufolge wird selbst sein Nachfolger Artaxerxes II. noch als Herrscher über ganz Ägypten anerkannt, bevor mit Amyrtaios wiederum ein aus Sais stammender Fürst die Macht an sich reißt.

Q

Rebellion auf Elephantine

Aufstände in Elephantine enden mit der Zerstörung des Tempels der Juden. Die im Gemeindearchiv von Elephantine aufbewahrten ‚Aramäischen Zeugnisse' sind zu einem großen Teil Duplikate wie der sogenannte Straßburger Brief, in dem sich die Juden von den Zerstörungen distanzieren: „(...) Einheiten der Ägypter rebellierten. Wir verließen nicht unsere Posten und etwas durch uns Zerstörtes ist nicht gefunden worden. Im Jahr 14 des Dareios, als unser Herr Arsames zum König ging: Dies ist das Verbrechen, welches die Priester des Gottes Khnub (= Chnum) (taten) in Jeb (= Elephantine) (...): Es gibt einen Teil von dem Getreidespeicher des

Königs in Jeb der Festung, sie zerstörten (es) und (sie bauten) eine Mauer inmitten der Festung Jeb. (...) Es gibt einen Brunnen, der gebaut worden war in(mitten der Fest)ung und Wasser fehlte ihm nicht, um dem Heer zu trinken zu geben (...). Die Priester des Khnub verstopften diesen Brunnen (...) unser (Tempel), welchen sie zerstörten, um (zu bauen ...)."

4. Die letzten einheimischen Dynastien Ägyptens

Die 28. Dynastie

Mit Amyrtaios ('Amun ist es, der ihn gegeben hat') beginnt und endet die kurzlebige 28. Dynastie Die Tatsache, dass überhaupt von einer Reichseinigung gesprochen werden kann, ist auf den Umstand zurückzuführen, dass Amyrtaios in den Urkunden der aramäisch sprechenden jüdischen Gemeinde Elephantines bezeugt ist. In der sogenannten Demotischen Chronik wird seine Herrschaft negativ bewertet. Dabei ist seine Identität nicht einmal eindeutig geklärt: Die neuere Forschung setzt Amyrtaios mit einem in demotischen Quellen erwähnten Psammetich gleich. Sicher ist hingegen, dass es Amyrtaios – wohl aufgrund fehlender Unterstützung in Ägypten – nicht gelang, eine neue Dynastie zu etablieren. Somit muss auch die Reichseinigung als fraglich gelten.

Achoris

Der Übergang zur 29. Dynastie mit Nepherites I. als deren erstem König ist möglicherweise gewaltsam erfolgt: Einem aramäischen Papyrus zufolge soll er Amyrtaios hingerichtet haben, bevor er sich in Memphis und Sais zum König ernennen ließ. Unter ihm entfaltet sich erstmals wieder eine intensive Bautätigkeit im ganzen Land, auch in Karnak wird wieder gebaut. Doch abgesehen von seiner finanziellen Unterstützung Spartas in dessen Krieg gegen Persien, begnügt sich Nepherites I. offenbar bewusst mit einer passiven Rolle im Spiel der Großmächte. Quellen über seinen allenfalls nur kurz regierenden Nachfolger und möglicherweise Sohn sind kaum erhalten, wohl weil Achoris mit seiner Regierungsübernahme den sich offenbar anbahnenden Thronwirren ein Ende setzt. Achoris ist von den Königen der 29. Dynastie, die Manetho als „vier Könige aus Mendes" bezeichnet, der bedeutendste Herrscher, nicht zuletzt deshalb, weil er ein Heer von griechischen Söldnern aufzustellen in der Lage ist. Große stehende Heere bilden von nun an ein Hauptargument für politische Richtungswechsel in den letzten 60 Jahren ägyptischer Selbstbestimmung. Achoris setzt 385 mit dem Athener Chabrias einen griechischen General an die Spitze seiner Truppen und lässt für diese – erstmals in der ägyptischen Geschichte – Münzen prägen. Durch dieses Söldnerheer gelingt es Achoris nicht nur, im östlichen Mittelmeerraum seinem Plan, eine antipersische Front aufzubauen, Nachdruck zu verleihen. Im gleichen Jahr kann er bereits einen persischen Vorstoß abwehren. Fünf Jahre später stirbt Achoris. Als Bauherr sowie als Erweiterer bestehender Tempelbauten ist Achoris von Suez bis Elephantine bezeugt, in Karnak kann er eine bereits vor seiner Regierungszeit begonnene Kapelle abschließen. Ansonsten ist Achoris insbesondere durch die Errichtung von hypostylen Vorhallen vor Tempeln bezeugt, so in El-Kâb, Medinet Habu und am Hibistempel in der Oase El-Chargeh.

Sein Nachfolger Nepherites II. kann sich nur wenige Monate halten, bevor mit Nektanebos I. der Begründer der 30. Dynastie den Thron besteigt. Unter ihm kann Ägypten ein weiteres, aber gleichzeitig auch letztes Mal Persien entgegentreten, das sich bei seinem Angriff auf den Osten Ägyptens zurückziehen muss. Die Regierung Nektanebos I. ist von einer ausgreifenden Bautätigkeit geprägt, die von Naukratis bis Elephantine reicht und auch den 1. Pylon und die aus Lehmziegeln errichtete Umfassungsmauer von Karnak mit einschließt. Unter ihm werden erstmals den Tempeln Geburtshäuser (Mammisi) beigefügt, in denen ideell der göttliche König geboren wurde und seine ersten Lebensmonate unter dem Schutz der Götter zubrachte. Die Betonung ägyptischer Identität durch eine Rückbesinnung auf Tempelbezirke der Vergangenheit ist als Ausdruck einer wiedergewonnenen Selbstsicherheit zu werten, die mit dem Niedergang des persischen Großreiches einhergeht. Die von seinem Vater erfolgreich geführte und von diplomatischem Geschick geprägte Außenpolitik wird von seinem Sohn und Nachfolger Teos (Tachos) weitergetragen und erstmals seit Apries wieder um Kampagnen in Palästina ergänzt. Wieder zeigt sich das Bedürfnis ägyptischer Könige, Machtvakuen kurzfristig auszufüllen, auch wenn zu diesem Zeitpunkt nicht mehr von einer Kolonialpolitik gesprochen werden kann. Dank gründlicher Vorbereitungen und unter Führung der Flotte durch den bereits erwähnten Chabrias kann das ägyptische Heer offenbar ohne Widerstand vorstoßen. Doch gleichzeitig versucht sein Bruder, seinem eigenen Sohn Nektanebos II. zur Herrschaft zu verhelfen, weshalb Nektanebos I. zu Artaxerxes II. flüchtet und dort vermutlich aus politischem Kalkül Aufnahme erhält. Mit Nektanebos II. tritt der letzte Herrscher der 30. Dynastie die Regierung an, bevor die nur ein Jahrzehnt dauernde zweite Perserzeit beginnt.

Nektanebos I.

E

Religiosität und Tierkult

Im Bereich des Tierfriedhofes in Saqqara-Nord befinden sich die Reste eines Tempels der 30. Dynastie, dessen Neubau Nektanebos I. begonnen hatte und der von Nektanebos II. abgeschlossen wurde. Der Bereich des sogenannten Katzenfriedhofes wurde mit einem Tempel der Katzengöttin Bastet verbunden, im Norden der Anlage wurden mumifizierte Schakale im Umfeld eines Anubistempels bestattet. In diesen Tempeln konnten insbesondere in ptolemäischer Zeit fromme Pilger Gebete vorbringen, aber auch Orakel durchführen lassen sowie ihre Zukunft von Astrologen weissagen lassen. Die mumifizierten Tiere symbolisierten die osirianischen Vorstellungen von Tod und Wiedergeburt. Die Menge an Tiermumien lässt auf eine industrielle Herstellung schließen, die auf einer umfassenden Tierhaltung, zumeist unter bewusst lebensbedrohlichen Umständen für die Tiere, beruhte. Ob allerdings Pilger diese Mumien stifteten, ist zumindest fraglich.

Nach einem zunächst fehlgeschlagenen Versuch Artaxerxes' III., Ägypten einzunehmen, beginnt Persien einen erneuten, diesmal erfolgreichen Vorstoß gegen Ägypten im Jahre 343/42. Dabei gelingt es dem persischen Heer, zunächst das Delta, danach Mittelägypten und Oberägypten zu erobern und dabei Nektanebos II. vor sich herzutreiben, der schließlich nach Nubien flieht. Während seiner Regierung gelingt es Nektanebos II., das Bauprogramm Nektanebos' I. noch zu übertreffen und an die architektonischen Höhepunkte der Ramessidenzeit anzuknüpfen: Nun sind es nicht mehr Tempelanbauten, die angestrengt werden, sondern qualitätvolle Neubauten wie der aus rotem Granit errichtete Chnumtempel auf Elephantine, die Tempel von

Nektanebos II., letzter ägyptischer Pharao

Sebennytos, der Tempel für Isis in Behbet el-Hagar und viele mehr. Angesichts dieses ehrgeizigen Bauprogramms sowie des kostenintensiven stehenden Heeres wird man sich fragen müssen, wie Nektanebos II. diesen erheblichen Aufwand finanziert; sicherlich nicht durch die während der Palästinafeldzügen gemachte Beute. Offenbar haben aber wirtschaftliche Engpässe dazu geführt, dass Nektanebos II. im Augenblick der vorübergehenden Schwächung des Perserreiches im Bereich von Sidon um 350 keine größeren Truppenkontingente abkommandieren kann.

5. Die 31. Dynastie, die Zweite Perserherrschaft und das Ende des pharaonischen Ägypten

Zweite Perserherrschaft

Mit dem Siegeszug Artaxerxes' III. gerät Ägypten erneut unter persische Herrschaft, die jedoch von einer von Chabbasch (bisweilen mit Inaros gleichgesetzt) geführten Gegenregierung überschattet ist. Auch wenn seine Regierungszeit einem demotischen Papyrus in Lille zufolge friedlich war, wurde Artaxerxes III. von der Nachwelt im Zuge antipersischer Propaganda in ein negatives Licht gerückt.

Q

Götter greifen in die Politik ein

Die zweite Perserherrschaft war auf Seiten der Ägypter von Opportunisten geprägt, die in dieser schnelllebigen Zeit wenig Mühe hatten, geschickt und schnell genug zum einstmals feindlichen Lager überzuwechseln. In der sogenannten Neapelstele wendet sich Sematauitefnacht an seinen persönlichen Gott Harsaphes von Herakleopolis: „Du hast mich vor der Menge ausgezeichnet, als du dich von Ägypten abkehrtest, du hast meine Beliebtheit in das Herz des Herrschers von Asien gegeben. (...) Er gab mir das Amt eines Vorstehers der Priesterschaft der Sachmet anstelle des Bruders meiner Mutter (...). Du beschütztest mich im Kampf gegen die Haunebut (= die Griechen), seitdem du Asien abgewehrt hast". Obwohl Sematauitefnacht von den Persern unterstützt wurde – möglicherweise weil er wie Udjahorresnet Arzt war – kämpfte sein Gott Harsaphes auf Seiten der Griechen und legitimierte somit den Gesinnungswechsel seines frommen Anbeters.

Mythischer Held

Nach dem Gifttod Artaxerxes' III. wird Arses sein Nachfolger, der jedoch ebenfalls nach nur wenigen Monaten ermordet wird. Sein Nachfolger Dareios III. ist der letzte Herrscher der zweiten Perserherrschaft, der Ägypten im Jahre 332 kampflos Alexander dem Großen übergibt. Auf der Flucht vor Alexander wird Dareios III. von seinen eigenen Offizieren ebenfalls ermordet. Keiner der Könige der zweiten Perserzeit stirbt somit eines natürlichen Todes oder auf dem Schlachtfeld. Über den Gegenkönig Chabbasch, der immerhin durch drei Quellen inschriftlich bezeugt ist, zeitlich aber nicht exakt verortet werden kann, ist kaum etwas bekannt. Von dem Satrapen des makedonischen Reiches, dem späteren Ptolemaios I. Soter, wird er jedoch als Vertreter eines ägyptischen Nationalismus gefeiert, was zu beurteilen aus historischer Sicht schwer fällt. Sicherlich klingt hier eine abschätzende Beurteilung selbst der ägyptischen Gegenpolitik an, der es nicht gelang, sich gegen nahezu hilflose Fremdherrscher zur Wehr zu setzen. Abermals kommt die Vorstellung eines Heilskönigs zum Tragen, der Ägypten in schwerster Not aus seinem Elend befreien kann, gleichzeitig aber rückwärts gerichteten nationalen Bewegungen eine Absage erteilt. Mit dem verlustlosen Einzug Alexanders in Ägypten beginnt eine Epoche, in der in politischer Hinsicht die Weichen nicht mehr verstellt werden. Mit kompromissloser Durchsetzungskraft wird unter nahezu vierhundert vorangegangene Jahre richtungsloser und fragmentierter Politik ein Schlussstrich gezogen und ein nachhaltiger Richtungswechsel eingeleitet, den Ägypten nach der Saitenzeit aus eigener Kraft nicht mehr leisten konnte.

Makedonen schreiben Geschichte

Dass die frühen Ptolemäer jedoch mit diesem radikalen Zugang nicht nur Erfolg haben würden, lässt sich an dem erheblichen Aufwand ablesen, der betrieben wurde, die Perserherrschaft negativ zu beurteilen.

Q

Das Grab des Petosiris

Auch wenn die Geschichte der Spätzeit von einer konstanten, aber dennoch aussichtslosen Bewältigung wirtschaftlicher Mangelverwaltung geprägt zu sein scheint, so gibt es dennoch eine Fülle privater Denkmäler, die von einer kulturellen Blüte zeugen, die von einer den gegebenen politischen Umständen gegenüber sensibel agierenden Oberschicht getragen wurde. Das bedeutendste Beispiel ist wohl das Grab des Petosiris in Tuna el-Gebel, das bereits nach der Eroberung Ägyptens durch Alexander den Großen im 2. Jahrhundert angelegt wurde. In ihm zeigt sich, dass die intellektuelle Elite in der vorangegangenen Zeit nicht weggebrochen war. Dort heißt es rückblickend, ganz ähnlich wie in der Neapelstele: „Es war aber ein Herrscher der Fremdländer (vielleicht Artaxerxes III. oder gar Xerxes I.?) als Protektor in Ägypten, und nichts mehr befand sich an seinem früheren Platz, nachdem die Kämpfe in Ägypten begonnen hatten. (...) Die Menschen liefen verwirrt herum und kein Tempel besaß mehr seine Angestellten; die Wab-Priester hatten sich entfernt, da sie nicht wussten, was geschehen war."

Mit der sogenannten Satrapenstele wird in der frühen Ptolemäerzeit ein höchst politischer Text geschaffen, der dazu dient, den Satrapen Ptolemaios von den frevelnden Persern positiv abzusetzen und die Erneuerung des Systems der Ma'at von Recht und Ordnung zu propagieren. Mit diesem Text soll das Ende der Perserzeit intellektuell verhandelt sowie die Makedonenherrschaft legitimiert werden. Dass damit offenbar eine gemeinsame griechisch-ägyptische Identität rekonstruiert wird, macht deutlich, wie ernst es den Ptolemäern ist. Entscheidend ist dabei nicht nur, dass das verwendete Textgenre das der Königsnovelle ist und damit dem Ton nach ägyptisch, sondern dass die Satrapenstele sieben Jahre vor der Krönung Ptolemaios' I. (305) zum König verfasst wird, zu einem Zeitpunkt also, als noch Alexander IV. (317–305) legitimer Herrscher ist. Für die Ptolemäer ist der Satrapenstele zufolge nicht die Eroberung Ägyptens durch Alexander den Großen der Beginn ihrer Herrschaft, sondern der Tod Xerxes I. (465) und der gemeinsame griechisch-ägyptische Freiheitskampf. Diese Propaganda verfehlt ihre Wirkung nicht. Selbst Diodor (XI.71.3) eignet sich diese Sichtweise an, wenn er um 60 v. Chr. berichtet: „Als aber die Einwohner Ägyptens von dem Tod des Xerxes hörten, von dem allgemeinen Kampf um den Thron und von der Unordnung im Perserreich, beschlossen sie, für ihre Freiheit zu kämpfen."

Auswahlbibliographie

Quellen/Quellensammlungen

Übergreifende Literatur

J. Assmann, Ägypten. Eine Sinngeschichte, München 1996

J. Baines/J. Malek, Cultural Atlas of Ancient Egypt, New York 2000 (gute topographische Karten)

K. Bard, An Introduction to the Archaeology of Ancient Egypt, Hong Kong 2008

Encyclopedia of Egyptology der University of California, Los Angeles (http://www.uee.ucla.edu/; im Aufbau begriffen: in 2011 sind 178 Beiträge online verfügbar)

W. Helck/E. Otto (Hrsg.), Lexikon der Ägyptologie, 7 Bände, Wiesbaden 1975–1992 (epochal und in weiten Teilen noch immer maßgeblich, hier verwendete Abkürzungen folgen diesem Werk)

D.B. Redford (Hrsg.), The Oxford Encyclopedia of Ancient Egypt, New York 2001

R. Schulz (Hrsg.), Ägypten, Köln 2001 (umfassend, mit zahlreichen Abbildungen)

I. Shaw (Hrsg.), The Oxford History of Ancient Egypt, Oxford 2000 (umfassendes Werk, die hier zugrunde liegende Chronologie basiert auf diesem Werk)

T. Schneider, Lexikon der Pharaonen, Zürich 1994 (der zur Zeit umfassendste Überblick im Lexikonformat)

W. Wendrich (Hrsg.), Egyptian Archeology, Oxford 2010

Literatur zu den einzelnen Kapiteln

I. Die Vorgeschichte Ägyptens (ca. 10000–3300)

und

II. Die Frühzeit (ca. 3300–2740)

G. Dreyer, Umm el-Qaab I: Das prädynastische Königsgrab U-j und seine frühen Schriftzeugnisse, Mainz 1998

D. Dufton/T. Branton, Climate Change in Early Egypt, in: EA 36 2010, 36–37

T.K. Earle, How Chiefs Come to Power: The Political Economy in Prehistory, Stanford 1997

R. Friedman, Predynastic Settlement Ceramics of Upper Egypt: A Contemporative Study of the Ceramics of Hemamieh, Nagada and Hierakonpolis, Berkeley 1994

B. Ginter/J.K. Kozlowski, Kulturelle und paläoklimatische Sequenz in der Fayum-Depression, in: MDAIK 42, 1986, 9 – 23

T. Hikade, Getting the Ritual Right: Fishtail Knives in Predynastic Egypt, in: S. Meyer (Hrsg.), Egypt – Temple of the Whole World, New York 2003, 137–152

P. Kopp, Die Siedlung der Naqadazeit. Elephantine XXXII, Mainz 2006

E.D. Oren/Y. Yekutiely, Taur Ikhneineh: Earliest Evidence for Egyptian Interconnections, in: E.C.M. van den Brink (Hrsg.), The Nile Delta in Transition, Tel Aviv 1992, 361–384

E. Teeter (Hrsg.), Before the Pyramids. The Origins of Egyptian Civilization, Chicago 2011

P.M. Vermeersch (Hrsg.), A Holocene Prehistoric Sequence in the Egyptian Red Sea Area: The Tree Shelter, Löwen 2010

D. Wengrow, The Archaeology of Early Egypt. Social Transformations in North-East Africa, 10,000 to 2650 BC, Cambridge 2006

III. Das Alte Reich (ca. 2686–2160)

H. Altenmüller, Die Texte zum Begräbnisritual in den Pyramiden des Alten Reiches, Wiesbaden 1971

Do. Arnold (Hrsg.), Egyptian Art in the Age of the Pyramids, New York 1999

H. Asselberghs, Chaos en Beheersing, Leiden 1961

W. Barta, Die Bedeutung der Pyramidentexte für den verstorbenen König, Mainz 1981

G. Dreyer/W. Kaiser, Zu den kleinen Stufenpyramiden Ober- und Mittelägyptens, in: MDAIK 36, 1980, 43–59

S. Ikram/A. Dodson, The Mummy in Ancient Egypt: Equipping the Dead For Eternity, London 1998

D. Jeffreys, The Topography of Heliopolis and Memphis: Some Cognitive Aspects, in: H. Guksch/D. Polz (Hrsg.), Stationen. Beiträge zur Kulturgeschichte Ägyptens, Fs. Rainer Stadelmann, Mainz, 1998, 63–71

M. Lehner, The Complete Pyramids, London 1997

J. Malek, In the Shadow of the Pyramids. Egypt During the Old Kingdom, London 1986

E. Martin-Pardey, Untersuchungen zur ägyptischen Provinzialverwaltung bis zum Ende des Alten Reiches, Hildesheim 1976

D. O'Connor, The Interpretation of the Old Kingdom Pyramid Complex, in: H. Guksch/D. Polz (Hrsg.), Stationen. Beiträge zur Kulturgeschichte Ägyptens, Fs. Rainer Stadelmann, Mainz, 1998, 135–144

J. Settgast, Untersuchungen zu altägyptischen Bestattungsdarstellungen, Glückstadt 1963

K.N. Sowada, Egypt in the Eastern Mediterranean during the Old Kingdom, Orbis Biblicus et Orientalis 237, Fribourg/Göttingen 2009

N. Strudwick, Texts from the Pyramid Age, Writings from the Ancient World, Atlanta 2005

J. Vercoutter, L Égypte et la Vallée du Nil. Tome I. Des origins à la fin de l'ancien Empire, Paris 1992

IV. Die Erste Zwischenzeit (ca. 2181–2055)

M. Bommas, Nordoststadt: Siedlungsbebauung der 1. Zwischenzeit und des Mittleren Reiches nordwestlich des Inselmuseums, in: W. Kaiser et alii, Stadt und Tempel von Elephantine, 21./22. Grabungsbericht, MDAIK 51, 141–147

J.J. Clère/J. Vandier, Textes de la première période intermédiaire et de la XIème dynastie, Brüssel 1948

S.J. Seidlmayer, Gräberfelder aus dem Übergang vom Alten zum Mittleren Reich: Studien zur Archäologie der Ersten Zwischenzeit, Heidelberg 1990

S.J. Seidlmayer, Historische und moderne Nilstände: Untersuchungen zu den Pegelablesungen des Nils von der Frühzeit bis in die Gegenwart, Berlin 2001

J. Vandier, Mo'alla: la tombe d'Ankhtifi et la tombe de Sébekhotep, Kairo 1950

H.O. Willems, Chests of life: a study of the typology and conceptual development of Middle Kingdom standard class coffins, Leiden 1988

V. Das Mittlere Reich (ca. 2055–1773)

J.P. Allen, The Heqanakht Papyri, New York 2001

J. Assmann, Altägyptische Totenliturgien I: Totenliturgien in den Sargtexten des Mittleren Reiches, Heidelberg 2002

M. Bommas, The mechanics of social connections between the living and the dead in ancient Egypt, in: M. Carroll/J. Rempel (Hrsg.), Living Through the Dead. Burial und Commemoration in the Classical World, Oxford 2011, 159–182

W.V. Davies, Kush in Egypt: A New Historical Inscription, in: Sudan & Nubia 7, 2003, 52–54

B. Fay, The Louvre Sphinx and Royal Sculpture from the Reign of Amenemhat II., Mainz 1996

D. Franke, Altägyptische Verwandtschaftsbezeichnungen im Mittleren Reich, Hamburg 1983

D. Franke, „Schöpfer, Schützer, Guter Hirte". Zum Königsbild des Mittleren Reiches, in: R. Gundlach (Hrsg.), Selbstverständnis und Realität. Akten des Symposiums zur Ägyptischen Königsideologie, Wiesbaden 1997, 175–209

D. Franke, Das Heiligtum des Heqaib. Geschichte eines Provinzheiligtums im Mittleren Reich, Heidelberg 1994

D. Franke, The career of Khnumhotep III of Beni Hassan and the so-called „decline of the nomarchs", in: S. Quirke (Hrsg.), Middle Kingdom Studies, Whitstable 1991, 51–67

L. Gestermann, Kontinuität und Wandel in Politik und Verwaltung des frühen Mittleren Reiches in Ägypten, Wiesbaden 1987

W. Grajetzki, The Middle Kingdom of Ancient Egypt, London 2006.

W.C. Hayes, A Papyrus of The Late Middle Kingdom, New York 1955

B.J. Kemp, Ancient Egypt : anatomy of a civilization, London 1989

M. Lehner, The Fractal House of Pharaoh: Ancient Egypt as a Complex Adaptive System, a Trial Formulation, in: T.A. Kohler und G. Gumerman (Hrsg.), Dynamics in Human and Primate Societies: Agent-based Modelling of Social and Spatial Processes, New York 2000, 272–35

S. Lösch (u.a.), Eine Nubierin in Ägypten? Anthropologisch-paläopathologische Untersuchungen an den menschlichen Überresten der Geheset, in: D. Polz (Hrsg.), Für die Ewigkeit geschaffen. Die Särge des Imeni und der Geheset, Mainz 2007, 100–106

R.B. Parkinson, ‚Homosexual' Desire and Middle Kingdom Literature, in: JEA 81, 1995, 57–76

R.B. Parkinson, The Tale of Sinuhe and Other Ancient Egyptian Poems 1940–1640 BC, Oxford 1998

R.B. Parkinson, Poetry and culture in Middle Kingdom Egypt: a dark side to perfection, London 2002

F. Polz, Die Bildnisse Sesostris' III. und Amenemhets III. Bemerkungen zur königlichen Rundplastik der späten 12. Dynastie, in: MDAIK 51, 1995, 227–254

S. Quirke, Lahun: A Town in Egypt 1800 BC, and the History of Its Landscape, London 2005

I. Shirun-Grumach, Offenbarung, Orakel und Königsnovelle, ÄAT 24, Wiesbaden 1993

K. Szpakowska, Daily Life in Ancient Egypt. Recreating Lahun, Singapur 2008

H.O. Willems, Le texts des sarcopages et la democratie, Paris 2008

VI. Die Zweite Zwischenzeit (1773–1550)

I. Forstner-Müller/W. Müller, Versuch einer sozioarchäologischen Modellbildung anhand der materiellen Kultur Tell el-Daba^{c}s, in: E. Czerny/I. Hein/H. Hunger/D. Melman/A. Schwab (Hrsg.), Timelines. Studies in Honour of Manfred Bietak, Bd. 1, Löwen 2006, 93–102

H. Goedicke, The Scribal Palette of Athu, in: CdÉ 73, 1988, 42–56

S. Harvey, Monuments of Ahmose at Abydos, in: Egyptian Archaeology 1994, 4, 3–5

E.D. Oren (Hrsg.), The Hyksos: New Historical and Archaeological Perspectives, Philadelphia 1997

D. Polz, Der Beginn des Neuen Reiches: zur Vorgeschichte einer Zeitenwende, Berlin 2007

S. Quirke, The Hyksos in Egypt 1600 BCE: New Rulers without an Administration, in: H. Crawford (Hrsg.), Regime Change in the Ancient Near East and Egypt: From Sargon of Agade to Saddam Hussein, Oxford 2007, 123–139

G. Robins/C. Shute, The Rhind Mathematical Papyrus, London 1987

K.S.B. Ryholt, The Political Situation in Egypt During the Second Intermediate Period, c. 1800–1550 BC, Kopenhagen 1997

K. Sadr, The Territorial Expanse of the Pan-Grave Culture, in: Archéologie du Nil Moyen 4, 1987, 63–86

M. van de Mierop, A History of Ancient Egypt, Singapur 2011, 126–150

VII. Das Neue Reich I (1550–1295)

J. Assmann, Der König als Sonnenpriester; ein kosmographischer Begleittext zur kultischen Sonnenhymnik in thebanischen Tempeln und Gräbern, Glückstadt 1970

M. Bietak, Avaris and Piramesse: Archaeological Exploration in the Eastern Nile Delta, Oxford 1981

M. Bommas, Der Tempel des Chnum der 18. Dyn. auf Elephantine, Dissertation Universität

Heidelberg 2000, URL: http://www.ub.uni-heidelberg.de/archiv/3383

E.H. Cline/D. O'Connor (Hrsg.), Amenhotep III: Perspectives on His Reign, Ann Arbor 1988

E.H. Cline/D. O'Connor (Hrsg.), Thutmose III. A New Biography, Ann Arbor 2006

Deir el-Medineh database www.leidenuniv.nl/nino/dmd

P.F. Dorman, The Tombs of Senenmut: The Architecture and Decoration of Tombs 71 and 353, New York 1991

A. Grimm/S. Schoske, Hatschepsut. KönigIn Ägyptens, München 2002

E. Hornung, Der ägyptische Mythos von der Himmelskuh. Eine Ätiologie des Unvollkommenen, Freiburg, CH/Göttingen 1982

B.J. Kemp at alii, Tell el-Amarna, www.mcdonald.cam.ac.uk7projects/Amarna.Egypt

A. Leahy (Hrsg.), Libya and Egypt c. 1300-750 BC, London 1990

L. Meskell, Archaeologies of Social Life, Oxford 1999

F. Pawlicki, The Temple of Queen Hatshepsut at Deir el-Bahari, Kairo 2000

G. Robins, The Art of Ancient Egypt, Cambridge, MA, 1997, 122–193

N. Reeves, The Complete Tutanchamun. The King, the Tomb, the Royal Treasure, London 1990

C.H. Roehrig (Hrsg.), Hatshepsut. From Queen to Pharaoh, New York 2005

K. Spence, The Three-Dimensional Form of the Amarna House, in: JEA 90, 2004, 123–152

G. Wilhelm, Muršilis II. Konflikt mit Ägypten und Haremhabs Thronbesteigung, in: WdO 29, 2009, 108–116

VIII. Das Neue Reich II (1295–1069)

G. Andreu/A.M. Donadoni Roveri (Hrsg.), Gli artisti del Faraone. Deir el-Medina e le Valle di Re e delle Regine, Mailand 2003

J. Assmann, (übers. A. Alcock), Egyptian Solar Religion in the New Kingdom: Re, Amun and the Crisis of Polytheism, London 1995

M. Bommas, Eine hieratische Aufschrift auf einem Türpfosten aus Elephantine, in: MDAIK 50, 1994, 23–30

M. Bommas, Ostrakon Zürich 1892. Eines der jüngsten Zeugnisse der Sinuhe-Erzählung aus dem Alten Ägypten, in: Archäologische Sammlung der Universität Zürich 32, 7–16

P. Brand, The Monuments of Seti I. Epigraphic, Historical and Arts Historical Analysis, Leiden 1998

B. Bruyère, Rapport sur les Fouilles de Deir el Médina, Kairo 1924–1953

J. Cerný, A Community of Workmen at Thebes in the Ramesside Period^2, Bibliotheque d'Étude 50, Kairo 2001

E.H. Cline/D. O'Connor, The Mystery of the „Sea Peoples", in: D. O'Connor/S. Quirke (Hrsg.), Mysterious Lands, London 2003, 107–138

Egyptian Economy During the New Kingdom, in: E. Lipinska (Hrsg.), State and Temple Economy in the Ancient Near East, Leuven, 505–515

G.P.F. Broekman/R.J. Demarée/O. Kaper (Hrsg.), The Libyan Period in Egypt: Historical and Cultural Studies Into the 21st–24th Dynasties: Proceedings of a Conference at Leiden University, 25–27 October 2007, Löwen 2009

C.J. Eyre, Work and the Organisation of Work in the New Kingdon, in: M. Poewll (Hrsg.), Labor in the Ancient Near East, New Haven 1987, 167–221

A.M. Gnirs, Militär und Gesellschaft: ein Beitrag zur Sozialgeschichte des Neuen Reiches, Heidelberg 1996

J.-C. Goyon, Le Ramesseum, 11 Bände, Kairo 1973–1980

B.J.J. Haring, Divine Households: Administrative and Economic Aspects of the New Kingdom Royal Memorial Tempels in Western Thebes, Leiden 1997

W. Helck, Die Beziehungen Ägyptens zu Vorderasien im 3. und 2. Jahrtausend v. Chr.^{2}, Wiesbaden 1971

U. Hölscher, The Excavations of Medinet Habu, 5 Bde., Chicago 1934–54

E. Hornung, Das Totenbuch der Ägypter, Zürich 1979

E. Hornung, Tal der Könige: die Ruhestätte der Pharaonen, Zürich 1982

E. Hornung, Ägyptische Unterweltsbücher, Zürich 1984

J.J. Janssen, The Role of the Temple in the Egyptian economy during the New Kingdom, in: E. Lipinska (Hrsg.), State and Temple Economy in the Ancient Near East II, Löwen 1979, 505–515

K. Kitchen, Pharaoh Triumphant: The Life and Times of Ramesses II, King of Egypt, Warminster 1982

P. Lacovara, The New Kingdom Royal City, London 1997

M. Liverani, International Relations in the Ancient Near East, Basinstoke 2001

M.M. Luiselli, Die Suche nach Gottesnähe. Untersuchungen zur Persönlichen Frömmigkeit in Ägypten von der Ersten Zwischenzeit bis zum Ende des Neuen Reiches, Wiesbaden 2011

A. McDowell, Teachers and Students at Deir el-Medina, in: R. Demarée and A. Egberts (Hrsg.), Deir el-Medina in the Third Millenium AD, Festschrift J.J. Janssen, Leiden 2000, 217–233

E.F. Morris, The Architecture of Imperialism. Military Bases and the Evolution of Foreign Policy in Egypt's New Kingdom, Leiden 2005

E.D. Oren (Hrsg.), The Sea Peoples and Their World: A Reassessment, Philadelphia 2000

A.J. Peden, The Reign of Ramesses IV, Warminster 1994

T.E. Peet, The great tomb-robberies of the twentieth Egyptian dynasty: being a critical study, with translations and commentaries, of the papyri in which these are recorded, Oxford 1930

M. Römer, Gottes- und Priesterherrschaft in Ägypten am Ende des Neuen Reiches: ein religionsgeschichtliches Phänomen und seine sozialen Grundlagen, Wiesbaden 1994

K.R., Weeks, KV5: A preliminary Report on the Excavation of the Tomb of the Sons of Ramesses II in the Valley of the Kings, Kairo 2000

E.F. Wente, Late Ramesside Letters, Studies in Ancient Oriental Civilization 33, Chicago 1967

IX. Die Dritte Zwischenzeit (1069–655)

M. Ayad, God's wife, God's servant : the God's Wife of Amun (c. 740-525 BC), London 2009

M. Bommas, Amun von Theben als Ziel von Gottesnähe. Überlegungen zur Königsnekropole von Tanis, in: SAK 33, 2005, 65–74

F. Breyer, Tanutamani: die Traumstele und ihr Umfeld, Wiesbaden 2003

R.A. Caminos, The Chronicle of Prince Osorkon, Analecta Orientalia 37, Rom 1958

R.A. Caminos, A Tale of Woe: From a Hieratic Papyrus in the A.S. Pushkin Museum of Fine Arts in Moscow, Oxford 1977

K. Jansen-Winkeln, Der thebanische ‚Gottesstaat' in: Orientalia 70, 2001, 153–182

A. Niwinski, Studies on the illustrated Theban funerary papyri of the 11th and 10th centuries B.C., Fribourg/Göttingen 1989

K. Kitchen, The Third Intermediate Period in Egypt: 1100-650 B.C^{2}., Warminster 1986

J.-M. Kruchten, Les annales des prêtres de Karnak (XXI–XXIIImes dynasties) et autres textes contemporains relatifs à l'initiation des prêtres d'Amon Orientalia Lovanensia Analecta 32, Leuven 1989

G. Roullin, Le livre de la nuit : une composition égyptienne de l'au-delà, Fribourg/Göttingen 1996

E.R. Russmann, The representation of the King in the XXVth dynasty, Brüssel 1974

A. Thijs, The Lunar Eclipse of Takelot II and the Chronology of the Libyan Period, in: ZÄS 137, 2010, 171–190

X. Die Spätzeit (672–332)

P. Der Manuelian, Living in the Past: Studies in Archaism of the Egyptian Twenty-Sixth Dynasty, London 1994

D. Devauchelle, Un problème de chronologie sous Cambyses, in: Transeuphratène 15, 1998, 9–17

D. Eigner, Die monumentalen Grabbauten der Spätzeit in der thebanischen Nekropole, Wien 1984

A. Hornefer (übers.), Herodot, Historien, Stuttgart 1971, 99–179

K. Jansen-Winkeln, Die Fremdherrschaft in Ägypten im 1. Jahrtausend v. Chr., in: Orientalia 69, 1995, 1–20

B.J. Kemp, The Palace of Apries at Memphis, in: MDAIK 33, 1977, 101–108

F.K. Kienitz, Die politische Geschichte Ägyptens vom 7. bis zum 4. Jahrhundert vor der Zeitenwende, Berlin 1953

J.T. Martin, The sacred animal necropolis at North Saqqâra: the southern dependencies of the main temple complex, London 1981

K. Mysliwiec, Herr der Beiden Länder: Ägypten im 1. Jahrtausend v. Chr., Mainz 1998

B. Porten, Archives From Elephantine. The Life of an Ancient Jewish Military Colony, Berkeley/Los Angeles 1968

A. Joisten-Pruschke, Das religiöse Leben der Juden von Elephantine in der Achämenidenzeit, Wiesbaden 2008

M. Rottpeter, Initiatoren und Träger der „Aufstände" im persischen Ägypten, in: S. Pfeiffer (Hrsg.), Ägypten unter fremden Herrschern zwischen persischer Satrapie und römischer Provinz, Frankfurt a. Main 2007, 9–33

T.S. Scheer, Die geraubte Artemis. Griechen, Perser und die Kultbilder der Götter, in: M. Witte/S. Alkier (Hrsg.), Die Griechen und der Vordere Orient, Göttingen 2003, 59–85

A. Spalinger, The Reign of King Chabbash, in: ZÄS 105, 1978, 142–154

G. Vittmann, Ägypten und die Fremden im ersten vorchristlichen Jahrtausend, Mainz 2003

Personen- und Ortsregister

Zu indizierende Begriffe in alphabetischer Reihenfolge (Grundformen plus Derivate, die unter dem erstgenannten Lemma subsumiert werden können)